制度质量与产能过剩

Institutional Quality and Overcapacity of Enterprises

付 东 著

中国人民大学出版社
· 北京 ·

教育部人文社会科学研究规划基金项目（19YJA790012）资助
河南省高等学校青年骨干教师培养计划项目（2018GGJS168）资助
河南财政金融学院学术著作出版基金资助

构建以国内大循环为主体、国内国际双循环相互促进的新发展格局的关键在于实现经济循环流转和产业关联畅通，根本要求是提高供给满足需求的能力。我国制造业产能是否适应市场需求成为供给能否满足需求的关键因素，然而我国制造业产能呈现典型的周期性过剩特征。目前我国发生过三次大规模的产能过剩。

纵观改革开放以来三次大规模产能过剩的发生和治理历程可以发现，尽管每次产能过剩爆发的具体诱因不同，但中国企业产能过剩的周期性特征非常显著。如何有效化解这种周期性产能过剩，成为"双循环"新发展格局下，打通经济循环流转的堵点、提高供给满足需求能力的关键。

关于产能过剩的形成原因，国外学者普遍从微观视角展开研究，主流观点认为产能过剩是市场经济的自然现象，是厂商应对市场变化的理性选择；国内学者主要从行业或宏观视角展开研究，普遍认为产能过剩是由"政府失灵"导致的"市场失灵"引起，治理中国周期性产能过剩应当从规范政府行为入手。政府在国民经济体系中的核心作用在于为经济运行提供良好的制度环境。新制度经济学认为，制度会深刻影响企业经济行为。政府治理周期性产能过剩的重点应当是减少对经济的直接干预，转而着力加强制度建设，通过良好的制度环境引导企业合理控制产能，最终减缓产能周期性波动。

产能过剩的形成逻辑应当是同一行业内众多企业的产能过剩汇聚为行业产能过剩，众多行业产能过剩汇聚为宏观产能过剩，即产能过剩遵循"企业产能过剩—行业产能过剩—宏观产能过剩"这样一种形成逻辑。此外，中国经济从计划经济向市场经济转轨的过程中，基于规则治理的正式制度和基于关系治理的非正式制度都在经济增长过程中发挥了重要作用。因此，治理中国周期性产能过剩问题，应当结合经济转轨期的制度特征，深入企业层面探究产能过剩的微观形成机制。本书从微观视角，以企业财务质量分析理论为基础，探究企业产能扩张的内在机理和外在财务后果，构建包含资产质量、资本结构质量、利润质量和现金流量质量四个方面在内的企业产能过剩财务质量评价体系。在此基础上，探究金融抑制背景下资本配置效率、金融生态环境、非正式的金融关联和政治关联影响企业产能过剩的机制，并更进一步地研究产能过剩对企业创新的影响。本书的研究结论不仅有助于从微观层面监测、预测、预警企业产能过剩，更有助于从制度环境视角建立化解产能过剩的长效机制。

本书的主体内容共分为以下五个部分：

第一部分主要从理论上分析企业产能扩张的内在机理和外在财务后果。该部分在对产能过剩和制度环境相关文献进行综述，分析我国正式制度和非正式制度特征的基础上，探究企业产能扩张的内在动力机制和实现路径，并从资产质量、资本结构质量、利润质量和现金流量质量四个方面梳理企业产能过剩的财务后果，构建企业产能过剩的财务质量评价体系。

　　第二部分主要分析在金融抑制的正式制度背景下，资本配置效率以及金融生态环境对企业产能过剩的影响机制。研究结论表明，中国长期的金融抑制政策使得正规金融系统的资金成本明显偏低，低成本的资金配置刺激企业产能过度扩张，降低企业产能利用率，增加企业产能过剩的概率；政府对信贷资源配置的干预导致国有企业中，特别是地方国有企业中企业产能利用率下降的现象更为严重；行业产能过剩并不必然导致上市公司的产能过剩，企业自身的异质性因素反而会使处于过剩行业中的上市公司产能利用率有所提升；伴随中国债券市场的发展，企业通过发行债券方式筹集的资金会导致企业的产能利用率下降，产能过剩的概率提高；金融生态环境改善，一方面能提升产能利用率，但另一方面却会通过债务资本配置降低企业产能利用率。

　　第三部分主要分析中国经济转轨期非正式的企业横向社会关系——金融关联对企业产能过剩的影响机制。研究结论表明，在中国渐进式改革过程中，金融抑制与关系型治理模式并存，使得金融关联这种非正式机制具备资源配置功效，激励企业投资，进而形成产能过剩；企业的金融关联会显著降低企业产能利用率，提高发生产能过剩的概率。金融关联影响企业产能利用率的作用机制在于，银行关联通过信贷资源配置渠道降低企业产能利用率，但券商关联通过债券融资影响产能利用率的作用机制没有得到支持；相比民营企业，国有企业金融关联所导致的产能利用率下降更为严重；进一步研究发现，在金融关联内部，银行关联和券商关联之间存在替代效应。此外，高管团队中女性的比例越高，企业产能利用率越低；具备市场销售工作背景的人员越多，企业产能利用率越高。

　　第四部分主要分析中国经济转轨期非正式的企业纵向社会关系——政府关联对企业产能过剩的影响机制。研究结论表明，在中国经济渐进式转轨的背景下，基于规则和基于关系的两种治理模式并存，为企业的政治关联发挥资源配置功效提供了制度基础；企业政治关联在帮助企业获取信贷资源的同时，也会过度刺激企业进行产能扩张，形成产能过剩风险；企业的政治关联能够显著降低企业产能利用率，提升产能过剩的发生概率；基于政府治理环境的分组检验发现，政府治理好的地区，政治关联降低产能利用率的作用更小，引发产能过剩的可能性更低；对政治关联影响产能利用率的作用机制检验发现，政治关联通过企业长期借款的渠道降低产能利用率。在控制内生性问题以及进行一系列替代性检验之后，本章的主要研究结论仍然成立，特别是对政治关联的替代性检验发现，在政治关联内部，政府型关联降低产能利用率的作用比代表型关联更大，通过银行借款降低产能利用率的作用机制也更显著。进一步的检验发现，国有企业政治关联导致的产能利用率降幅更大、产能过剩概率更高；政治关联和金融关联在影响产能利用率方面，存在替代效应；在过剩行业中，政治关联对产能利用状况的负面影响更强。

第五部分将企业产能过剩的微观经济后果与企业创新的驱动因素这两个关键研究主题结合，探究企业产能过剩对其创新投入的影响。研究结论表明，企业产能利用率越低，其创新投入强度越大；与非产能过剩企业相比，产能过剩企业的创新投入更多。进一步的实证检验发现，与民营企业相比，产能过剩增进企业创新的现象在国有企业中更为显著，这间接印证了国有企业凭借与政府的天然联系，获得了政府更多的鼓励创新的政策支持，从而提高了创新投入的资源供给能力；与面临市场竞争较为缓和的企业相比，面临市场竞争更加激烈的企业并没有更强的创新投入，即产能过剩增进企业创新的现象，并不会因为市场竞争程度差异而出现明显不同。更进一步对于产能过剩促进企业创新的作用机制的检验发现，银行借款在企业产能利用率与企业创新投入强度的负相关关系之中起到了部分中介效应，在产能过剩与创新投入的正相关关系之中也起到了部分中介效应。

从企业财务质量分析的微观视角研究企业产能过剩，为解决产能过剩这一传统意义上的宏观经济问题提供了新的思路。尽管本书构建的企业产能过剩财务质量评价体系还有待进一步发展和完善，但基于资产质量、资本结构质量、利润质量和现金流量质量的全面梳理和归纳确实能够捕捉到企业产能过剩的财务后果特征，有助于企业识别产能过剩。此外，本书关于制度环境影响企业产能过剩的机制研究有助于政府通过制度建设化解周期性产能过剩。

　　本书是在我的博士学位论文的基础上进一步修改和完善而成的，同时也是教育部人文社会科学研究规划基金项目"制度梗阻、企业战略与企业产能过剩：基于产能利用率财务指数的研究"（19YJA790012）、河南省高等学校青年骨干教师培养计划项目（2018GGJS168）"制度质量、资源配置效率与企业产能过剩"的阶段性研究成果，并得到了河南财政金融学院学术著作出版基金的资助，以及中国人民大学出版社的大力支持。希望本书的出版能够为企业和政府有效化解周期性产能过剩提供帮助。

目　录

第 1 章 导 论

1.1 研究背景

党的十九届五中全会提出，要加快构建以国内大循环为主体、国内国际双循环相互促进的新发展格局。构建新发展格局，关键在于实现经济循环流转和产业关联畅通，根本要求是提高供给满足需求的能力。我国制造业产能是否适应市场需求成为供给能否满足需求的关键因素，然而我国制造业产能呈现典型的周期性过剩特征。目前，我国经历了三次主要的产能过剩与治理周期：第一次是始于 20 世纪 90 年代初的产品过剩。随着市场经济体制改革的推进，纺织、家用电器等部分行业产能迅速扩张，到 1996 年末，40%的重要工业产品出现供给大于需求的状况。但此轮产品供给大于需求只发生在部分生产领域，并且随着消费需求结构升级和总量扩张，供求矛盾得到缓解，因此，按照高越青（2015）的提法，此轮过剩称为"产品过剩"。

第二次是 20 世纪 90 年代末至 2006 年。全球经济和国内经济的高速发展，加速推进了中国工业化和城市化的进程，刺激了国内上游基础原材料行业的快速扩张。比如 2001 年中国加入世界贸易组织后，粗钢的产量从 15 163 万吨扩张到 48 929 万吨，水泥的产量翻了一倍，从 66 103 万吨扩张到 136 117 万吨，原煤的产量也近乎翻了一倍由 14.72 亿吨扩张到 27.6 亿吨。钢铁、水泥、煤炭等行业的产能过剩随之爆发。政府相继出台了有针对性的产能过剩治理措施，2006 年 3 月 12 日国务院出台的《关于加快推进产能过剩行业结构调整的通知》明确指出，钢铁、电解铝、铁合金、焦炭以及汽车等行业产能已经出现明显过剩；水泥、煤炭、电力、纺织等行业也存在产能过剩风险。在政府严控投资项目、淘汰落后产能和促进兼并重组等限制性政策作用下，此轮行业产能过剩得到缓解。

第三次是 2009—2019 年。为应对 2008 年国际金融危机对国内经济增长的冲击，中国政府出台"4 万亿元"投资计划以及宽松的货币政策，各地方政府随后出台了总额 18 万亿元的配套经济刺激计划。这些政策措施极大地刺激了国内产能扩张，工业产能利用率逐年下降。2011—2013 年中国工业增加值增长率持续下滑，分别为10.4%、7.7% 和 7.6%，工业产能平均利用率只有 70%～75%（潘爱民等，2015）。2013 年国务院出台的《关于化解产能严重过剩矛盾的指导意见》指出钢铁、水泥、电解铝、平板玻璃、船舶等行业产能依然存在严重产能过剩问题。2015 年中国的产能过剩呈现由局部向全面扩展的态势，从钢铁、水泥、煤化工、平板玻璃等传统产业扩大到造船、汽车、机械、电解铝等领域，甚至扩展到光伏、多晶硅、风电设备等代表未来产业发展方向的新兴战略性产业，制造业企业 2015 年平均设备利用率仅有 66.6%。针对此轮大范围的产能过剩，我国政府出台了一系列政策予以治理。2015 年 11 月，中央财经领导小组第十一次会议提出"着力加强供给侧结构性改革，着力提高供给体系质量和效率，增强经济持续增长动力，推动中国社会生产力水平实现整体跃升"。2015 年 12 月，中央经济工作会议提出"去产能、去库存、去杠杆、降成本和补短板"这五项 2016 年供给侧结构性改革的重点任务，其中"去产能"居于"三去一降一补"这五大任务之首。2016 年 2 月，国务院相继发布《关于钢铁行业化解过剩产能实现脱困发展的意见》和《关于煤炭行业化解过剩产能实现脱困发展的意见》。2017 年 3 月，李克强总理在"两会"上提出 2017 年首项重点任务就是用改革的办法深入推进"三去一降一补"。2018 年 3 月，国家发展改革委发表声明，按照中央经济工作会议和政府工作报告关于深化供给侧结构性改革的决策部署继续深化供给侧结构性改革，坚持新发展理念，坚持用市场化、法治化手段化解产能过剩，把处置"僵尸企业"作为重要抓手，把主攻方向放在提高产品供给体系质量上，尤其在"破""立""降"方面下功夫，大力破除无效供给，扩大优质增量供给，实现供需动态平衡；更加严格执行质量、环保、能耗、安全等法规标准，更加严格治理各种违法违规行为，倒逼落后产能退出，坚决防止已经化解的过剩产能死灰复燃。2019 年 5 月，国家发展改革委等多部门印发《关于做好2019 年重点领域化解过剩产能工作的通知》，要求建立防范已化解过剩产能复产的长效机制，坚定不移推进供给侧结构性改革，不断将重点领域化解过剩产能工作推向深入。在中国政府一系列强有力的治理政策作用下，产能过剩矛盾得到缓解，2020 年全国工业产能利用率达到 74.5%，高出美国同期水平 2.61 个百分点，系统性去产能取得了积极成效（刘帅等，2021）。

　　纵观改革开放以来制造业三次大规模产能过剩的发生和治理背景可以发现，尽管每次产能过剩爆发的具体诱因不同，但中国的产能过剩周期性特征依然显著，并且在每次产能过剩的发生和治理过程中，政府都扮演了重要角色。新古典经济理论认为政府行为是对经济运行的一种冲击，不仅影响市场交易价格机制，更影响企业的微观行为，众多企业的微观行为汇聚为宏观经济现象。因此，如何规范政府行为以降低对企业产能过剩的影响，最终减缓宏观的产能周期性波动是今后建立产能过剩长效治理机制的关键。新制度经济学认为，制度会深刻影响企业经济行为。政府治理周期性产能过剩的重点应当是减少对经济的直接干预，转而着力加强制度建设，通过良好的制度环境引导企业合理控制产能，最终减缓产能周期性波动。

1.2　研究意义

产能过剩已经成为我国经济结构转型升级过程中的突出问题，治理周期性产能过剩是推进供给侧结构性改革的重中之重，是构建以国内大循环为主体、国内国际双循环相互促进的新发展格局的重要任务。不妥善化解产能过剩，将难以畅通国内国际经济循环和产业关联，将难以提高供给适应需求的能力，也将会给我国经济社会健康发展带来隐患。

第一，宏观经济环境加剧产能过剩风险。为应对 2008 年金融危机而出台的大规模经济刺激计划使得我国工业产能在短期内急剧膨胀，随着在建产能的陆续完工投产，其累积产能需要社会增量需求予以消化，然而随着中国经济发展进入新常态，依托后发优势的高速经济增长态势难以为继，社会需求，特别是对钢铁、水泥、电解铝等工业产品的需求增长空间受限。在产能刚性增长与需求增长乏力的双重挤压下，中国化解产能过剩的宏观经济环境不容乐观。

第二，产能过剩会加剧金融体系风险。债权银行为维持银行短期资本回报，或银行放贷负责人的道德风险行为，都会使银行有动机与企业合谋，继续向产能过剩企业提供金融支持，甚至是增加无效率的恶性增资，形成大量"僵尸企业"，催生实体经济领域的泡沫。一旦"僵尸企业"资金无以为继，必然损害银行信贷资产质量。当"僵尸企业"大面积"死亡"时，势必引发连锁反应，形成金融部门的系统性风险。易诚（2013）指出，钢铁、水泥、煤化工以及船舶制造等行业的产能过剩已经引起商业银行不良贷款率迅速回升，2013 年第二季度末，商业银行不良贷款余额为 5 395 亿元，比 2012 年末增加 467 亿元；不良贷款率为 0.96%，比 2012 年末提高 0.01

个百分点。从 2011 年第三季度以来，商业银行的不良贷款余额逐季
上升。

第三，产能过剩加剧中国宏观经济的波动。耿强等（2011）指
出产能过剩与宏观经济波动关系密切。在宏观经济的繁荣期，企业
往往对市场前景预期乐观，从而加大投资扩张力度，逐步形成产能
累积，而企业的投资扩张行为会创造大量投资需求，进一步促进宏
观经济"繁荣"增长；一旦遭遇金融危机等外生事件冲击，市场需
求下降，宏观经济萎缩，就会使前期盲目扩张的企业销售困难，利
润下滑，为应对供给过剩，企业就会大力削减产能，从而进一步减
少社会有效需求，加重宏观经济萎缩。20 世纪 90 年代以来，中国经
历了三次大规模的产能过剩，虽然每次产能过剩都被政府化解，但
一遇到经济波动，产能过剩便死灰复燃，并且呈现出愈演愈烈的态
势，加剧了宏观经济的周期性波动。

第四，产能过剩损害企业价值。企业产能过剩的消极后果最终
会转化为会计信息，体现在财务报表之中，财务状况质量的下降会
向资本市场传递负面信号，进而降低企业权益市值。具体来讲，产
能过剩首先体现为企业设备闲置，资产周转效率下降。其次，产能
过剩企业面临激烈的市场竞争，价格竞争致使产品售价降低；同时，
由于产品刚性要素投入不变，并且产量下降，所以单位产品的闲置
固定资产折旧分摊增加，使产品成本上升，最终导致毛利率降低。
最后，市场竞争促使企业增加销售费用、管理费用（比如计入管理
费用的研究支出）等支出，在其他条件相当时，企业的核心利润
（核心利润＝营业收入－营业成本－营业税金及附加－销售费用－管
理费用－财务费用）会因毛利率下降、费用规模上升而降低。一系
列财务报表指标的恶化不仅会导致广大中小投资者"用脚投票"，更
会增加机构分析师的负面评级预测（比如增加"减持""卖出"评
级），引发机构的抛售行为，降低企业权益的市场价值。此外，从负
债的角度看，企业产能过剩所引致的一系列财务状况恶化，也会降
低企业负债的价值。一方面，随着我国债券市场市场化程度的加深，
财务信息的信号传递功能增强，负面财务信息不仅会导致公司债券

发行折价，更会降低公司债券的交易价格；另一方面，企业产能过剩必然会降低其从银行融资的规模和能力。虽然部分银行因短视行为会与企业合谋，维持甚至增加对产能过剩企业的恶性增资，形成"僵尸企业"，但从长期来看，长期产能过剩的积累必然实质性损害企业的偿债能力，降低银行的长期信贷供给。因此，产能过剩的负面财务后果不仅损害企业权益的市场价值，而且降低企业负债的账面价值，最终损害企业价值。

面对日益严峻的产能过剩矛盾，我国政府不断推出各种治理政策，但纵观改革开放后我国产能过剩的表现与政府的治理措施会发现，产能过剩治理似乎是一个"按下葫芦浮起瓢"的过程，每次治理之后，产能过剩都会重新抬头，而且大有愈演愈烈之势。这纵然有如西方学者所认为的"产能过剩是市场经济的自然现象"这种原因，但我国的产能过剩是一个具有中国特色的问题（国务院发展研究中心《进一步化解产能过剩的政策研究》课题组等，2015），结合中国的制度特征，特别是在这种制度下，中国企业层面的异质性特征，寻找产能过剩的微观动因，对于今后制定行之有效的产能过剩治理措施具有积极意义。

已有的产能过剩治理措施可以归纳为两类：控制增量措施和优化存量措施（鞠蕾等，2016）。控制增量措施的核心在于抑制不合理产能的增长，具体包括严格过剩行业项目审批、提高市场准入标准等措施。比如，2009年9月出台的《关于抑制部分行业产能过剩和重复建设引导产业健康发展若干意见》要求，通过严把项目审批、土地、环评、信贷等行政审批关口，停止新项目审批、禁止审批通过项目开工、在建项目停止，从而控制产能过剩行业的固定资产投资、抑制产能扩张。优化存量措施的核心在于加快消化过剩产能，主要包括加快淘汰落后产能、加快行业兼并重组等措施。2011年12月出台的《工业转型升级规划（2011－2015）》要求，"坚持以市场为导向，以企业为主体，强化技术创新和技术改造，促进'两化'深度融合，推进节能减排和淘汰落后产能，合理引导企业兼并重组，增强新产品开发能力和品牌创建能力，优化产业空间布局，全面提升核心竞争力，促进工业结构优化升级"。然而，控制增量与优化存量双管齐下，并未达到理想的治理效果，产能过剩陷入"越调控，越扩张"的怪圈。究其原因，一是忽视了对行业产能过剩的微观基础——企业产能过剩的内在机理和外在表现——的深入研究。企业进行产能扩张一定有其内在的扩张动机和外在表现，从企业扩张所依靠的资本来源角度考察其扩张动机能够从根本上抑制企业过度投资动机；从财务信息角度分析企业产能过剩的外在财务后果能够监测、预测和预警产能过剩。二是我国宏观调控片面强调需求管理，忽视了从供给侧进行产能过剩治理。在凯恩斯需求管理思想的指引下，我国长期以来依靠刺激需求来拉动经济增长，吸纳过剩产能。特别是为应对 1998 年亚洲金融危机和 2008 年全球金融危机的外部冲击，我国实施了大规模的扩张性刺激计划，在拉动国内需求的同时，更助推企业产能扩张，抵消产能过剩治理措施的实施效果。三是忽视从微观层面探究引发企业产能过剩的企业层面异质性因素。产能过剩的形成主体是微观的企业，产能过剩的化解主体更是微观的企业。已有研究集中于从行业层面研究产能过剩问题，但行业产能过剩并不等同于企业产能过剩（修宗峰和黄健柏，2013），企业的资源配置效率差异、社会资本差异、发展战略差异、公司治理差异等微观因素都会影响企业产能利用状况。只有找准行业产能过剩的微观基础——企业的产能过剩动因，才能制定行之有效的产能过剩治理措施。

本书的研究意义如下：一是从企业财务质量分析这一独特的角度研究企业产能扩张的内在机理和外在财务后果，为降低企业产能扩张动机和及时监测、预测、预警企业产能过剩提供理论支持。二是从供给侧视角研究产能过剩问题。由需求管理转向供给管理，从形成产能的要素资源配置效率等角度探究产能过剩动因，力图将产能过剩治理从"扬汤止沸"转向"釜底抽薪"。三是已有研究多从宏观视角或中观的行业视角研究产能过剩，相应的实证检验模型也多停留在行业层面，利用宏观经济统计数据进行分析，很少从微观层面利用企业数据更进一步地揭示企业产能过剩的形成机理。本书借鉴企业层面的产能过剩实证模型，利用企业会计数据对产能过剩问题进行实证检验，尝试刻画企业异质性因素对产能过剩的影响，有助于政策制定部门更加清晰地了解企业产能过剩的微观形成机制，厘清行业产能过剩与其微观基础企业产能过剩的关系，从而制定科学合理的产能过剩治理措施。四是在分析中国经济转轨期正式的金融体系制度特征和非正式制度特征的基础上，分析制度对企业产能过剩的影响，有助于我们认清经济转轨期基于规则和基于关系的治理模式的效率，有利于政府通过制度建设建立化解产能过剩的长效机制。

1.3　研究内容

1.3.1　内容概述

本书基于中国经济转轨过程中正式制度和非正式制度背景特征，分析企业产能扩张的内在机理和外在财务后果，并探索正式制度下资本配置效率对企业产能过剩的影响机制，以及非正式制度的两个维度——金融关系和政治关系影响企业产能过剩的机制，在此基础上继续分析产能过剩对企业创新的影响，最后提出从制度建设角度建立产能过剩长效治理机制的对策建议。具体而言，本书章节内容如下。

第1章"导论"，说明本书的研究背景、研究意义、研究内容以及研究方法。

第2章"国内外研究概况"，从产能过剩相关研究、制度环境（正式制度与非正式制度）相关研究两个方面梳理国内外研究动态，提出本书从微观视角研究制度与企业产能过剩关系的研究空隙。

第3章"产能过剩的制度背景"，首先梳理我国产能过剩的历史演进，进而分析基于规则治理的正式制度特征和基于关系治理的非正式制度特征。

第4章"企业产能过剩的内在机理与财务后果"，在界定本书企业产能过剩概念和测度方法的基础上，以财务质量分析理论为基础，剖析企业产能扩张的内在机理（动力机制和路径选择）和外在财务后果（资产质量、资本结构质量、利润质量和现金流量质量），并构建企业产能过剩财务质量评价体系。

第 5 章"资本配置与企业产能过剩"，研究在中国经济转轨期的制度背景下，包含信贷资本和债券资本在内的债务资本配置效率对企业产能过剩的作用机制，以及企业产权性质和产权控制层级如何影响这种作用机制。

第 6 章"金融生态与企业产能过剩"，研究金融生态环境这种正式制度环境对企业产能过剩的影响，以及金融生态通过债务资本配置渠道影响企业产能过剩的机制。

第 7 章"金融关联与企业产能过剩"，从非正式制度视角研究企业的横向社会关系——金融关联（包括银行关联和券商关联）如何影响企业产能利用率，并以债务资本配置效率为中间渠道，检验金融关联影响产能利用率的作用机制。

第 8 章"政治关联与企业产能过剩"，从非正式制度视角研究企业的纵向社会关系——政治关联（包括政府型关联和代表型关联）对企业产能利用率的影响，并以债务资本配置为中间渠道，检验政治关联影响产能利用率的作用机制，并检验外部制度环境对这种作用机制的影响。同时，结合第 7 章的研究，检验金融关联和政治关联在影响企业产能利用率方面的相互关系。

第 9 章"企业产能过剩与企业创新"，从产能过剩经济后果视角，研究企业产能过剩是促进还是抑制创新，以及这种促进或抑制效应的作用机制。

第 10 章"研究结论、政策建议与研究展望"，总结本书的研究结论，从正式制度和非正式制度两方面提出从制度建设层面建立产能过剩长效治理机制的对策建议，并展望未来的研究方向。

1.3.2　研究框架

第一，基于"双循环"新发展格局背景下我国周期性产能过剩的特征，提出通过制度建设治理周期性产能过剩存在的问题及重要意义。第二，梳理关于产能过剩和制度环境的相关文献，并分析我国经济转轨期正式制度和非正式制度特征。第三，借鉴张新民和钱爱民（2019）的研究，分析企业产能过剩的内在机理和外在财务后果，构建企业产能过剩的财务质量分析体系。第四，分析正式制度背景下资本配置效率对企业产能过剩的影响机制。第五，分析非正式制度（金融关联和政治关联）对企业产能过剩的影响机制。第六，分析企业产能过剩对企业创新的影响。最后，提出本书的研究结论与展望。本书的研究框架如图1.1所示。

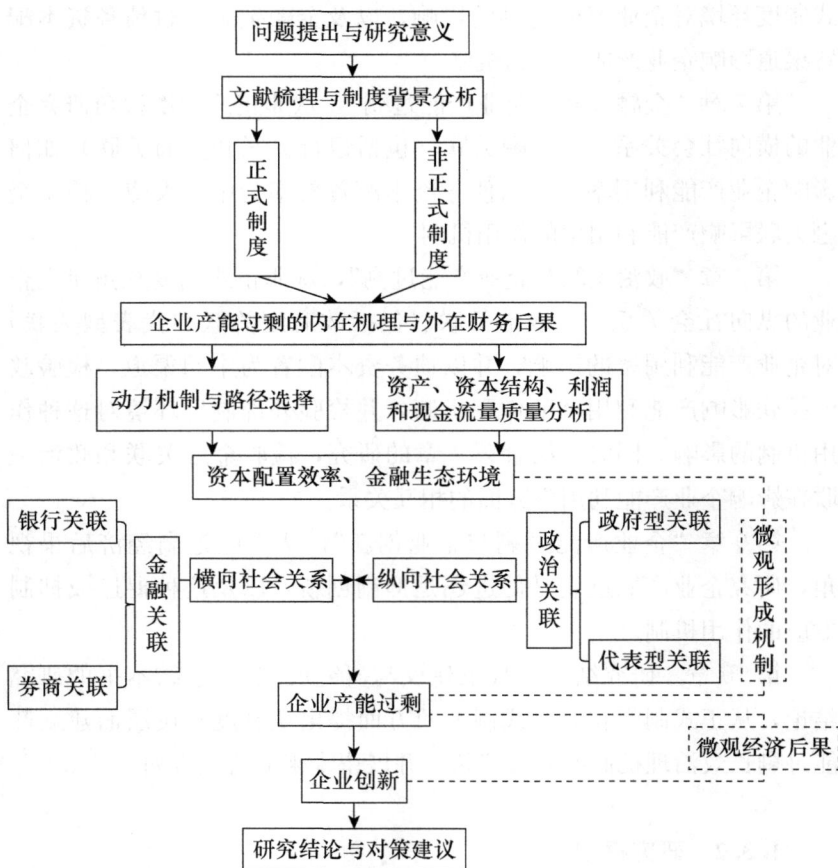

图 1.1　本书研究框架

1.4 研究方法

本书的研究方法如下：

一是理论分析。结合中国经济转轨时期的制度背景和当前产能过剩的现实状况，运用企业财务质量分析理论探究企业产能过剩的内在动力机制和实现路径，并通过对企业财务报表的理论分析，识别企业产能过剩在资产质量、资本结构质量、利润质量和现金流量质量方面的财务后果，构建企业产能过剩财务质量评价体系。运用新制度经济学理论（交易费用理论、产权理论、契约理论）、公司财务理论（委托代理理论、自由现金流量理论等）等经典理论，对相关研究主题进行理论推演。

二是案例研究。以产能过剩行业的典型企业（比如宝钢集团和武汉钢铁集团）为例，对产能过剩的财务后果和后续的研究话题进行案例分析。

三是实证研究。在已有文献的基础上，采用财务报表数据对企业产能过剩的微观形成机制以及经济后果进行大样本实证检验。具体而言，采用混合 OLS 回归、Logit 回归、固定效应回归、随机效应回归、两阶段回归（2SLS）、处理效应模型（TEM）、倾向匹配得分法（PSM）等方法对相关研究话题进行实证检验；采用工具变量法（IV）处理内生性问题，并进行其他替代性检验。最后，依据检验结论，从提高资本配置效率、抑制非正式制度效率损失方面，提出可能的产能过剩治理政策建议。

1.5 创新与不足

1.5.1 本书的创新之处

一是宏观经济的产能过剩是由行业内的众多企业产能过剩汇聚

而来，化解产能过剩顽疾应当重视行业产能过剩的微观基础——企业的产能过剩。本书从微观的企业层面，利用财务会计数据研究企业异质性因素（资源配置效率、企业横向社会关系和纵向社会关系等）对产能过剩的影响，揭开上述因素影响企业产能过剩的"暗箱"，厘清行业产能过剩与企业产能过剩的关系，对已有的宏观产能过剩研究提供有益补充。二是运用财务质量分析理论，从企业财务行为视角解读企业产能扩张的内在机理和外在财务后果，其中内在机理包括企业产能扩张的动力机制和实现路径，外在财务后果包括企业在资产质量、资本结构质量、利润质量和现金流量质量方面的表现，并在此基础上构建企业产能过剩财务质量评价体系，以期为产能过剩的微观研究提供新的视角。三是有别于产能过剩的宏观经济后果研究（经济增长、经济波动、就业等），本书从企业创新的视角研究企业产能过剩的微观经济后果，丰富了对产能过剩经济后果的微观认知，同时也拓展了创新驱动因素研究的视野。

1.5.2 本书的不足之处

一是正式制度与非正式制度影响企业产能过剩的机制检验不全面。金融生态环境以及包含横向社会关系（金融关联）和纵向社会关系（政治关联）的非正式制度会通过多种渠道影响产能过剩，而资本配置效率只是其中重要的一种，限于时间，本书只检验了这一种作用机制。二是样本选择覆盖面不足。出于数据严谨性和丰富性的考虑，本书只选择了上市公司作为研究样本。上市公司是行业内的重要企业，具有一定的代表性，但是无法代表众多非上市公司的经营状况。三是政策建议缺乏实地调研支撑。受研究条件限制，本书提出的治理政策只是来源于大样本实证检验结论和相关文献。

第 2 章 国内外研究概况

产能过剩的概念最早于 20 世纪 90 年代初由西方学者从微观层面进行界定，我国学者则主要从宏观层面进行界定。西方学者的主流观点是产能过剩是企业应对市场变化的理性选择，属于市场经济的自然现象；而我国学者的主流观点是产能过剩是由政府失灵引起的市场失灵所致，需要政府进行有针对性的治理。政府进行治理的关键不是直接干预企业的生产决策，而是应当重点进行制度建设，从基于规则治理的正式制度和基于关系治理的非正式制度两方面优化制度环境，从而优化资本、人力等经济社会中核心要素的配置效率，以提升企业产能利用效率，降低产能过剩的概率。因此，本章从产能过剩、制度环境两方面对国内外相关研究进行梳理。

2.1 产能过剩相关文献综述

2.1.1 国外文献梳理

1. 产能过剩概念的相关文献梳理

1933 年，钱柏林（Chamberlin）在其著作

《垄断竞争理论》中首次提出了产能过剩的概念。他认为垄断竞争的市场结构导致厂商的平均成本曲线（AC）高于边际成本曲线（MC），进而引起厂商产能过剩。1947 年，钱柏林将完全竞争市场条件下的均衡产出定义为"完全产能"，将不完全竞争市场条件下的产出与"完全产能"的偏离视为"产能过剩"，从而首次系统阐述了产能过剩的概念。随后，Kamien and Schwartz（1972）提出，产能过剩就是处于非完全竞争条件下的企业生产设备利用率小于完全竞争条件下使平均成本达到最小时的设备利用率的状态。Kirkley et al.（2002）认为，当企业的固定要素投入存量和无约束的可变要素投入存量被充分利用时，所能够达到的最大经济产出就是企业产能产出，当企业产能产出大于实际产出时即为产能过剩。

纵观西方学者对产能过剩的定义可以发现，他们的主要分歧集中在"产能"定义差异：Chamberlin（1947）认为"产能"是完全竞争市场条件下的企业均衡产出，Kamien and Schwartz（1972）认为"产能"是完全竞争市场条件下使得平均成本最小的企业产出，Kirkley et al.（2002）则将企业固定要素投入和可变要素投入充分利用条件下的产出视为产能。他们的统一之处在于，从微观的企业视角，将企业实际产出小于产能产出的情形定义为产能过剩。由于现实中完全竞争的市场条件难以满足，并且我国的市场结构与西方国家存在差异，所以 Kirkley et al.（2002）从企业固定要素和可变要素投入角度定义的产能更适合我国微观企业的现实情况。

2. 产能过剩成因

（1）消费需求不足角度。Maitland（1984）在《公共财富的本质和起源及其增长方式和原因调查》一书中提出储蓄降低导致预期收入和消费系统性收缩，而社会实际生产却反向增长，最终形成产能过剩。与之相反，霍布森（Hobson）、福斯特（Foster）和卡钦斯（Catchings）等人提出不是储蓄降低，而是过度储蓄行为导致产能过剩。他们认为过度储蓄降低社会实际购买能力，导致社会有效消费需求下降，使得企业供给能力相对过剩，形成产能过剩。Aftalion（1913）在《生产过剩的周期性危机》一书中提出市场供给增加的同时，市场需求没有协同增加，导致产能过剩。尽管上述观点对消费需求不足的原因解释各异，但都认为社会需求不足以消纳社会供给是导致产能过剩的原因，因此，需求管理是解决产能过剩的方法。按照上述文献对产能过剩形成原因的解释，只有扩大社会需求才能消纳社会产出，从而解决产能过剩问题。但中国的经济实践告诉我们，单纯地刺激社会需求会导致盲目地过度投资，在社会供给体系形成大量低质量的重复建设，降低供给体系的质量和效率。因此，上述西方文献对产能过剩问题的解释并不符合我国的经济实践。

（2）体制机制缺陷与政府管制角度。社会主义国家在经济转轨过程中存在"投资饥渴症"（Kornal，1992）。由于内生的自我约束机制缺位、外部的投资控制机制失灵以及地方政府的过度干预行为，如预算软约束（Kornal，1980）等，共同加剧了经济渐进式转轨过程中，特殊体制下的企业过度投资动机，从而为产能过剩提供了体制基础。Kim（1997）认为政府的一系列管制措施不仅降低了在位企业阻止新企业进入的成本，而且更为重要的是，使得保持过剩产能成为在位企业阻止新企业进入的最常用策略，为应对潜在的新增过剩产能，政府实施严格管制的动机则进一步加强，如此便陷入"越管制，越过剩；越过剩，越管制"的恶性循环。Bruce et al.（2010）发现政府对企业出口的过度补贴是形成产能过剩的重要诱因。此外，体制机制缺陷（比如信贷歧视、信贷集中）造成信贷资源配置失调，低成本的信贷资金过度集中于个别行业以及行业内的个别企业，造成行业内企业的投资扩张成本过低，削弱了沉没成本对投资的抑制作用，形成信贷过度供给下的产能过度扩张（Pindyck，2008）。

（3）微观市场结构与企业竞争角度。Esposito（1974）认为企业在不同的市场结构下，所面临的不同程度的市场竞争因素会对产能过剩产生影响，部分寡头垄断比完全寡头垄断或完全竞争更容易产生产能过剩。Wenders（1971）、Spence（1977）、Dixit（1980）等从企业竞争的角度研究认为，为形成有效的行业壁垒，阻止新企业进入，在位企业会理性保留过剩产能，从而形成主动的产能过剩。此外，Fair（1985）认为，企业为应对市场环境的不确定性而进行的生产要素窖藏行为，是产能过剩的重要原因。

总体上，西方学者对产能过剩原因的分析可归纳为两类：针对西方国家产能过剩原因的研究普遍认为，产能过剩是由各种市场因素自发作用形成的，属于市场经济的自然现象，保持一定程度的过剩产能是厂商理性选择。因此，既然产能过剩是企业在市场环境中的自发选择，随着市场条件的变化，厂商也会自发地消化过剩产能，政府无须出台专门的产能过剩治理措施。针对社会主义国家产能过剩的研究则认为，经济转轨过程中特殊的体制机制特征是形成产能过剩的重要原因。因此，处于经济转轨期的国家无法单纯依靠市场力量来解决产能过剩问题，政府需要出台专门措施，以理顺各种体制机制障碍，为企业化解过剩产能创造良好的制度基础。

2.1.2 国内相关文献综述

1. 产能过剩定义

有别于西方学者从微观视角定义产能过剩，我国学者大多从宏观经济或中观行业的视角界定产能过剩。他们认为产能过剩是在一段时间内，行业的总体生产能力在扣除维持企业正常生产经营和应对市场竞争所需要储备的生产能力之后，仍然超过市场实际的购买能力的经济现象（卢峰，2010b；周劲和付保宗，2011）。这一定义从行业供求角度给出了产能过剩的定性解释，但对供求差异的合理界限缺乏更深入的阐释。王立国和张日旭（2010）、冯俏彬和贾康（2014）等提出，按照产能过剩的形成原因分类，可以将其划分为三种类型：经济周期性波动引起的产能过剩，经济结构性失调引起的产能过剩，以及体制性障碍引起的产能过剩。周期性过剩是指由于经济周期性变化而产生的需求结构和数量变动所导致的产能相对过剩；结构性过剩是指供给体系质量低下所导致的低端产品供过于求，而高端产品供不应求的供给结构性错配；体制性过剩是指经济转轨期各种体制机制缺陷（如政府过度干预）所导致的产能过度扩张而形成的过剩状态。这种对产能过剩的分类定义，考虑了我国经济转轨期的制度特征，符合中国国情。

　　我国学者对产能过剩的定义具有两个显著特征：一是几乎都从宏观或行业中观视角定义产能过剩，对微观企业视角的产能过剩问题较少探讨。这与西方学者从微观视角定义产能过剩存在显著不同。二是对产能过剩的具体评判标准缺乏深入探讨，尚未形成一致意见。当然，以何种标准来评判产能过剩一直是产能过剩问题研究的难点，这一方面是因为不同行业、不同企业的生产活动差异较大；另一方面是因为企业产能利用状况的真实数据难以获取。但随着产能过剩研究的不断积累以及各种数据资源的逐渐丰富，从微观视角研究我国企业的产能过剩问题具有一定的探索价值。

　　2. 产能过剩成因

　　（1）经济结构失衡视角。张维迎（1998）提出生产资料公有制经济的控制权损失无法补偿，而这种无法补偿的特性导致重复建设，即公有制经济的体系障碍妨碍企业过剩产能的市场出清。周业樑和盛文军（2007）认为产业结构失衡、与市场需求结构不匹配以及信息不对称造成的预期差异等原因导致产能过剩。杨培鸿（2006）认为政府投资行为具有负外部性，会损害其他主体利益，并导致效率损失，最终引起经济的结构性失衡，从而导致产能过剩。陶忠元（2011）认为投资规模盲目扩张与需求萎缩并行，导致国内经济结构失衡引起结构性产能过剩。

　　（2）市场失灵视角。林毅夫（2007）、林毅夫等（2010）指出发展中国家由于存在后发优势，以及受"信息不完全"约束，容易出现"投资潮涌"现象，并引发产能过剩。刘西顺（2006）认为，金融资源配置中形成的信贷集中和信贷歧视造成资金分配扭曲，过度的低成本信贷资金投放，降低企业投资成本，加剧企业产能扩张行为，形成产能过剩。时磊（2013）认为资本市场扭曲是导致产能过剩的重要原因。吕政和曹建海（2000）认为行业过度竞争会损害经济效率以及经济福利，也会对产能过剩造成影响。徐朝阳和周念利（2015）认为当市场需求存在较大不确定性时，高效率企业为规避风险会谨慎投资，从而引发低效率企业过度进入，降低市场集中度和产能利用率。鞠蕾等（2016）认为市场资源错配是导致产能过剩的根源，扭曲的要素市场激励企业过度投资决策，加剧了过剩产能的积累，同时，扭曲的要素资源配置也会损害企业的市场退出决策效率，阻碍了过剩产能及时退出市场，从而引起产能过剩和产能过剩固化问题。

（3）政府失灵视角。众多学者从政府失灵角度提出，政府干预本身导致产能过剩，或者政府干预间接通过扭曲企业投资行为导致产能过剩。江飞涛等（2012）认为，经济转轨期，为了扩大地方政府财政收入、增加 GDP 业绩，地方政府具有强烈的动机干预企业投资行为。地方政府为实现地区经济增长，竞相利用土地产权模糊、环保监督缺位以及金融部门预算软约束等体制缺陷，过度补贴企业投资，导致企业投入产能扩张的资金中负债比例过度膨胀，从而降低投资资金来源中的股权资金，形成"风险外部化效应"，激励企业盲目扩大投资，形成产能过剩。王文甫等（2014）认为，地方政府为实现 GDP 增长和税收最大化，会通过政府购买和政府补贴的方式加强对企业，特别是大规模企业和重点企业的干预，从而使这些企业盲目扩张投资，形成非周期性的产能过剩。范林凯等（2015）认为在关系国计民生的重要制造行业，政府保留了大量行政干预，以控制这些领域内的重要国有企业，但随着中国市场化改革的推进，以前受到较多约束的民营企业显现出成本优势，逐步"侵占"国有企业的市场份额，从而引发国有企业的相对产能过剩。为化解国有企业的产能过剩，政府加强干预，实施产能管制政策，但这些政策不但没有化解国有企业的过剩产能，反而因为阻碍了市场化进程而进一步加剧了产能过剩。

此外，也有学者从政府干预驱动因素角度，提出政府官员在政治晋升激励下，有动机干预经济运行，进而扭曲企业投资，形成产能过剩。周黎安（2004）认为，在金字塔型的权力晋升通道中，我国官员治理体系的基本特征是一个官员的晋升会阻碍另一个官员的晋升，因此，处于"晋升锦标赛"（周黎安，2007）重压之下的地方官员之间的合作空间非常狭小，而竞争动力十足，这样就导致我国各地区之间的区域竞争异常激烈，地方保护主义盛行，区域间重复建设问题突出，从而导致过度投资，埋下了全面产能过剩的隐患。周瑞辉和廖涵（2014）将居民行为纳入产能过剩的成因分析中来，他们认为我国地方政府官员激励下的土地财政体制以及公共职能的缺失，都促使居民增加储蓄，从而扩大了银行等金融部门的资金供给能力，这样就为企业通过银行系统获得大量的低成本信贷资金提供了便利，在低成本信贷资金的激励下，企业盲目扩张投资，从而形成产能过剩。干春晖等（2015）认为，地方政府官员在任期的第4~5年的晋升关键期，更有动力为区域内的企业提供更多的融资便利和土地优惠，并且本地晋升的官员比外地晋升的官员拥有更强的资源协调能力，在廉价资本和土地资源的激励下，企业的投资扩张动力更强，从而更易引发产能过剩。步丹璐等（2017）发现，我国地方政府官员在"晋升锦标赛"的重压之下，会干预信贷资源配置，损害其配置效率，从而导致产能过剩。因此，转变对地方政府官员晋升的考核方式，增加对环境保护等社会发展目标的考量，以及增加政府透明度的方式，可以有效缓解地方政府官员晋升压力对企业产能过剩的负面影响。

政府政策扭曲也会加重产能过剩。钟春平和潘黎（2014）指出，政府政策扭曲是我国产能过剩的重要因素之一。程俊杰（2015，2016）的实证研究发现，我国的产业政策是引发产能过剩的重要诱因。具体而言，税负水平越低，产能利用率越低；贸易保护越强，产能利用率越高；创新补贴越高，产能利用率越低。产业政策导致产能过剩的现象在小规模企业、国有企业和行业技术水平较低的企业中更为显著。更进一步的研究发现，产业政策引起产能过剩的机制在于，产业政策的引领效应使得大量企业集中涌入政府鼓励发展的少数产业，使得产业内的供给迅速增加，同时，政府出于多重目标考虑，在产业政策指导下，又会采取一系列促进创新、限制退出的政策措施，从而阻碍产能过剩企业退出过剩行业，最终使得我国产能过剩顽疾"久治不愈"。聂辉华等（2016）的研究发现，政府大规模经济刺激政策也会留下产能过剩的后遗症。为应对2008年爆发的国际金融危机，我国政府推出了大量经济刺激计划，比如，2008

年 11 月我国政府推出的扩大国内需求的十项措施，到 2010 年末累计投资规模约达 4 万亿元，与此同时，地方政府也推出了 18 万亿元的配套投资措施。这些经济刺激政策刺激企业盲目扩张投资，形成产能过剩风险，埋下了产生大量"僵尸企业"的隐患。孔东民等（2021）认为，固定资产加速折旧政策显著加剧了试点行业所在上市公司的产能过剩。该政策发布后，企业资本性支出显著增加，固定资产利用率降低，并在产能过剩中发挥着部分中介效应。考虑到地区和行业竞争的影响，上述结果在产品市场竞争程度较低的企业中更为显著。固定资产加速折旧政策导致的产能过剩加剧在一定程度上造成企业投资效率降低、业绩下滑。

也有学者从政策治理角度研究各种政策措施化解产能过剩的效果。张韩等（2021）以市场准入负面清单制度试点为外生事件，探讨市场准入管制放松如何从供给侧去产能。研究发现：相对于未受市场准入负面清单制度试点影响的企业，受影响企业的产能过剩程度显著更低，说明市场准入管制放松有助于降低企业产能过剩程度；而缓解生产要素错配、优化营商环境、提高竞争程度对市场准入负面清单制度的去产能效应具有中介效应，说明市场准入管制放松通过提高生产要素配置效率、优化营商环境、促进竞争，发挥市场在资源配置中的作用进而减缓企业产能过剩；另外，市场准入负面清单制度对企业产能过剩的治理作用主要体现在全要素生产率较低、产能过剩程度较高、污染行业和规模较大的组，说明负面清单制度的实施对有这些特征的企业具有去产能效果。唐嘉尉和蔡利（2021）研究发现，政府审计功能的发挥能显著提升中央企业控股上市公司的产能利用率，且该提升作用还存在一定的增量效应和威慑效应，当政府审计介入次数越多，中央企业产能利用率越高，当同年度同省份被审计的中央企业越多，未被审计的中央企业的产能利用率越高；政府审计对产能利用率的提升作用有一部分是通过抑制非效率投资所致，即抑制非效率投资是政府审计促进产能利用率提升的重要作用路径。刘斌和赖洁基（2021）认为，规制行政垄断有助于提高国企的产能利用率，当国企处于产能过剩行业时，这种效果尤为显著。渠道检验的结果表明，规制行政垄断有助于切断地方政府的"输血"式补贴和银行的融资便利性，倒逼国企通过出清落后产能和提高投资效率的"造血"方式来应对市场竞争。进一步研究发现，当国企治理水平越低、自身融资约束越大时，规制行政垄断去产能的效果越好；地方政府财政压力、与地方国企关系的紧密程度亦会影响规制行政垄断去产能的效果。

国内学者从不同角度研究了我国产能过剩的动因，研究结论可谓众说纷纭。这也体现出经济转型时期，我国产能过剩问题的复杂性。纵观国内研究，有两种观点被普遍接受：一是宏观层面市场失灵导致的资源配置失调是引起产能过剩的重要原因；二是经济转轨期的体制机制障碍（如政府不当干预）也是引发我国产能过剩的主要诱因。

从上述研究文献可以看出，国内外学者对产能过剩问题的研究视角和结论存在一定差异。国外学者倾向从微观视角研究产能过剩，并普遍认为产能过剩是市场经济体制下的自然现象，是厂商的理性选择（Esposito，1974；Wenders，1971；Spence，1977；Dixit，1980；Fair，1985）；国内学者普遍从宏观或中观（行业）视角研究产能过剩，结合中国经济转轨时期的特殊体制背景分析产能过剩成因（张维迎，1998；周业樑和盛文军，2007；林毅夫，2007；林毅夫等，2010；范林凯等，2015；江飞涛等，2012；干春晖等，2015；鞠蕾等，2016）。产生这种差异的根源在于我国经济转轨期的体制机制与西方存在显著差异，产能过剩是一个具有鲜明"中国特色"的问题（国务院发展研究中心《进一步化解产能过剩的政策研究》课题组等，2015）。但是西方国家研究产能过剩问题的微观视角可以为我国的产能过剩研究提供借鉴，毕竟产能过剩的形成和化解主体均是微观企业。略显遗憾的是，微观视角的产能过剩研究尚未引起足够的重视，仅有少数文献使用企业调查数据探讨了我国的微观企业产能过剩问题（时磊，2013；干春晖等，2015；步丹璐等，2017）。我国尚未建立起成熟的企业产能利用率信息披露机制，微观企业调查数据采集成本高昂，而且受时间限制较大。修宗峰和黄健柏

（2013）、钱爱民和付东（2017）利用上市公司会计数据的研究为我们从会计视角研究微观产能过剩提供了新的窗口。企业的产能过剩后果最终会转化为财务信息，体现在财务报表当中。基于对已有文献的回顾，本书将在成熟的上市公司信息披露机制的基础上，从财务会计视角研究企业产能过剩问题。

本书梳理了产能过剩形成原因的部分文献简表，如表 2.1 所示。

表 2.1 产能过剩成因部分文献梳理简表

成因		相关文献
市场因素	市场有效	要素窖藏行为观（Fair，1985）
		市场竞争观（Esposito，1974；Schmalensee，1981；Ogawa and Nishimori，2004）
	市场失灵	资产专用性观（Stiglitz；1999）
		投资潮涌观（林毅夫等，2010）
		资源错配观（刘西顺，2006；鞠蕾等，2016）
		过度竞争观（吕政和曹建海，2000；徐朝阳和周念利，2015）
政府因素	政府失灵	政府不当干预（Kornal，1980；Bruce，2010；江飞涛和曹建海，2009；韩国高等，2011；王立国和鞠蕾，2015；吴利学和刘诚，2018）
		官员晋升压力（皮建才，2009；徐业坤和李维安，2016；步丹璐等，2017；刘斌和张列柯，2018）
		政策扭曲（钟春平和潘黎，2014；程俊杰，2016；聂辉华等，2016；席鹏辉等，2017；李建军等，2019；孔东民等，2021）

2.2 制度环境相关文献综述

2.2.1 正式制度文献

自 North and Thomas（1973）、North（1981）的开创性研究以来，制度对经济发展的影响一直是经济学研究的主要论题之一。制度是促进经济增长的根本原因，国家和地区之间经济增长的差异来源于制度环境差异。制度环境对经济增长起到根本作用的原因在于，社会体系中核心经济要素的激励结构由制度决定，制度环境差异决定了生产资料、人力资本、技术要素和生产组织形式的配置效率。只有具备支撑市场经济的制度框架，才能适应经济增长带来的挑战（Shirley，2005）。一般而言，较高的法制化水平、高效的政府治理和完善市场化机制是良好制度环境的必要条件。例如，La Porta et al.（1998）认为，法律对投资者的保护程度及其投资行为具有重要影响，进而影响地区的金融发展水平；而金融发展水平又被大量的研究认为对经济发展具有重要影响（Beck et al.，2000）。学者们对法律、产权保护、政府治理以及金融发展等正式制度环境的经济后果展开了大量研究。

1. 正式制度环境对创新创业的影响

徐浩和冯涛（2018）发现：（1）制度环境优化（行政、法制与文化信用）对技术创新具有显著的推动作用；（2）与法制和文化信用子环境相比，行政子环境优化对技术创新的推动作用更强；（3）行政子环境优化能够提升法制和文化信用子环境对技术创新的推动作用，法制子环境优化能够强化文化信用子环境对技术创新的推动作用。此外，制度环境水平按照东、中、西部的顺序逐渐下降，制度环境对技术创新的推动作用亦依次减弱。夏后学等（2019）研究发现，在市场机制尚未健全的转型经济中，寻租作为非正规补偿手段和"关系资本"，一定程度上对市场创新产生了扭曲的正面影响；优化营商环境显著影响企业寻租与市场创新的关系，对消除寻租影响、促进创新有积极作用。分样本研究结果表明，优化营商环境显著调节寻租对企业不同创新活动的影响，有利于无寻租企业开展自主创新。雍旻等（2021）认为，私人、学术、政府、社会组织四类创业支持者实施一系列克服结构性制度空洞的举措，不仅提供了跃迁的经济激励和基础设施，更弥合了非正式与正式价值观念、行为规范、合理性认识之间的差异，促进了创业者在个体、网络、系统层面的变革。总体上，创业支持者及其支持举措构成的"泛中介"创业支持系统为农民创业正规化提供支撑，而提升该系统的稳定性将有助于变革的实现，使当地市场与制度环境得到改善并诱发更多农民创业跃迁行为，最终形成正规化的良性循环。王博和朱沆（2020）研究发现正式制度改善速度与个体的机会型创业选择呈倒 U 形关系，而上述关系对于失败恐惧较低、拥有创业网络连接的个体更为显著。

2. 制度环境对经济发展的影响

董志强等（2012）认为良好的城市营商软环境对城市经济发展有显著的促进作用；即便控制气候、地理、经济政策、历史经济条件、自然资源丰裕程度等潜在的影响发展的因素，营商软环境对经济发展的影响仍然显著而且稳健。研究结果支持了"制度至关重要"假说，对我国当前的创建创业型城市工作亦具有一定的政策启示。刘瑞明等（2021）研究发现，文化体制改革激发了市场活力，促进了文化产业和旅游产业的融合，带动了地区旅游业的发展。随着时间的推移，这种带动效应呈现出越来越强的递增趋势。具体而言，文化体制改革通过丰富文化旅游产品和服务以及住宿餐饮等配套产业的发展，提高了地区过夜旅客人数和收入，进而使试点地区的人均国内旅游收入、人均国内旅游人次、人均国内外旅游总收入和人均国内外旅游接待总人次得到显著提升。而且在那些旅游资源越丰富、旅游公共服务水平越高的地区，这种带动效应越强。

3. 制度环境对出口贸易的影响

许和连（2020）研究发现，中国银企距离在 2000—2010 年总体呈下降趋势，银企距离缩短显著提高了企业一般贸易出口比重，有利于出口贸易转型升级。影响机制检验表明，降低融资成本和强化风险控制是银企距离缩短促进出口贸易转型升级的重要传导渠道。异质性检验表明，缩短企业与中小银行之间的距离以及制度环境不完善、金融发展落后和交通基础设施欠发达地区的银企距离对一般贸易出口比重的提升作用更强。对出口贸易转型升级的多维分析发现，缩短银企距离还显著提升了企业出口产品质量、出口技术复杂度、全球价值链地位与创新能力。

4. 制度环境对投资效率的影响

王晓亮等（2019）研究发现：企业所处的金融生态环境越好，该地区实体经济基础越发达、金融发展与政府治理水平越高、法律制度环境越好，平台企业融资成本越低，这有助于缓解融资约束造成的投资不足现象；政府治理能够抑制平台企业过度投资；法律制度环境能够抑制平台企业过度投资，法律制度环境与政府治理对提高平台企业投资效率存在替代作用。陈志勇和陈思霞（2014）研究发现，良好的制度环境有利于约束地方政府预算超额扩张；而分权导致的以经济增长为标尺的地方政府投资冲动，是造成地方预算软约束的重要原因。进一步分析结果表明，较差的制度环境更容易诱导地方政府公共支出结构的偏向性配置，从而加剧其在建设性领域中的投资冲动，降低预算约束调整成功的可能性。在加强制度环境建设的同时，着重改革分权框架下地方政府投资竞争的扭曲性制度激励，有利于治理财政预算软约束并有效控制地方政府的扩张偏向性支出行为。杨继东和杨其静（2020）发现，制度环境更优的地区，显著地向高强度专用性投资行业出让了更多宗、更大面积的工业用地；相对于契约制度，产权制度对高强度专用性投资行业的投资具有更大的促进作用，尤其在中国经济进入新常态之后，其作用进一步凸显。由于行业专用性投资强度与行业技术水平正相关，因此这些结论表明优化制度环境有利于提高高强度专用性投资行业的投资占比，推动制造业内部产业转型升级。

5. 制度环境对企业风险承担的影响

杨瑞龙等（2019）发现：（1）社会冲突加剧会降低企业风险承担水平，但是制度与冲突的交互项为正，良好的制度可以缓解社会冲突对企业风险承担水平的冲击；（2）通过将制度细化为契约制度和产权制度，结果发现产权制度本身对于中小企业风险承担水平的提高作用更加明显，但是在缓解冲突的负向冲击上，契约制度发挥着更重要的作用；（3）制度对于社会冲突对企业风险承担负向冲击的缓解作用在民营企业中更显著，但是随着 2008 年经济刺激计划的推行，市场化进程放缓，中小企业风险承担水平有所下降，制度的润滑作用也有所减弱。

6. 制度环境对家族企业控制权的影响

陈德球等（2013）研究发现，地区法律制度效率和金融深化显著降低家族控制权结构中的控制权与现金流权分离度和家族董事席位超额控制程度，其影响家族控制权偏好的机理分别是降低控制权私人收益和缓解融资约束。这些结果表明，转型经济中的家族企业控制权结构是一种对制度蕴含机会进行利用和对制度风险进行规避的机制。

纵观上述文献，已有研究认为正式制度环境的改善能够促进创新创业、实现经济增长、促进出口贸易升级、提高投资效率、提升企业风险承担水平、降低家族企业两权分离度，即主流观点认为改善制度环境能够产生积极的经济后果，有利于实现地区经济高质量发展。然而基于规则的正式制度环境如何影响企业实际产出与产能产出之间的关系尚未受到足够重视，深入研究经济转轨期正式制度环境对企业产能利用率的影响对于认识制度影响经济发展的内在逻辑具有重要意义。此外，改革开放以来，中国经济在法律、产权保护等正式制度尚不完善的背景下，实现了较长时期的高速增长。因此，学者们普遍认为除了基于规则的正式制度之外，基于关系的非正式制度在中国经济增长中也起到了重要作用。

2.2.2 非正式制度文献

尽管西方主流经济学理论认为包含法制水平、政府治理和市场化机制在内的正式制度环境是实现经济增长的必要条件，但中国经济增长的奇迹被认为是对主流经济学理论的重要挑战。Allen et al.（2005）认为中国在不具备较高的法制化水平和较好的政府治理的正式制度条件下，取得了举世瞩目的经济增长。对此现象，王永钦（2009）认为，中国经济在缺乏正式的法律和产权保护体系下取得经济增长的原因在于基于关系的非正式制度发挥了重要作用，基于关系的非正式制度替代了基于规则的正式制度。夏春玉等（2020）研究发现，在受儒家思想影响较深、市场化水平较高的地区以及在企业领导对边界人员支持力度较大的企业中，私人关系抑制投机行为的效果会增强。随着市场化水平的提高，儒家思想影响增强私人关系对投机行为抑制作用的效果愈发明显。边燕杰和丘海雄（2000）指出，企业与其他企业的横向联系以及与政府部门的纵向联系都是企业获取稀缺资源的社会资本。在廉价的正规金融资源匮乏的背景下，企业有动机发展与金融机构的横向联系；在政府仍然掌握大量资源配置权的情况下，企业也有动机与政府部门建立纵向联系。因此，本书将从金融关联和政治关联两个维度梳理相关文献，寻找可能的研究缝隙。

1. 金融关联文献

在资源稀缺的背景下，金融关联作为企业与金融机构的横向联系机制具备资源配置功效，能够对企业行为产生深刻影响。现有文献主要集中于金融关联对企业融资的影响，少量文献探讨了对企业其他方面的经济后果。因此，本部分拟从企业融资和其他方面对相关文献进行梳理。

（1）金融关联与企业融资。国外学者普遍认为金融关联影响企业融资约束，但研究结论存在争议。Agnieszka（2014）认为企业聘请具有银行工作背景的人士担任管理人员，可以减少信息不对称，缓解企业面临的融资约束。Ees and Garretsen（1994）认为企业独立董事的银行工作背景可以帮助企业有效缓解融资约束。Burak et al.（2008）发现企业董事会建立商业银行关联可降低投资－现金流敏感性。Joseph et al.（2012）发现，企业的银行关联能够有效增加银行借款额，降低企业借款成本。但是也有学者的研究结论与上述发现相悖。Daniel and Mark（2005）发现，企业独立董事的银行工作背景不仅不会增加，反而会减少企业的银行借款。Fohlin（1998）发现，企业管理层的银行关联与企业融资约束之间不存在显著的相关关系。Sung and Park（2014）发现对于面临较弱市场竞争的企业，银行关联可以帮助企业融资，而面临激烈市场竞争的企业，银行关联则不具备便利融资的功效。

　　国内学者也对金融关联的融资后果进行了研究。邓建平和曾勇（2011）认为将近一半的民营企业建立了金融关联，并且民营企业的金融关联能够有效降低其投资–现金流敏感性，即缓解了它们的融资约束，并且金融发展滞后地区政治关联较弱企业的这种缓解作用更明显。潘克勤（2011）认为企业高管的金融机构背景可以帮助企业缓解融资约束。苏灵等（2011）发现银行关联董事可以帮助企业获得更多银行贷款。刘浩等（2012）发现具有银行背景的独立董事通过发挥咨询功能缓解企业的融资约束。祝继高等（2015）发现银行关联可以显著增加企业的银行借款总额和长期借款。

　　（2）金融关联的其他经济后果。在企业业绩方面，Dittmann et al.（2010）发现企业董事的银行关联能够帮助企业摆脱财务困境，提升企业业绩。魏刚等（2007）发现企业的银行关联董事比例与企业业绩正相关。但是 Agarwal and Elston（2001）认为企业的银行关联不会降低融资成本，也不会对企业业绩产生影响。冯梦黎和唐志勇（2014）发现独立董事的银行背景对企业绩效没有显著影响。在企业现金持有方面，李文贵和邵毅平（2016）发现具有银行关联的企业现金持有水平更低，现金持有调整速度更快。在企业薪酬方面，邓建平与陈爱华（2015）认为金融关联提高了民营企业的薪酬水平。在企业风险方面，翟胜宝等（2014）发现银行关联企业的风险更高。在企业投资效率方面，张金梅和周慧慧（2016）认为银行关联可以抑制企业的非效率投资，从而提高企业的投资效率。

　　（3）金融关联文献评述。纵观金融关联相关文献可以发现：首先，在金融关联的经济后果方面，现有文献的主流观点是金融关联便利企业融资，对企业具有积极影响。然而方便企业融资就真的只有好处吗？超额金融资源的供给会不会对企业产生不良影响？比如对企业产能扩张及其利用状况的影响如何，就值得我们深入研究。其次，在金融关联定义方面，文献主要集中于银行关联，对于企业与其他金融机构，如证券公司、保险公司、信托公司的关联关系则缺乏深入探讨。这可能与其他金融机构对企业的融资影响有限相关，但是随着中国债券市场的迅猛发展，债券融资已逐渐成为企业融资的重要来源。因此，对于企业券商关联的研究也应当纳入金融关联范围之内，并探讨银行关联、券商关联之间可能存在的互替或互补关系。综上，包括银行关联和券商关联在内的企业金融关联便利企业融资的后续经济后果，即对企业产能利用状况的影响，需要实证检验，以便我们更全面、深入地了解金融关联的经济后果，并且为政府从企业社会资本治理的角度制定化解产能过剩的政策提供决策参考。

2. 政治关联文献

Esptein（1969）极具洞见地提出，企业已经进入政治竞争的时代。2001 年，菲斯曼（Fisman）将印度尼西亚企业与总统及其家族的密切联系定义为"政治关联"，从而开创性地开启了政治关联实证研究的大幕。此后的实证文献虽然在政治关联的具体度量方法上存在细微差异，但普遍认为，企业与政府或政治家的特殊关系是政治关联（杨其静，2010）。主流的计量方法是将企业高管人员曾任或现任政府官员、人大代表、政协委员（或国外的国会议员）的企业定义为政治关联企业（Fan et al.，2007；Bertrand et al.，2007；Boubakri et al.，2008；罗党论和刘晓龙，2009；刘慧龙等，2010；李维安等，2015）。大量文献证实，无论是在像美国这样的发达国家，还是在像印度尼西亚这样的发展中国家，企业与政治家及其家族存在特殊关联的现象普遍存在，并且政治关联能够带给企业或积极、或消极的多样性经济后果。

（1）政治关联的积极经济后果。政治关联能够便利企业获取更多资源或获得更好的保障。具体包括：

1）融资便利。政治关联通过债务融资和股权融资两个方面便利企业融资。在债务融资方面，Sapienza（2004）发现意大利各省中某党派的支持率越高，则与之关联的银行提供给当地企业的贷款利率越低。Khwaja and Mian（2005）发现巴基斯坦银行，特别是国有银行，会向政治关联企业提供更多的贷款，容忍更高比例的贷款违约率。Faccio et al.（2006）发现银行因为政治关联企业的政府隐性担保而降低对其贷款的标准。Houston et al.（2011）研究发现，具有政治关联的企业获得了更低成本的银行贷款。余明桂和潘红波

（2008）发现与没有政治关联的企业相比，具有政治关联的企业获得的银行贷款更多、贷款期限更长，并且政治关联带来的融资便利在金融发展水平低、法制建设薄弱和政府治理较差的区域更显著。毛新述与周小伟（2015）发现，政治关联便利企业获取公开债务融资，并且这种现象在民营企业中更为显著。在股权融资方面，Boubakri et al.（2010）发现政治关联企业的股权融资成本比非政治关联企业更低，并且国家治理环境和政治关联强度正向调节了上述效应。Francis et al.（2009）发现 1994—1999 年间，我国企业公开发行股票时，政治关联企业的 IPO 发行价格更高、IPO 折价率更低、固定发行成本更低。

2）产权保护。Allen et al.（2005）指出产权和契约制度是经济增长的必要条件，而中国经济增长是在产权和契约的法律保护制度不完善条件下取得的（Chen and Qian，1998）。因此，有学者提出中国企业的政治关联替代了法律，起到了保护产权和监督履约的作用。李胜兰等（2010）发现民营企业家的政治地位越高，随意执法现象越少。潘红波等（2008）发现地方政府干预地方国有企业并购过程中，政治关联替代了法律，保护关联企业的产权免遭侵害。

3）政府补贴。财政资金补助的配置权掌握在政府手中，因此，企业通过政治关联可以获取更多的政府补助资金。Faccio et al.（2006）研究发现政治关联企业比非政治关联企业获得了更多政府补助以及国外援助资金。余明桂等（2010）、Wu et al.（2012）均发现企业与地方政府的政治关联帮助民营企业获得了更多政府补助。潘越等（2009）发现政治关联能够帮助陷入财务困境的公司获得更多的政府补助。

4）行业准入。Mobarak and Purbasari（2006）的研究表明，与总统存在关联的印度西亚企业更易获得高利润行业的准入许可。Faccio（2007）的跨国研究发现，政治关联企业更容易进入管制行业，进而建立起垄断地位。罗党论和刘晓龙（2009）发现，拥有政治关联的民营企业更容易突破行业进入壁垒，进入传统垄断行业，从而提高业绩。罗党论和唐清泉（2009）同时发现，政治关联有助于企业进入政府管制行业。

5）税收优惠。Adhikari et al.（2006）发现马来西亚政治关联企业的实际税率比非政治关联企业的更低。吴文峰等（2009）研究证实政治关联企业的所得税适用税率和实际税率都显著低于无政治关联企业。Wu et al.（2012）的研究也证实政治关联企业所享受的所得税更为优惠。

（2）政治关联的消极经济后果。凡事有利必有弊，政治关联带给企业积极影响的同时也会带来消极后果，已有文献关注了以下几个方面的消极后果。

1）企业冗员。Boycko et al.（1996）、Bertrand et al.（2007）指出政治关联企业获取政府补助的代价就是超额雇员，以实现政府保障就业的目标。梁莱歆和冯延超（2010）发现政治关联企业的雇员规模普遍更高，薪酬成本也更高。刘慧龙等（2010）认为政府降低国有企业高管的薪酬-业绩敏感性，以换取高管实现政府目标的意愿，从而形成更多冗员；而民营企业政治关联高管的薪酬-业绩敏感性更高，从而更加重视员工配置效率，减少企业冗员。郭剑花（2011）认为有政治关联的民营企业因政府干预行为而承受较多冗员负担。

2）寻租成本。从建立政治关联到维持政治关联，都需要企业投入大量资源。Shleifer and Vishnu（1994）提出，政治人物地位越高，寻租租金抽取比例越大。Cheung et al.（2010）发现有地方政府政治关联的企业更易受到政府掠夺。冯延超（2012）认为政治关联企业为了维持现有的关联关系承担了较高的综合税负水平。

3）过度投资。政治关联企业高管往往会因政治关联而降低对企业投资效率的关注，转向实现政府目标。张敏等（2010）发现政治关联企业获取银行长期贷款的阻力更小，在充沛资金的激励下，更易进行过度投资。梁莱歆和冯延超（2010）同样证实拥有政治关联的企业更容易过度投资。

4）慈善捐赠。民营企业为维持已有的政治关联关系，需要积极响应政府的捐赠要求（杜兴强等，2010）。梁建等（2010）发现民营企业家的政治地位越高，企业的慈善捐赠水平越高。贾明和张晶

（2010）也发现，政治关联企业会更倾向于进行慈善捐赠。

5）阻碍创新。当企业凭借政治关联这种关系机制能够获得资源倾斜时，就没有足够的动力从事艰辛的创新活动（Peng et al.，2008；Peng et al.，2009）。杨其静（2011）指出企业的资源是有限的，将有限资源投入研发创新和构建政治关联是两种互斥的行为，当知识产权保护力度不足时，企业更倾向于将资源用于构建政治关联。袁建国等（2015）证实政治资源存在"诅咒效应"，即政治关联阻碍创新，降低创新效率。但是，最近的研究显示，政治关联对企业创新的影响会随条件变化而改变。党力等（2015）发现反腐败政策出台之后，拥有政治关联的企业的创新投入显著增加。

（3）政治关联文献评述。综合上述对企业政治关联经济后果的研究可以发现，认为政治关联具有积极经济后果的文献始终围绕稀缺资源的配置问题展开分析，即政治关联发挥了资源配置功效，帮助企业争取到更多的稀缺资源（廉价金融资源、行业准入权、政府补贴、税收优惠、产权保护等）；认为政治关联具有消极经济后果的文献主要认为，政治关联增加了企业的成本（人工成本、寻租成本、捐赠成本），损害行为效率（投资、创新效率）。凡事有利必有弊，已有文献从最开始关注政治关联便利企业获取稀缺资源的正面经济后果，已经延伸至政治关联的负面经济后果，但是对政治关联负面后果的研究尚未关注其对企业产能利用状况的影响：政治关联帮助企业争取更多稀缺资源（特别是廉价金融资源）之后，一定会带来"好的"后续经济后果吗？政治关联的资源配置功效会对企业产能过剩会产生什么影响？这些问题都需要实证检验给出答案，以便我们更加全面地认知政治关联的经济后果，也有利于我们从企业社会资本治理角度制定科学的产能过剩化解措施。

2.3　文献评述

综上所述，国内外关于产能过剩问题的研究集中于产能过剩形成原因的分析。学术界主要从"市场因素"和"政府因素"两个视角展开研究,西方学者侧重微观市场结构和厂商行为分析,普遍持"市场有效"观点,即产能过剩属于市场经济的自然现象,厂商会理性保持适度的过剩产能;而我国学者则主要侧重宏观研究,持政府和市场"双重失灵"观点,即经济转轨期,政府的不当干预造成了体制机制障碍,进而引起在这种体制下的市场机制失调,由政府失灵引发市场失灵,从而导致产能过剩(王立国和鞠蕾,2015)。实际上,我国产能过剩是在中国特殊制度背景下形成的极具中国特色的问题,按照以上文献逻辑,化解中国产能过剩的根本对策是纠正政府失灵。政府应当减少干预经济,将主要精力放到制度建设上来,通过提升制度效率化解产能过剩。在中国经济转轨期,基于规则的正式制度促进经济发展的同时,基于关系的非正式制度对促进经济发展同样起到了重要的补充作用。然而,制度,特别是基于关系的非正式制度,如何影响行业产能过剩的微观基础——企业产能过剩仍是未解的"暗箱"。鉴于产能过剩的形成和化解主体均为企业这一事实,在中国经济转轨期的制度背景下,借鉴西方的微观研究视角,深入揭示企业层面的产能过剩形成机制,对于化解行业产能过剩具有重要意义。

关于基于规则治理的正式制度环境方面,主流观点是正式制度能够起到积极的经济后果,改善法律、产权保护等正式制度环境能够提高区域金融发展水平,而更好的金融发展水平有利于实现区域经济增长。但对于中国经济转轨期正式制度背景下企业产能扩张的内在机理和外在财务后果缺乏深入的分析。因此,探究正式制度背景下,企业产能扩张的内在动机和实现路径,以及产能过剩的外在财务后果,对于深刻认知制度影响企业产能扩张的机理,进而理解制度促进经济增长的内在逻辑具有重要意义。

关于企业横向社会关系——金融关联经济后果的文献主要集中于企业融资领域,主流结论是金融关联能够缓解企业融资约束,但对后续的经济后果,如便利企业融资是否会对企业产能扩张、产能过剩产生进一步的影响,则缺乏持续关注。此外,现有文献对金融关联的关注聚焦于银行关联，实际上，伴随中国债券市场的发展，券商关联的影响正逐渐增强。因此，对金融关联的考察也应关注企业券商关联的影响。

关于企业纵向社会关系——政治关联经济后果的早期研究认为政治关联帮助企业获取稀缺资源（金融资源、政府补助、税收优惠、行业准入权、产权保护），具有积极影响；随着研究的深入，人们逐渐发现政治关联也具有消极的经济后果（冗员、寻租成本、捐赠成本、阻碍创新）。但是现有文献尚未关注政治关联帮助企业争取稀缺资源是否会刺激企业产能扩张，进而对产能利用率产生负面作用。

在对以上文献梳理的基础上，本书试图结合中国经济转轨期特殊的制度背景，探究企业层面异质性因素（如金融资源禀赋差异、社会资本差异等）影响企业产能过剩的微观机制，为政府制定切实可行的产能过剩化解对策提供可靠的决策依据。具体的研究内容包括：（1）在中国经济转轨期的制度背景下，企业产能扩张的内在动机和实现路径，以及企业产能过剩在财务信息质量方面的具体表现。（2）债务资本配置以及金融生态环境是否以及如何影响企业产能过剩，产权性质又会起到怎样的作用？（3）企业的横向社会关系——金融关联是否以及如何影响企业产能过剩，债务资本配置、企业产权性质等因素又起到了什么作用？（4）企业的纵向社会关系——政治关联是否以及如何影响企业产能过剩，政府治理环境、债务资本配置效率等因素又起到了什么作用？（5）企业产能过剩是否以及如何影响企业创新，政府行为、市场竞争、债务资本配置等因素又起到了什么作用？（6）针对以上研究结论，从制度建设、资本配置效率、企业社会关系以及企业创新角度，又有什么可行的产能过剩治理措施？

第 3 章 产能过剩的制度背景

3.1 我国产能过剩的历史演进

1978 年改革开放以来，我国经历了从计划经济向市场经济转轨的历史巨变。伴随着市场经济体制的建立，市场在资源配置中起到了决定性作用，资源配置效率的提升极大地促进了生产力的发展，工业化和城镇化水平快速提升。我国逐步发展成为制造业大国，2010 年，我国制造业产出占全球比重达到 19.8%，跃居世界第一，并且连续多年保持记录，在 500 余种主要工业产品中，我国有 220 多种工业产品产量位居世界第一。[①]2020 年中国工业增加值达到 31.31 万亿元，连续 11 年位居世界第一制造业大国；全国 327 万家制造企业吸纳了 1.05 亿人就业，占总就业的 27.3%，也

---

① 国家统计局工业司. 工业经济实力大幅提升，经济结构不断优化：从十六大到十八大经济社会发展成就系列报告之八. (2012-09-04) [2022-06-08]. http://www. stats. gov. cn/ztjc/ztfx/kxfzcjhh/201209/t20120904_72844. html.

是各行业之首。制造业的持续健康发展，顺利转型升级，对中国经济的未来至关重要。目前，中国正在从制造业大国向制造业强国转变。中国制造强国建设稳中向好，正按照预定目标推进发展。面向"十四五"，依靠创新提升实体经济的发展水平，促进制造业高质量发展，持续推动由制造大国向制造强国转变。然而，中国制造业在由大变强的转型道路上，遇到了产能难以完全适应市场需求变化的周期性难题，典型表现就是产能产出大于实际产出，即产能过剩。总体上，我国经历了三次大规模的产能过剩，并且每一次产能过剩都比上一次持续时间长、影响范围广、影响程度深（卢峰，2010；王文甫等，2014；唐叶，2020）。

3.1.1 第一次产能过剩

第一次产能过剩是始于20世纪90年代初的产品过剩。1992年10月召开的中国共产党第十四次全国代表大会明确我国经济体制改革的目标是建立社会主义市场经济体制，从而开启了由计划经济体制向市场经济体制转轨的序幕。这一转轨过程使得资源配置机制由计划配置向市场配置过渡，市场价格机制在资源配置中的作用逐步加强，极大地激发了企业活力，经济总量快速增长。1992—1994年国内生产总值增速连续3年超过11%，分别达到14.2%、13.9%、13.0%。全社会固定资产投资高速增长，社会产能快速增加，部分领域出现产品供给大于需求的现象。第三次全国工业普查结果表明，1995年全国有半数产品的产能利用率在60%以下，许多制造业产品的生产能力利用不充分甚至严重不足，如大中型拖拉机的产能利用率为60.6%，小型拖拉机的为65.9%，钢材的为62%，一些家电产品如相机胶卷、电影胶片、彩色电视机、家用洗衣机等的产能利用率甚至低于50%。① 国有纺织行业更是成为产能过剩的重灾区，利润空间不断压缩，资源错配日趋严重，自1993年起连续出现全行

① 中华人民共和国国家统计局第三次全国工业普查办公室. 关于第三次全国工业普查主要数据的公报.（2001-09-01）[2022-06-08] http://www.stats.gov.cn/tjsj/tjgb/gypcgb/qggypcgb/200203/t20020331_30467.html.

业产品供给大于需求，企业亏损严重，1996 年净亏损额已达 106
亿元。①

　　此次产品供给大于需求的现象主要发生在纺织、家用电器等轻
工业领域，尚未波及整个工业部门，因此，按照高越青（2015）的
提法，此轮过剩称为"产品过剩"。轻工业领域企业是吸纳就业的主
要力量，此次产品过剩导致纺织、家电等领域企业产品积压、坏账
上升、利润下滑，最终导致大量失业，给国民经济发展带来挑战，
宏观经济增长速度放缓。

　　为缓解此次产品过剩问题，政府采取了一系列治理措施：一是
采取必要的行政手段，从供给端抑制产能投资，一方面出台各类限
制投资的政策措施，如公布涉及多个行业的禁止重复建设详细目录，
规定产能过剩严重的行业 3 年之内不能上新项目等，以预防项目重
复建设，抑制产能过度投资；另一方面，大刀阔斧实行国企改革，
先以纺织行业为突破口，再以点带面全面推进，逐步关停了一批产
品质量低劣、资源消耗巨大、污染严重的企业，清理了一部分过剩
产能。二是实行中性偏紧的货币政策，倒逼企业去产能，并配合有
保有控的金融调控政策，提高银行资产的流动性，通过资产管理公
司实施债转股，降低企业资产负债率。三是实行积极的财政政策，
加强基础设施建设，不断扩大国内需求，开拓新的需求增长空间，
并鼓励过剩商品出口。四是发挥社会保障政策的兜底作用，采取职
业培训、托管等方式，妥善解决再就业安置问题，缓和社会矛盾
（唐叶，2020）。伴随着社会主义市场经济体制建设的深入推进，
全社会消费结构升级，消费总量增长。在需求结构升级和总量增
长以及政府治理政策的共同作用下，此次产品过剩的矛盾逐步得
到缓解。

3.1.2　第二次产能过剩

　　第二次产能过剩从 20 世纪 90 年代末开始持续至 2006 年。20 世

---

　　①　杜钰洲. 总结行业扭亏经验，实现纺织强国目标. 求是，2000（8）：41-44.

纪 90 年代末，全球经济高速增长，带动国内出口、投资、消费和政府购买强劲增长，国内生产能力快速提升。此时国内经济呈现以下特点：一是民营经济迅速发展。民营企业工业增加值占全国规模以上工业增加值的比重不断上升，民营企业吸纳就业人数持续攀升，民营企业已经成为社会主义市场经济的重要组成部分。二是固定资产投资高速增长。中国加入世界贸易组织打开了广阔的国际市场，对市场需求的普遍乐观预期加速推进了国内工业化和城市化的进程，刺激国内上游基础原材料行业加大固定资产投资，全社会生产能力加速膨胀。三是国内经济对国际市场的依存度明显增强。随着对外贸易与对外直接投资快速发展，我国经济受国际市场需求的影响更为敏感。2000 年"走出去"战略的实行，意味着我国经济开始主动融入世界经济大潮，特别是 2001 年加入世界贸易组织后，我国经济加快了对外开放步伐，外贸依存度不断提高，对外贸易与企业对外投资成倍增长。

上述经济运行的三个特征导致国内出现了较大规模的产能过剩。民营经济自主经营、独立决策的特征容易形成"投资潮涌"，即在一定时期内企业受相同价格信号影响，相对集中地将资源配置于同一行业，形成行业"投资潮涌"，催生过剩产能。固定资产投资则直接形成生产能力，特别是上游企业增加固定资产投资会形成对下游企业的产品需求，刺激下游企业继续增加产能，最终导致固定资产投资在上下游企业间连锁增加，叠加形成过剩产能。开拓国际市场能够增加国内产品需求，刺激国内企业增加产品供给，但国际市场的不稳定因素持续存在，国际贸易保护主义始终没有消除，当遭遇国际贸易摩擦，增长的国内产能就无处消化，形成产能过剩。2001—2006 年间，我国钢铁、煤炭、水泥等行业出现了严重的产能过剩。比如 2001 年加入世界贸易组织后，我国粗钢的产量从 15 163 万吨扩张到 48 929 万吨，水泥的产量翻了一倍从 66 103 万吨扩张到 136 117 万吨，原煤的产量也近乎翻了一倍，由 14.72 亿吨扩张到 27.6 亿吨。2006 年国务院出台的《关于加快推进产能过剩行业结构调整的通知》明确指出，我国钢铁、电解铝、铁合金、焦炭以及汽车等行业已经出现明显的产能过剩，行业产能利用率低于国际公认的 75%的水平；水泥、煤炭、电力、纺织等行业也存在产能过剩风险。以钢铁行业为例，数据显示，2005 年底我国已形成炼钢能力 4.7 亿吨，在建能力 0.7 亿吨，拟建能力 0.8 亿吨，而当年的钢铁消费量在 3.5 亿吨左右。[①] 上述数据表明已有产能高于市场需求 1.2 亿吨，若加上在建和拟建产能则供给大于需求 2.7 亿吨，钢铁产能已远大于市场需求。

与第一次主要发生在轻工业领域的产品过剩相比，此次产能过剩主要发生在钢铁、电解铝、水泥等重工业领域，这些属于基础原材料的重工业产品对国民经济运行的影响更大，处理不好就会加剧整个国民经济的周期性波动。因此，从 2003 年开始，国务院及国务院各部门就开始出台多项抑制盲目投资、重复建设或产能过剩的专项文件，如《关于制止钢铁电解铝水泥行业盲目投资若干意见的通知》《关于清理固定资产投资项目的通知》《当前部分行业制止低水平重复建设目录》等；2005 年中央经济工作会议提出将推动部分产能过剩行业结构调整作为之后几年宏观调控的一项重要任务；2006 年，国务院进一步将推进产能过剩行业的产业结构调整作为国务院年度工作重点之一。总体上，政府通过调控固定资产投资、严控新建项目、加快过剩行业结构调整等手段来治理产能过剩，并出台了土地、财政、金融、信贷等一系列政策。这些治理政策取得了一定的积极效果，钢铁等重点行业的已有产能被逐步消化，新增产能得到控制，但是形成产能过剩的体制机制性问题依然存在。

3.1.3　第三次产能过剩

第三次产能过剩是 2009—2019 年。2008 年始发于美国的由次级抵押贷款机构破产、投资基金被迫关闭、股市剧烈震荡引起的金融风暴迅速席卷全球，导致国际经济剧烈波动，全球经济增速放缓。

---

① 国家发展改革委，等. 关于钢铁工业控制总量淘汰落后加快结构调整的通知：发改工业〔2006〕1084 号. (2006—07—17)［2022—06—08］. http://www.gov.cn/zwgk/2006—07/17/content_337825.htm.

为应对全球金融危机对中国经济造成的冲击，保持国内经济稳定增长，中国政府出台了"4万亿元"投资计划、十大产业调整与振兴规划等一揽子刺激经济发展的计划，以及相应的一系列货币政策、财政政策，随后各级地方政府也出台了总额18万亿元的配套经济刺激计划。这些经济刺激计划短时间内创造了大量市场需求，有力缓解了国际金融风暴造成的国外市场需求冲击，对稳定国内经济、保持经济增长发挥了重要作用，但是也造成国内流动性过剩、固定资产投资过度增长等问题，助推产能过度扩张。

2009年后，国内产能过剩问题逐步显现。此次产能过剩的特点，一是涉及范围广泛。不仅钢铁、煤炭、水泥等传统重工业存在产能过剩，部分新兴行业如光伏行业、风电设备等也显现出产能过剩倾向。据有关统计，2011—2013年中国工业增加值增长率持续下滑，分别为10.4%、7.7%和7.6%，工业产能平均利用率只有70%～75%（潘爱民等，2015）；2014年我国有19个制造业行业的产能利用率在79%以下，有7个行业的产能利用率在70%以下，属于严重过剩状态（邹蕴涵，2016）；2015年中国的产能过剩呈现由局部向全面扩展的态势，从钢铁、水泥、煤化工、平板玻璃等传统产业扩大到造船、汽车、机械、电解铝等产业，甚至扩展到光伏、多晶硅、风电设备等代表未来产业发展方向的新兴战略性产业，制造业企业2015年平均设备利用率仅有66.6%。二是结构不平衡特征明显。高端产能供应不足、低端产能相对过剩的结构性问题突出，这一方面反映了我国工业技术水平和生产装备落后，高附加值产品不足，另一方面也反映了这一时期我国资源错配以及供需结构错配较为严重。三是受外需减少的冲击较大。在美国次贷危机影响下，国际市场需求趋于萎缩，外贸依存度较高的经济结构使得我国对外贸易急剧减少，这又进一步加大了化解国内过剩产能的难度。王建（2008）研究认为出口对我国国内生产总值的拉动作用从2007年的2.6%急剧下降到2008年的0.8%。

此次产能过剩加剧了国内宏观经济波动，经济增长速度进一步放缓。2015年GDP增速下降到6.9%，经济发展进入新常态，2016

年 GDP 增速继续下降到 6.7％，2017 年 GDP 增速小幅提升至
6.8％，2018 年 GDP 增速下降至 6.6％，2019 年 GDP 增速降至
6.0％。我国经济进入了以产能过剩为典型特征的经济下行期，制造
业企业经济效益下降，行业亏损率增加，资金链断裂风险扩大，失
业增加等负面效应也随之出现。第三次产能过剩的影响范围广、持
续时间长，对经济的破坏力强，去产能的复杂程度高。

　　为有效化解过剩产能对我国经济运行造成的冲击，畅通国内国
际经济循环，中国政府从控制增量和优化存量两个方面出台了一系
列治理政策。从这些政策措施的实施强度看，可以分为两个阶段。
第一阶段是 2009—2015 年，这一阶段的产能过剩治理政策仅限于国
民经济的部分领域。2009 年 9 月，国务院出台《关于抑制部分行业
产能过剩和重复建设引导产业健康发展的若干意见》，提出要多措并
举抑制产能过剩风险，优化产业结构调整，维持产业良性发展；
2009 年 11 月，工业和信息化部相继发布引导平板玻璃和水泥产业
健康发展的相关意见文件，对这两大行业的产能过剩治理做出具体
部署；2010 年 2 月，国务院发布《关于进一步加强淘汰落后产能工
作的通知》，在该文件中详细列出落后产能清单，强调要健全落后产
能的市场化退出机制；2013 年 10 月，国务院发布《关于化解产能
严重过剩矛盾的指导意见》，强调要通过促进出口贸易、扩大对外投
资等方式，积极拓展对外发展空间，促进国内产能在国际市场上的
消化。此后，我国政府积极推动"一带一路"建设与国际产能合作
计划，主张通过国际产能合作的形式带动国内过剩产能的国际转移，
为过剩产能的化解提供了新的机遇。2015 年 5 月，国务院出台《中
国制造 2025》，积极部署制造业强国战略，提出要全面提升制造业国
际竞争力，推动制造业转型升级，使我国跻身世界制造强国之列，
从而为产能过剩的化解注入了更强劲的动力。从官方文件来看，这
一阶段的治理措施集中为：严格市场准入，提高准入门槛；增强企
业技术创新能力，推动产业结构升级；鼓励优势企业兼并重组，加
大淘汰落后产能的力度；加强督促检查，完善信息发布制度。这种
自上而下的行政式治理在一些地区和行业领域产生了一定的积极效

果，但很快便出现了"骤升骤降"的情形，因此，整体来看这一阶段的治理并没有达到预期的效果，一些学者甚至指出我国的产能过剩反而陷入了"越治理越过剩"的怪圈。

第二阶段是 2015—2019 年。这一阶段以供给侧结构性改革、"三去一降一补"五大任务为标志，治理产能过剩成为中央统筹全局经济工作的重点任务，去产能在国民经济各个领域内展开。2015 年 11 月，习近平总书记在中央财经领导小组第十一次会议上提出了"供给侧结构性改革"的概念，并在当年的中央经济会议中提出供给侧结构性改革的"三去一降一补"五大任务，"去产能"（积极稳妥化解产能过剩）为五项任务之首，同时提出了具体要求：要按照企业主体、政府推动、市场引导、依法处置的办法，研究制定全面配套的政策体系，因地制宜、分类有序处置，妥善处理保持社会稳定和推进结构性改革的关系。要依法为实施市场化破产程序创造条件，加快破产清算案件审理。要提出和落实财税支持、不良资产处置、失业人员再就业和生活保障以及专项奖补等政策，资本市场要配合企业兼并重组。要尽可能多兼并重组、少破产清算，做好职工安置工作。要严格控制增量，防止新的产能过剩。

2016 年 1 月，国务院常务会议研究了钢铁和煤炭行业化解产能过剩的问题。2016 年 2 月，国务院先后印发《关于钢铁行业化解过剩产能实现脱困发展的意见》（国发〔2016〕6 号）和《关于煤炭行业化解过剩产能实现脱困发展的意见》（国发〔2016〕7 号），在现有制度框架和市场化政策机制的基础上，加大了政策工具的强度，出台包括设立工业企业结构调整专项资金，控制生产时间，控制新增与淘汰落后产能三方面内容的具体政策工具，开展了针对煤炭、钢铁行业的专项过剩产能治理。

2017 年 3 月，李克强总理在"两会"上提出 2017 年首项重点任务就是用改革的办法深入推进"三去一降一补"。"去产能"仍是供给侧结构性改革的首要任务，2017 年要再压减钢铁产能 5 000 万吨左右，退出煤炭产能 1.5 亿吨以上；同时，要淘汰、停建、缓建煤电产能 5 000 万千瓦以上，以防范化解煤电产能过剩风险，提高煤电行业效率,为清洁能源发展腾空间。要严格执行环保、能耗、质量、安全等相关法律法规和标准,更多运用市场化、法治化手段,有效处置"僵尸企业",推动企业兼并重组、破产清算,坚决淘汰不达标的落后产能,严控过剩行业新上产能。去产能必须安置好职工,中央财政专项奖补资金要及时拨付,地方和企业要落实相关资金与措施,确保分流职工就业有出路、生活有保障。

2018 年 3 月,国家发展和改革委员会发表声明,按照中央经济工作会议和政府工作报告关于深化供给侧结构性改革的决策部署继续深化供给侧结构性改革,坚持新发展理念,坚持用市场化、法治化手段化解产能过剩,把处置"僵尸企业"作为重要抓手,把主攻方向放在提高产品供给体系质量上,尤其在"破""立""降"方面下功夫,大力破除无效供给,扩大优质增量供给,实现供需动态平衡;更加严格执行质量、环保、能耗、安全等法规标准,更加严格治理各种违法违规行为,倒逼落后产能退出,坚决防止已经化解的过剩产能死灰复燃。2018 年 12 月,国家发展和改革委员会等多部门联合发布《关于进一步做好"僵尸企业"及去产能企业债务处置工作的通知》(发改财金〔2018〕1756 号),就积极稳妥处置"僵尸企业"和去产能企业债务工作提出明确要求。

2019 年 5 月,国家发展和改革委员会等多部门联合发布《关于做好 2019 年重点领域化解过剩产能工作的通知》(发改运行〔2019〕785 号),要求坚定不移推进供给侧结构性改革,不断将重点领域化解过剩产能工作推向深入;并同时印发《2019 年钢铁化解过剩产能工作要点》《2019 年煤炭化解过剩产能工作要点》《2019 年煤电化解过剩产能工作要点》三份附件,对产能过剩重点行业提出建立治理产能过剩长效机制的具体要求。

中央实施供给侧结构性改革以来,国民经济重点领域化解过剩产能工作取得积极成效,截至 2019 年累计压减粗钢产能 1.5 亿吨以上,退出煤炭落后产能 8.1 亿吨,淘汰关停落后煤电机组 2 000 万千瓦以上,均提前两年完成"十三五"去产能目标任务。行业运行和安全生产状况明显好转,供给体系质量大幅提升,产业结构和生产布局持续优化，市场竞争秩序有效规范，促进行业健康发展的长效机制逐步建立完善。2020 年全国工业产能利用率达到 74.5%，高出美国同期水平 2.61 个百分点，系统性去产能取得了积极成效（刘帅等，2021）。然而，纵观三次产能过剩的发生和治理过程，我们不难发现，产能过剩的体制机制性问题并未得到根本解决。政府的治理措施主要依靠行政手段，行政政策的刚性约束能够起到立竿见影的去产能效果，但一旦超过政策时效，产能过剩就会周而复始地发生。企业所处的外部制度环境能够决定资本、劳动等生产要素的配置效率，最终影响企业行为。因此，深入研究中国经济转轨过程中的制度特征，并探讨在这种制度背景下企业产能扩张的内在机理，对于依靠市场手段建立治理产能过剩的长效机制具有重要意义。

3.2　经济转轨期正式制度特征

　　1978 年改革开放以来逐步推进并且时至今日仍在进行中的计划经济向市场经济的转型无疑是人类历史上影响最为深刻的大规模制度变迁之一。中国政府采取了渐进式改革的方式来实施这种制度变迁，从而实现了中国经济增长奇迹：中国看上去并不具备使经济增长取得骄人绩效的制度基础，没有发达的法律体系，没有发达的金融市场，缺乏良好的保护产权和实施产权的机制，但是中国经济自改革开放以后一直保持着高速增长。尽管 2020 年由于新冠肺炎疫情影响中国经济增速大幅下降至 2.3%，但在世界范围内仍属于高速增长。中国经济保持高速增长的制度基础在于，经济渐进式转轨过程中基于正式合约的规则型治理模式和基于非正式合约的关系型治理模式并存（王永钦，2006），正式制度和非正式制度相互补充，共同支撑了中国经济高速增长。

　　栗树和（2003）认为，由于存在道德风险和逆向选择，经济契约的履行需要某种形式的治理机制来缓解信息不对称。这种治理机制分为两种模式：一种是基于规则的治理模式，一种是基于关系的治理模式。前者通过法律、产权保护等显性规则来规范经济契约的执行，后者通过固定主体之间的长期博弈等隐性规则来自我实施。规则型治理需要相关的契约信息是第三方（如法院等）可以验证的公共信息，而且需要在制度的基础设施方面投入大量的建章立制的固定成本。关系型合约是一种隐性合约，这种合约的维持仅要求双方知道合约变量的局部信息并且对结果有着共同的预期。这种合约的自我实施来自如下事实：长期博弈使得短期欺骗得不偿失，因为欺骗者将失去未来所有的收益或者合作剩余。因此，两种治理模式各有其比较优势：在经济发展初期市场范围比较小的时候，关系型合约是一种比较好的治理结构，这是因为它对合约信息结构的要求比较低（不要求第三方可以验证），所以可以实施大量的交易和合约集；而且它几乎不需要花费设立法律制度的固定成本，所以可以节约大量的交易成本。但是随着经济的发展和市场范围的扩大，关系型合约的治理的成本就会逐渐突显：因为每增加一个人的边际交易成本（如监督成本）会越来越高，而规则型治理的边际交易成本则越来越低（换言之，由于前期的大量固定成本投入，规则型治理具有规模经济）。

王永钦（2006）从理论上证明，基于规则的治理模式和基于关系的治理模式在经济中的作用和效力在很大程度上受社会分工程度和市场范围的限制。在社会分工程度较低、市场范围和深度有限的经济中，关系型合约会起到更为重要的作用；而随着市场分工的深化和市场范围的拓展，关系型合约会越来越多地让位于距离型的合约（更多的规则）。这是因为，在分工程度比较低的经济中，市场一般是互联的，即两个主体之间的交易往往跨越了好几个市场。市场的互联性越强，可行的关系型合约集就越大，关系型合约在经济中发挥的作用就越大。市场范围的拓展和分工的深化通过降低市场的互联性而降低了关系型合约的范围和可维持性。经济转型过程的一个微观机制就是，治理模式从高度互联的关系型合约到低互联度的距离型合约的过渡。这两种模式之间的过渡有着复杂的互动关系，过渡的成功高度依赖于转型的模式（如渐进转型和激进转型）和市场的范围。激进的改革破坏了原来自我合约的可维持性，在劳动分工和市场范围有限的情况下，会导致治理的失败；而渐进式改革的一个好处是，在市场范围仍然较小、距离型合约还没有到位、替代性治理机制出现之前，仍然维系了初始关系型合约的自我维持性，从而使得社会经济得以正常运作。改革开放以来中国经济渐进式的转轨过程恰好迎合了上述理论逻辑，从而中国的制度体系中包含了以规则为基础的正式制度和以关系为基础的非正式制度两种治理模式。

以规则为基础的正式制度，包括了较高的法制化水平、高效的政府治理和完善的市场化机制等必要条件。例如，La Porta et al. (1998) 认为，法律对投资者的保护程度，对于投资者的投资行为具有重要影响，进而影响地区的金融发展水平；而金融发展水平又被大量的研究认为对经济发展具有重要影响（Beck et al.，2000）。国家"十三五"规划纲要指出，中国政府正在大力推行的营商环境改革囊括了公正透明的法律政策环境、高效廉洁的政务环境、公平竞争的市场环境以及开放包容的人文环境四个方面，基本涵盖了主流观点所认为的正式制度环境所含内容。此外，已有研究认为法律保护等正式制度会影响地区金融发展，而金融发展会影响经济增长，可见金融发展环境也是影响经济增长的重要制度环境变量。因此，本书从营商环境和金融制度环境两个方面分析中国经济转轨期的正式制度特征。

3.2.1 营商环境特征

1. 营商环境内涵

党的十九届五中全会明确提出要加快构建以国内大循环为主体、国内国际双循环相互促进的新发展格局，这是在当今世界正经历百年未有之大变局，我国正面临日益复杂的国际环境背景下提出的促进我国高质量发展的战略选择。构建双循环发展格局的关键是要打通生产、分配、流通和消费等环节的堵点和梗阻，促进生产资料、人力资本等生产要素的自由流动和市场化配置效率。营商环境是企业面临的重要的外部制度环境，这种制度环境的优劣决定了市场主体交易的制度性成本的高低。良好的营商环境能够显著降低制度性交易成本，促进各个市场主体公平合理地获取各类生产要素，提高市场化配置资源的效率。因此，构建市场化、法治化、国际化营商环境是提高中国正式制度质量的重要环节，是推动中国经济高质量发展、建设现代化经济体系的重要举措。

营商环境是涵盖了政府环境、公共服务、金融服务、法治环境等一系列影响企业经营的正式制度体系。学术界对营商环境的准确界定尚未统一：世界银行将营商环境高度凝练为企业在申请设立、生产经营、贸易活动、纳税及执行合约等方面遵循政策法规所需要的时间和成本等条件的总和，并基于这一营商环境的概念构建了一个包含11项一级指标、43项二级指标的营商环境评价体系，但世界银行的评价体系也存在一定的局限性，如过于侧重政府审批环节的数量与时间，且未涵盖市场规模、基础设施等因素（张三保等，2020）；2019年国务院公布的中国优化营商环境领域的第一部综合性行政法规《优化营商环境条例》，将营商环境定义为"企业等市场主体在市场经济活动中所涉及的体制机制性因素和条件"，并提出"建立和完善以市场主体和社会公众满意度为导向的营商环境评价体系，发挥营商环境评价对优化营商环境的引领和督促作用"；国家"十三五"规划纲要将营商环境划分为公平竞争的市场环境、高效廉洁的政务环境、公正透明的法律政策环境以及开放包容的人文环境四个方面。

2. 营商环境优化举措

党的十八大以来，中国开展"放管服"改革，构建亲清新型政商关系，实施了大量营商环境优化举措。2013年2月，党的十八届二中全会决定实行工商登记制度改革，放宽工商登记的条件，进一步加强对市场主体和市场活动的监管。同年10月，国务院审议通过了《注册资本登记制度改革方案》（于2014年2月7日印发），确立了中国商事登记制度改革的总体方案。2013年11月，党的十八届三中全会通过了《中共中央关于全面深化改革若干重大问题的决定》，其中明确表示，经济体制改革的核心问题在于如何处理好政府和市场的关系，强调要让"市场在资源配置中起决定性作用"，并且明确要求推进工商注册制度便利化，推动市场监管体系改革和统一的市场监管。2013 年 12 月，第十二届全国人民代表大会常务委员会第六次会议审议修改《中华人民共和国公司法》。新法明确采用公司注册资本的认缴登记制替代原有的实缴登记制，同时取消公司注册资本的最低限额制度。新法的实施为深入推进中国商事制度改革提供了法治保障。

2014 年 3 月，全国范围内的工商登记制度改革启动，标志着工商登记制度改革正式拉开序幕。这一轮改革集中体现在"放管服"三个方面。同年 6 月，国务院印发《关于促进市场公平竞争维护市场正常秩序的若干意见》，明确要求坚持放管并重，实行宽进严管。同年 10 月，国务院发布《关于扶持小型微型企业健康发展的意见》，明确提出要从资金、财税以及信息等方面加大对小型微型企业的扶持力度。2014 年 12 月 12 日，中共中央、国务院决定在广东、天津和福建设立第二批共 3 个自由贸易试验区；同年 12 月 28 日，决定扩展中国（上海）自由贸易试验区区域范围，中国自由贸易区空间分布格局得到进一步完善。

2015 年 5 月，中共中央、国务院颁布的《关于构建开放型经济新体制的若干意见》强调，要积极加强对外开放的法治建设，应着力构建稳定公平透明和可预期的营商环境。2015 年 10 月，全国范围内开始实施企业工商营业执照、组织机构代码证和税务登记证"三证合一、一照一码"的商事登记制度改革。国务院印发《关于"先照后证"改革后加强事中事后监管的意见》，明确提出了市场监管原则，即"谁审批、谁监管，谁主管、谁监管"，奠定了构建事中事后监管新模式的基础。

2016 年 10 月，我国又进一步实施了企业的"五证合一、一照一码"改革；于同年 12 月实施了个体工商户营业执照和税务登记证的"两证整合"改革。2016 年 11 月 4 日，《关于完善产权保护制度依法保护产权的意见》由中共中央、国务院颁布实施。这一纲领性文件指出，要加大对非公有财产的刑法保护力度，这是自党的十八大以来，完善产权保护制度、推进产权保护法治化精神和要求的具体落实，成为中国构建市场经济平等竞争环境迈出的十分重要的一步。国务院政府工作报告也连续多年关注营商环境。从纵向上看，优化营商环境自始至终都是政府工作的着眼点和着力点。2014—2018 年政府工作报告均述及营商环境及其相关主题。李克强总理强调"营商环境就是生产力"，要实现由过去追求优惠政策的"政策洼地"，逐步向打造公平营商环境的"创新高地"转变。

2017 年 3 月，全国范围内实施企业的简易注销登记改革，并推动市场准入机制和退出全程便利化。2017 年 7 月，中央财经领导小组第十六次会议强调，要营造稳定公平透明的营商环境，加快建设开放型经济新体制。一个重要目的是通过开放促进自身加快制度建设、法规建设，改善营商环境和创新环境，提升国际竞争力。会议强调，北上广深等特大城市应加大营商环境改革力度；会议也指出，产权保护，特别是知识产权保护对塑造良好的营商环境具有重要影响，完善与知识产权保护相关的法律法规具有重要意义。2017 年 9 月，中共中央、国务院印发了《关于营造企业家健康成长环境弘扬优秀企业家精神更好发挥企业家作用的意见》，其中强调应"弘扬优秀企业家精神"，更好地发挥企业家的重要作用。营造和构建亲清新型政商关系，完善相关产权保护制度和企业家的正向激励机制，进一步增强企业家的创新活力和创业动力。畅通政企沟通渠道，规范政商交往行为。引导更多民营企业家成为亲清新型政商关系的模范。2017 年 10 月，党的十九大报告强调，要构建亲清新型政商关系，促进非公有制经济健康发展和非公有制经济人士健康成长。

2018 年 1 月，国务院常务会议强调优化营商环境就是解放生产力，能提高综合竞争力，明确部署进一步优化营商环境工作，提出应借鉴国际经验，抓紧建立营商环境评价机制，并逐步向全国推行。2018 年 6 月，李克强总理明确要求加快构建具有中国特色的营商环境评价体系，包括引入第三方参与评估。2018 年 8 月，国务院办公厅印发了《全国深化"放管服"改革转变政府职能电视电话会议重点任务分工方案》，明确了在全国范围开展营商环境评价的时间表，指出中国将于 2019 年在各省（区、市），计划单列市、副省级城市、省会城市以及若干地级市开展营商环境评价工作，并编制发布《中国营商环境报告》；到 2020 年建立健全营商环境评价长效机制，在全国地级及以上城市开展营商环境评价工作，届时也将定期发布《中国营商环境报告》。该方案明确了建设和优化营商环境的任务分工和主要措施，具有突出的指导意义，也成为推进营商环境建设工作的标志性事件。2018 年 8 月 27 日—28 日，国家发展改革委组织召开了全国营商环境评价现场会暨优化营商环境工作推进会，明确强调在当年年底前，要构建营商环境评价机制，并在全国东中西部及东北地区选取了 22 个城市进行试评工作；2019 年，在直辖市、省会城市、计划单列市以及部分地级市开展营商环境评价工作。会议指出，中国已初步构建起具有中国特色和国际可比性的营商环境评价指标体系，对构建中国营商环境评价指标具有积极的指导意义，也标志着中国营商环境评价工作取得阶段性成果。

2019 年 8 月，国务院办公厅印发《全国深化"放管服"改革优化营商环境电视电话会议重点任务分工方案》，就以下四个方面提出了具体的工作要求：推动简政放权向纵深发展，进一步放出活力；加强公正监管，切实管出公平；大力优化政府服务，努力服出便利；强化责任担当，确保"放管服"改革不断取得新成效。2019 年 10 月 8 日，国务院第 66 次常务会议通过了《优化营商环境条例》，该条例成为中国优化营商环境领域内的第一部综合性行政法规，为各地区优化营商环境实践提供了指导方向与制度保障。

2020 年 7 月，国务院办公厅印发《关于进一步优化营商环境更好服务市场主体的实施意见》，指出近年来我国营商环境明显改善，但仍存在一些短板和薄弱环节，特别是受新冠肺炎疫情等影响，企业困难凸显，亟须进一步聚焦市场主体关切，对标国际先进水平，既立足当前又着眼长远，更多采取改革的办法破解企业生产经营中的堵点痛点，强化为市场主体服务，加快打造市场化法治化国际化营商环境，这是做好"六稳"工作、落实"六保"任务的重要抓手。

并且提出持续提升投资建设便利度、进一步简化企业生产经营审批和条件、优化外贸外资企业经营环境、进一步降低就业创业门槛、提升涉企服务质量和效率、完善优化营商环境长效机制六方面二十条具体意见。

3. 营商环境特征

2013 年以来，中国政府不断出台一系列具有战略意义的纲领性文件和重大决定、意见，从国家层面的顶层设计到各级政府的贯彻落实都日趋科学合理，优化营商环境的体制机制不断完善，各项监管也逐步实现由事前监管向事中事后监管调整，极大地降低了企业生产经营的制度性交易成本，对推动经济发展，尤其是促进实体经济高质量发展提供了可靠的制度保障。中国的营商环境呈现以下特征。

一是营商环境加速改善。为评估各国私营企业发展状况，世界银行于 2001 年成立"Doing Business"项目小组构建营商环境评价指标体系，并在 2003 年发布了第一份《全球营商环境报告》。经过十几年发展，世界银行的《全球营商环境报告》已覆盖世界 190 个经济体，成为目前国际上认可度最高的营商环境评估报告。中国营商环境在该评估报告中的排名如表 3.1 所示。从表中可以看出，中国营商环境在全球排名从 2015 年开始逐年提升，特别是从 2019 年开始呈现加速上升态势，2019 年排名第 46 位，比 2018 年提升了 32 位，2020 年排名第 31 位，比 2019 年提升了 15 位。中国营商环境的加速改善意味着随着中国经济发展和市场范围扩大，基于规则的正式制度环境质量得到明显提升，正式制度环境对经济发展的支撑能力显著增强。

表 3.1　中国营商环境全球排名情况

年份	排名
2008	90
2009	83
2010	89

续表

年份	排名
2011	79
2012	91
2013	91
2014	96
2015	90
2016	84
2017	78
2018	78
2019	46
2020	31

资料来源：全球营商环境报告（2008—2020）。

二是市场机制在营商环境中的作用更加突出。党的十八届三中全会通过的《中共中央关于全面深化改革若干重大问题的决定》明确提出，经济体制改革的核心问题在于如何处理好政府和市场的关系，强调要让市场在资源配置中起决定性作用；明确了营商环境建设中市场机制在资源配置中的决定性作用，完善市场化的资源配置机制是改善营商环境的首要任务。党的十九大报告再次明确：使市场在资源配置中起决定性作用。因此，基于市场规则的制度建设始终是中国营商环境建设中的基础性、决定性工作。

三是中国营商环境存在明显的区域差异。这种区域差异的典型特征是东部地区优于西部地区，南方地区优于北方地区。"中国城市营商环境评价研究"课题组等（2021）研究发现，一方面，部分直辖市、计划单列市、省会城市等的营商环境相对优势逐渐扩大；同时，东部、中部地区城市营商环境明显优于西部和东北地区。另一方面，7个分项指标中，得分排名进入前100名的城市主要分布于东部地区，中部地区城市的数量次之；西部、东北地区城市数量相对较少。同时，南北区域差异逐渐扩大，除了公共服务指数，其他6个分项指标南方地区城市拥有显著的优势，并且区域的差距日益扩大。进一步地，六大城市群内城市营商环境比较分析表明，粤港澳大湾区、长三角地区、京津冀地区城市的营商环境及其 7 个影响维度普遍相对较好；而东北地区、黄河流域城市部分分项指标平均值远远低全国平均值，其中，创新环境、金融服务等是制约这两个地区城市营商环境优化的主要因素。

综上所述，中国以营商环境为综合体现的正式制度质量正在加速改善，市场化的体制机制建设也逐渐在制度建设中占据主要地位，但在这种正式制度整体改善的同时，其内部的区域不平衡现象仍然没有消除。随着中国经济发展和市场范围的扩大，基于规则治理的正式制度建设不仅要实现整体质量的提升，也要着力消除正式制度的区域不平衡特征，逐步实现中国经济转轨期正式制度的协调、高质量发展。

3.2.2 金融制度特征

改革开放以来，在金融业服务工业发展的赶超战略指导下，中国政府干预金融资源的配置，强制实行利率官定政策，人为地将资本要素价格——利率控制在市场均衡利率水平之下，以充足的低成本金融资源供给助推工业企业的超常规赶超发展。这样就形成了我国金融体系的抑制性特征，即金融体系内，资本要素的价格始终被抑制在低水平，无法市场化地反映资金供求关系，利率的要素价格信号功能丧失（卢峰和姚洋，2004）。我国的利率水平长期处于市场均衡利率水平之下，尽管 2015 年 10 月 24 日央行放开了存款利率上限，标志着我国基本完成了利率市场化改革任务，但长期利率管制的政策惯性依然存在，尚未实现由完全市场化的利率形成机制起到配置金融资源的关键性作用。一方面，低利率使得廉价资金经由银行渠道投入生产领域，为资本密集型的制造业企业发展提供金融支持，为我国经济增长奇迹做出贡献；但另一方面，长期的低成本金融供给也会造成企业的"资金幻觉"，激励企业为"富余资金"寻找投资出路，产生盲目扩张冲动，形成产能过剩风险。

我国长期低利率管制政策的另一个经济后果便是银行体系内的

廉价资金供不应求，市场配置金融资源的功能失调，只能由政府通过信贷配给方式进行干预，导致金融资源的市场配置发生扭曲。国有企业为实现政府的政治和社会目标，承担了较多政策性负担，因此，作为一种补偿，政府将大量廉价资金配置给国有企业（方军雄，2007）。与此同时，我国银行体系虽然经过股份制改革，呈现出多元所有制并存的局面，但国有产权依然占据主导地位。基于共同的国有产权纽带，国有银行和国有企业形成体制内的共生关系。国有银行也倾向于将低成本资金优先配置给国有企业。

综上所述，我国金融制度背景呈现两个显著特征：一是金融抑制现象严重，即低利率管制扭曲了信贷市场的要素价格信号，催生企业投资扩张热情；二是政府通过信贷配给，向承担多重责任的国有企业提供金融支持，金融资源市场配置功能发生扭曲。在此制度背景下，金融资源配置失调导致了严重的产能过剩问题。

3.3　经济转轨期非正式制度特征

经济运行过程中的微观治理机制可以分为基于关系和基于规则两种模式，前者由交易主体在长期博弈中自我实施，在经济发展初期具有低成本优势；后者由第三方（如法院）监督实施，需要在制度建设方面投入大量建章立制的固定成本，因而在经济发展后期才能体现规模经济（Li，2003）。在中国经济渐进式转轨过程中，两种治理模式并存，共同促进中国经济增长奇迹。在法律体系、金融体系等正式制度缺位时，中国的关系和声誉机制等非正式制度发挥了重要的替代作用（Allen et al.，2005）。

3.3.1　企业的横向社会关系

非正式市场中的经济交换并不依赖建立在法律、契约等规则之上的正式制度，而主要依靠建立于关系、承诺和惯例等秩序之上的非正式制度（Webb et al.，2009）。非正式与正式市场中的企业行为因而各具特点：前者的适应性与灵活性较高，制度建设成本较低，易于累积社会资本，能够充分利用社会网络关系获取资源与能力；后者虽然制度建设成本较高，但其治理质量较高，容易获得正式机构提供的金融资本与基础设施等条件以实现规模经济效益（Thai and Turkina，2014）。

在中国渐进式改革的背景下，传统社会中自我实施的关系型合约不仅没有土崩瓦解，反而在正式合约缺位时，起到维持社会经济运行的重要作用（王永钦，2006）。企业的各种关系机制在各种稀缺资源（比如廉价的金融资源、优惠的土地资源、税收政策照顾、产业政策倾斜等）的配置过程中发挥着重要的作用，拥有各种关系的企业可以在稀缺资源的配置竞争中获得更多实惠，从而协助企业快速发展。陆铭和李爽（2008）指出，与社会资本有关的非正式制度会深刻影响人们的行为及其经济后果。企业经营者的社会交往和联系往往是企业与外界沟通信息的桥梁和建立信任的通道，是获取稀缺资源的非正式机制，其中企业与其他企业的横向联系，以及企业与政府之间的纵向联系都是企业社会资本的重要组成部分（边燕杰和丘海雄，2000）。在中国金融抑制的背景下，正规金融系统内的资金价格（利率）长期低于市场均衡利率，廉价的正规金融资源成为企业竞相争取的稀缺资源。因此，就企业的横向社会资本来说，为了争夺稀缺的廉价金融资本，企业有足够的激励去建立与金融机构的横向联系。通过邀请具备金融机构工作背景的人士进入管理团队，利用个人的金融关系网络，搭建与金融机构的横向联系，工业企业就能在争夺稀缺金融资源的非正式机制竞争中占得先机。

3.3.2　企业的纵向社会关系

在中国经济由计划经济向市场经济渐进式转轨的过程中，政府依然掌握着大量稀缺资源的实质性配置权力。比如重要的战略性物质资源（土地资源、矿藏资源、石油资源等），重要的金融资源（比如金融市场的准入资源、实质性的资本定价权力等），重要的政策性资源（比如金融监管政策、产业政策以及政策自由裁量权）。虽然我们一直在努力实现市场在资源配置过程中的基础性作用，但不可否认，在经济渐进式转轨期，政府依旧具有巨大的资源配置能力。因此，就企业的纵向社会资本来说，多数企业都有足够的动机与政府建立千丝万缕的联系，通过这种"向上"的社会联系，企业能够获取更多的物质资源配置优惠，能够得到更多的廉价金融资本支持，能够享受更为有利的政策倾斜，从而为企业发展提供优厚的资源支撑。在中国传统的关系型社会背景下，通过邀请具有政府工作背景的人士在企业任职，企业就能依靠这种人脉关系，迅速搭建起与政府部门的政治关联。虽然为规避政治关联带来的寻租、腐败等消极影响，我国政府不断出台监管措施，禁止政府公职人员到企业任职，但各种隐性的关联关系是无法依靠监管政策完全杜绝的。因此，政治关联在中国依然具有较大的资源配置功效。大量文献证实政治关联有助于企业获取各种稀缺资源（余明桂等，2008；张敏等，2010；于蔚等，2012；范子英和李欣，2014；毛新述和周小伟，2015；罗党论和魏翥，2012；罗党论与唐清泉，2009；吴文峰等，2009；杨星等，2016）。其中，政治关联便利获取稀缺金融资源的事实，客观上加剧了企业过度投资（张敏等，2010），进而加大了企业产能过剩风险。

分析我国产能过剩的历史特征，结合中国金融抑制的背景特征，考察债务资本配置效率、金融关联以及政治关联如何影响企业产能利用和产能过剩概率，可以有效揭开企业产能过剩形成的微观机制，有助于金融部门从提升债资本配置效率角度，在产能过剩的形成源头抑制产能过剩，有助于政府从改善关系型治理模式角度、企业管理层从提高企业社会资本利用效率角度化解产能过剩。

第4章 企业产能过剩的内在机理与财务后果

4.1 企业产能过剩的概念界定与测度

4.1.1 产能过剩定义

1. 国外定义

国外学者主要从微观视角定义产能过剩。钱柏林在《垄断竞争理论》一书中首次系统地界定了产能过剩的内涵,他首先将处于完全竞争市场条件下,厂商供求均衡点的产出水平定义为"完全产出",而厂商面临的实际市场结构往往是非完全竞争市场,如垄断竞争市场、寡头垄断市场等。在这种非完全竞争的市场结构下,厂商真实的产出水平往往低于"完全产出","真实产出"小于"完全产出"即产能过剩。Kamien and Schwartz (1972) 对钱柏林的定义进行了修正,认为完全竞争市场条件下,企业的"完全产出"是平均成本最小时的产出,产能过剩就是在非完全竞争市场条件下，企业的"实际产出"小于"完全产出"的状态。Kirkley et al.（2002）则从要素投入角度提出，企业固定要素投入和无约束的可变要素投入被充分利用时，企业所能达到的产出水平即"完全产出"，当企业的"实际产出"水平低于"完全产出"时就会发生产能过剩。

西方学者普遍从微观市场结构角度出发，将产能过剩定义为企业在不同市场结构下的理性选择。他们对产能过剩的定义相同之处在于，聚焦企业层面，将"实际产出"低于"完全产出"的情形定义为产能过剩；不同之处在于，对"完全产出"的定义不同，出现了均衡产出观、平均成本最小观以及要素投入观等观点的差别。

2. 国内定义

中国正处于经济转轨期，在市场结构、制度特征等方面与西方国家存在很大差别，产能过剩更多地被看作宏观经济问题。因此，国内学者主要从中观和宏观角度定义产能过剩。王岳平（2006）认为市场经济本质上是过剩经济，只有当供过于求的产能数量超过维持市场良性竞争所必要的限度、企业以低于成本价格进行竞争、供过于求的正面影响超过负面影响时，才发生产能过剩，可以将产能过剩分为预期产能过剩和即期产能过剩。预期产能过剩是潜在的产能过剩，是企业大量投资预期形成的产能远远大于未来需求，但目前的供需仍相对平衡。这种产能过剩一般发生在需求快速增长阶段，比如我国第二次产能过剩。即期产能过剩是多数国内学者讨论的、只有闲置产能超过合理界限才认为的产能过剩。这种产能过剩的触发点一般是需求达到饱和或开始下降，在现有的价格下，供给远大于需求，比如我国第一次和第三次产能过剩。林毅夫等（2010）认为发展中国家的企业所面临的产业更为成熟，因而更容易对有前景的投资项目形成共识，进而发生"投资潮涌"现象，最终会导致行业的产能过剩。这种现象在发展中国家的发生频率极高，成为影响发展中国家经济乃至重构发展中国家宏观经济理论的重要问题。林毅夫等（2010）进一步建立了"投资潮涌"现象的微观理论基础，提出了两期模型：在第一期，由于存在信息不完全，行业中企业数目不确知，企业在参与者数目期望意义上投资；在第二期，产能建成，如果行业中企业数目大于预期，则引发产能过剩。周劲和付保宗（2011）认为，一定程度的产能富余能够提高市场竞争机制的效率（正面效应），但过度的产能富余会损害资源配置效率（负面效应），当产能富余的负面效应大于正面效应时，就形成产能过剩。进一步，他们还根据引起产能过剩的原因将产能过剩分为周期性产能过剩和非周期性产能过剩，其中，非周期性产能过剩包括结构性产能过剩和体制性产能过剩。周期性产能过剩是市场周期性因素决定的，难以避免，而结构性产能过剩和体制性产能过剩都是非周期性因素产生的。韩国高等（2011）提出，受限于社会总需求，整体经济活动没有达到正常的产出水平，从而发生资源闲置，社会潜在产能未被充分利用的现象即为产能过剩。总体上，有别于西方学者，国内学者认为实际产能在扣除必要的产能储备之后，仍然超过社会有效需求的现象就是产能过剩。

综上可知，有别于西方学者侧重从微观市场结构角度定义产能过剩，国内学者则侧重宏观层面的定性描述，并且认为体制性问题导致的产能供给大于需求形成产能过剩。鉴于宏观的产能过剩必定由微观企业的产能过剩汇聚而来这一事实，伴随着中国市场经济改革的深入推进，借鉴西方的微观视角，重新界定中国企业层面的产能过剩将具有重大意义。

4.1.2　产能利用率测算方法

产能利用率是衡量产能利用状况的关键指标，也是判定是否出现产能过剩的核心指标。按照计算产能利用率数据来源的不同，本书将产能利用率的计算方法归纳为以下三种。

1. 利用宏观统计数据的测算方法

国内学者目前主要利用可得的宏观经济统计数据间接估算行业的产能利用率。这种方法的基本思想是行业的实际投入和产出反映了行业内在的产能和产能利用率，通过经济理论推导，可以合理设定行业投入和产出的关系式，然后利用行业投入代理变量（如资本投入、劳动投入）和行业产出代理变量（如工业总产值、工业增加值）估算行业产能，将行业实际产出除以行业产能即得到行业产能利用率。具体而言，包括以下几种方法。

（1）利润函数法。这一方法遵循了企业决定产能利用率是追求利润最大化的基本假定。Segerson and Squires（1993）利用利润函数法对美国太平洋沿岸海洋渔业的产能利用率进行了实证分析，并认为产出配额会强烈刺激撤资。随着对偶理论的兴起，加上实证的便捷性，利润函数法逐渐被成本函数法所取代。

（2）成本函数法。这是目前为止运用非常广泛的一种方法，其逻辑起点是基于 Cassels（1937）首先提出的经济产能的概念。Bemdt and Morrison（1981）提出了利用短期成本函数对产能利用率进行估计的方法，并认为在规模报酬不变的前提下，短期平均成本最低点对应的产出水平就是产能规模。相对于美国联邦储备委员会的测算结果，成本函数法得出的产能利用率可能会大于 1，这说明企业在短期平均成本最低点的右侧进行生产，其政策含义是增加降低平均成本的投资。这种方法将满足成本最小化条件的产出视为产能产出，通过实现成本最小化以达到均衡状态的最优产出，进而测算产能利用率。韩国高等（2011）通过 GMM 方法测量了我国 28 个行业的产能利用率，识别出 7 大产能过剩行业，并发现固定资产投资直接导致了产能过剩。

（3）生产函数法。这种方法的思路是通过设定具体的生产函数，利用生产要素投入数据估计产能产出，进而测算出产能利用率。Klein and Preston（1976）提出了这一方法，即通过设定具体的生产函数形式，利用要素投入数据估计相关参数，从而拟合出产能产出的集合，也就是通常所说的生产前沿面，进而得出产能利用率。Fisher（1969）与 Klein 等人的观点基本一致，他认为可以通过生产函数法估算潜在产出，这同时也是充分利用劳动、资本等生产要素所得到的最优产出。许多国际机构都采用了该方法来测算产能利用率，如国际货币基金组织、欧盟经济和金融事务机构等。国内也有学者利用生产函数法测算产能利用率，沈坤荣等（2012）利用柯布-道格拉斯生产函数对我国 35 个工业行业的产能利用率进行了测算，研究发现 42.8% 的行业存在产能过剩现象，并且这种现象日趋严重。尽管生产函数法被广泛使用，但这种方法至少面临着如下挑战：一是生产函数形式的科学性有待验证，二是投入要素的种类及类型的区分标准的科学性有待验证，三是技术效率与统计噪声对计量结果的准确性存在干扰。

（4）峰值法。该方法的思路是行业的实际经济产出会围绕理想经济产出的增长趋势上下波动，有些年份产值达到峰值，而有些年份产值跌于峰谷，将峰值点的产出视为产能 100% 利用的产能产出，则用非峰值点的产出除以峰值点的产出就能估算出行业产能利用率。Klein（1960）指出产能规模是一段时间内产出水平的峰值，根据这一理解产生了用历史上某一年份的最高实际产出作为潜在产能的测算方法。美国著名的 Wharton 指数就是利用这一方法计算得出，不同之处在于，Wharton 定义的"峰值"是单位资本存量所能实现的最大产出，不同的"峰值"之间存在一定的线性趋势，因而结合资本产出比（Y/K）并通过插值和推断可以估计出"峰值"年的产能规模，进而得到产能利用率。但是 Wharton 方法无法测算资本部分的变化情况，因而缺乏对中长期产能利用率变化的考虑。之后，不少学者如 Hsu（2003）等也利用峰值法进行了实证分析，比如测算美国渔业的产能利用率等。徐菁和陈恩棋（2014）利用峰值法对甘肃省四个行业（石油和天然气开采业、黑色金属矿采选业、有色金属矿采选业、石油加工及炼焦业）的产能利用率进行了测算。作为早期使用的一种方法，峰值法最大的缺陷在于无法确定所谓的"峰值"是否是真正的物理或经济产能规模。

（5）协整分析方法。为了避免具体函数形式设定的不科学，基于 Shapiro（1986）提出的产能产出与资本存量之间存在长期的稳定关系这一重要假设，Shaikh and Moudud（2004）创造性地提出了协整分析方法，并利用该方法对经济合作与发展组织国家的产能利用率进行了估算。这种方法假设产出与固定要素投入之间存在协整关系，利用产出与固定要素投入之间的长期趋势关系估计产能，进而测算出产能利用率。贺京同和何蕾（2016）利用协整分析方法测算了我国 36 个行业的产能利用率，研究发现行业的国有控股比例以及国有企业信贷规模越大，行业的产能利用率越低。协整分析虽然避开了函数设定的主观性，但是相较于成本函数法、生产函数法，缺乏微观经济基础的支撑。

（6）生产前沿面法。这种方法利用行业的实际投入推算出行业的生产前沿面，即行业最优产能，进而估计出行业产能利用率。按照生产前沿面构造方法的差异，其又细分为数据包络分析法（DEA）和随机前沿分析法（SPF）。这是两种非常相似的估计方法，它们都是通过求解生产前沿面，估计出偏离生产前沿面的无效率部分。但是相对于 SPF 方法，DEA 方法运用线性规划技术，不需要对函数形式进行事先假定，也不需要对参数估计的有效性、一致性等进行检验，只需要给定生产有效标准，从而找出生产前沿面上的相对有效点。因而，这是一种更加一般、柔性的方法。Fare（1989）将基本的 DEA 模型扩展到产能利用率计算。随后，不少学者利用 DEA 方法开展了实证研究：Reid（2003）对美国渔业的产能利用率进行了测算；Ray（2005）利用拓展后的 DEA 模型对 1970—2001 年美国所有的制造业产能利用率进行了计算和分析。董敏杰等（2015）利用 DEA 方法测算出 2001—2011 年中国工业平均产能利用率仅为 69.3%，并且 2008 年之前呈增长趋势，之后呈下降趋势。杨振兵和张诚（2015）采用 SPF 方法识别出 15 个严重产能过剩的行业，并且产能过剩是中国制造业普遍存在的现象。SPF 方法加进了一种随机的误差估计，需要对变量之间的函数形式和分布进行明确假设。总体上，在测算生产前沿面时，DEA 方法和 SPF 方法测算的结果都是最优的，但 DEA 方法存在的问题是，在规划求解时可能存在无穷多个最优解；SPF 方法存在的问题是变量之间可能存在相关性，同时模型设定的生产函数形式可能与实际经济状况不符。

综上可知，采用宏观经济统计数据测算产能利用率的优点是宏观统计数据的可得性较好，数据搜集成本较低。但是这类方法也存在一些缺陷：一是测算方法复杂多样，不同方法得出的测算结论存在分歧，学术界尚未形成公认的最优方法；二是对产能利用率的精确测算有赖于对投入和产出之间关系式的合理设定，但这种建立在理论和假设基础上的关系式往往与现实存在偏差，因而测算结论的准确性也有待商榷。

2. 利用统计调查数据的测算方法

这种方法直接通过统计调查方法获得企业的产能利用率数据。统计调查法不仅需要科学严谨的调查抽样的方法，更需要统计部门、行业协会、企业的通力合作，是一项耗费人力、财力的巨大的系统工程。国内少数学者利用世界银行的统计调查数据开展了相关研究。时磊（2013）采用 2003 年世界银行投资环境调查数据检验发现，中国资本市场的所有制歧视和规模歧视加剧了企业产能过剩。干春晖等（2015）采用 2012 年世界银行调查数据研究发现，处于晋升关键期的官员、本土官员、国有产权因素能够帮助企业获得更多低成本的关键性资源，从而加剧产能过剩。步丹璐等（2017）也采用 2012年世界银行调查数据研究发现，产能过剩是以 GDP 为核心的"晋升锦标赛"的一系列扭曲性后果之一，地方官员会迫于晋升压力支持企业扩大产能，导致产能利用率降低，进而产生产能过剩等问题。此外，资本市场信贷资源配置是地方官员晋升压力影响企业产能过剩的中介变量，即地方官员迫于晋升压力对信贷资源配置的不当干预降低了信贷资源配置效率，并最终导致企业产能过剩。进一步研究发现，转变传统的以经济绩效为主的官员晋升考核方式，增加环境保护等社会发展目标的比重，能够降低地方官员晋升压力对产能过剩的影响；而政府透明度的提升，有助于监督和制约地方政府的不当经济干预行为，抑制地方官员晋升压力对产能过剩的影响。

世界银行的统计调查数据为我们开展微观层面的产能过剩研究提供了基础，但这类测算数据的采集成本高昂，并且数据来源于调查对象的自我判断，缺乏第三方验证。因此，这类测算数据的使用限制较多。

3. 利用企业会计数据的测算方法

企业经济活动的财务后果主要体现于财务报表当中，产能过剩作为企业重要的经济现象，其财务后果也必定会在财务报表中得以体现。因此，挖掘企业的会计信息可以在一定程度上反映企业的产能过剩状况。产能过剩的典型财务后果就是资产周转效率下降。一方面，产能过剩企业的市场竞争加剧，产品销售困难，引起存货积压、营业收入下降；另一方面，产能扩张导致固定要素投入和可变要素投入刚性增长，表现为固定资产、存货等资产的超常规增长。两方面共同导致企业的资产周转效率下降。修宗峰和黄健柏（2013）采用固定资产收入比（固定资产周转率的倒数）衡量企业产能利用率，对市场化改革以及过度投资对产能过剩的影响进行了实证检验，结论显示市场化改革能够缓解地方国有企业和民营企业的产能过剩，过度投资会导致中央国有企业产能过剩。修宗峰和黄健柏的研究开启了利用企业会计数据测算企业产能利用率的大幕。此后，钱爱民和付东（2017）在修宗峰和黄健柏的研究基础上，采用总资产周转率、固定资产周转率、存货周转率等资产周转率指标衡量企业产能利用率，对企业产能过剩的微观动因进行了检验。相关研究发现：在中国金融抑制的背景下，低成本的信贷资金供给对企业产能扩张形成外部激励，降低了企业产能利用率，提高了产能过剩的概率。政府对信贷资源配置的干预导致国有企业，特别是地方国有企业产能利用率下降严重。上市公司通过发行债券方式筹集的资金也会导致企业的产能利用效率下降和产能过剩严重。企业的金融关联和政治关联会对产能利用率产生负面影响。周泽将和徐玉德（2017）采用固定资产收入比（固定资产周转率的倒数）代替企业产能利用率，检验技术独董与产能过剩之间的关系，结果表明技术独董显著抑制了企业产能过剩，表现为技术独董同企业产能过剩程度之间的负相关关系；当制度环境更为完善和行业集中度更高时，技术独董对于企业产能过剩的抑制作用有所下降，表现为正向调节了技术独董和企业产能过剩之间的负相关关系。

财务会计数据为衡量企业的产能利用率打开了新的窗口。这种测算方法的优点在于，数据连续、定期公布，采集成本较低，并且所有数据均经过会计师事务所的验证，具有较高的可信度。随着国

内微观视角研究的深入推进，利用财务会计数据的测量方法逐步得
到学术界的认可。但这种方法也存在弊端：产能过剩会反映在财务
报表的方方面面，仅采用资产周转率进行测算存在局限性，今后需
要对产能过剩的财务后果进行全面的理论分析和实证检验。

4.1.3　产能过剩的判定标准

在产能利用率的基础上，如何判定产能过剩也同样是一个关键
问题。理论上，只要产能利用率小于 100% 就说明存在产能闲置，即
产能过剩，但在实践中产能利用率很难达到 100%。这是因为不仅机
器设备等固定资产在使用过程中需要停产检修，产生自然的产能闲
置，而且处于不同市场结构的企业也会出于预防市场不确定性的动
机或阻止竞争对手进入的动机，理性选择闲置部分产能。此外，不
同行业的生产技术性差异较大，产能利用状况存在天然差异。因此，
定量确定产能过剩的临界标准始终是个难题。关于产能过剩的临界
值标准，西方国家多结合历史均值设定：欧盟标准为 82%，产能利
用率小于 82% 即为产能过剩；美国标准的临界区间为 79%～82%。
国内学者也采用了不同的临界值标准进行判断。韩国高等（2011）
采用 79%～83% 的临界值区间，将我国 7 大类行业判定为产能过剩
行业。程俊杰（2015）采用 79% 的临界值，认定我国 12 个行业存在
产能过剩。修宗峰和黄健柏（2013）、钱爱民和付东（2017）按照企
业所处行业产能利用率的 75% 分位数为临界点，将产能利用率小于
75% 分位数的公司定义为产能过剩的公司。这种判定方法考虑了不
同行业的异质性特征。钟春平和潘黎（2014）指出，目前国内较为
普遍的做法是将 75% 设定为判断产能过剩的临界值。

概括来讲，由于自然停产、企业应对市场变化的理性行为等原
因，产能无法被完全利用。闲置产能会给企业带来正面效用，也会
给企业带来负面效用，只有当其负面效用超过正面效用时，才能定
性地判断为产能过剩。然而，产能过剩的定量判断标准一直存在争
议，有待未来进一步深入研究。

综合已有关于产能过剩定义、产能过剩测量方法以及产能过剩

判定标准的国内外研究，不难发现产能利用率的定量测算方法一直是产能过剩研究领域的焦点和难点问题。三种测算方法各有利弊：使用宏观经济统计数据间接估算行业产能利用率的方法是主流，具体的计算方法复杂多样，但至今尚未形成大家公认的权威计算方法，并且研究层次始终局限于中观和宏观层面；使用统计调查数据的直接测算方法将产能过剩问题研究拓展至微观领域，但数据采集成本高昂，研究的可持续性较低；使用财务会计数据的测算方法具有数据持续性、可信性、可得性、丰富性方面的优势，是对微观层面产能过剩研究的有益探索，但这种方法的理论支撑较弱，并且尚未得到学术界的公认。此外，寻求统一的产能过剩定量判断标准始终是一个难题，简单地用某一个临界数据标准进行评判难以考虑产能自然闲置、企业理性行为、行业异质性等因素。现有实证研究是在历史经验或某一文献基础上展开的独立研究，缺乏对产能过剩定量判断标准的系统性思考。

产能利用率测算和产能过剩的判别是研究产能过剩问题的基础，在今后的研究中应当从以下几方面努力：一是更多地将研究视角从宏观转向微观。这是因为企业产能过剩是行业产能过剩的基础，只有解决好企业产能过剩问题，才能化解行业产能过剩。二是在缺乏系统性的企业产能利用率统计数据的情况下，深入挖掘企业财务报表信息，全面分析产能过剩的财务后果，进而提炼出反映企业产能过剩的系统性财务指标，拓展产能过剩的微观测量方法。三是在产能过剩判别标准方面，尝试在产能利用率的基础上，建立包含产能过剩正面效用和负面效用在内的多维度产能过剩评价指标体系。

4.2 企业产能过剩的内在机理

从财务角度看，一方面企业从债权人、股东那里筹集资本，形成企业的资本引入战略，这不仅提供了企业扩张的资源基础，更夯实了管理层的回报责任，比如要保持资本保值增值等，这些"回报责任"促使企业扩张，代表了产能扩张的"动力机制"；另一方面，企业将筹集的资源进行再分配，形成企业的资源配置战略，依靠各种投资活动，以实现企业产能扩张，代表了企业资源布局的"路径选择"（张新民，2017）。因此，本书拟从"动机"和"行为"角度归纳演绎财务视角下的企业产能过剩形成机理，提供企业管理与治理行为影响产能过剩的理论解释框架。

4.2.1　企业产能扩张的动力机制

1. 引入资本与企业产能扩张的理论回顾

企业的产能扩张来源于企业的投资行为，企业投资需要资金支持，因而企业如何选择引入资本，以及引入资本如何影响企业投资扩张行为是值得探讨的理论话题。从公司财务学视角看，以MM 理论为分界点，公司金融理论中关于企业融资与投资行为关系的理论观点可以划分为两个阶段：第一阶段的主流观点是企业融资与投资行为无关论，第二阶段的主流观点是企业融资与投资行为相关论。

（1）企业融资与投资行为无关论。

1）MM 理论。Modigliani and Miller（1958）在《美国经济评论》（*American Economic Review*）上发表的题为《资本成本、公司财务和投资理论》的文章指出，当市场满足如下条件时，企业的投资行为不受融资行为的影响：一是资本市场是完全竞争的，投资者之间可以自由套利，替代性投资机会的市场收益率与个人融资成本相同；二是无企业所得税和交易费用；三是企业的经营风险是可衡量的，有相同经营风险的企业即处于同一风险等级；四是现在和将来的投资者对企业未来的 EBIT 估计完全相同，即投资者对企业未来收益和取得这些收益所面临风险的预期是一致的；五是投资者预期的 EBIT 不变，即假设企业的增长率为零，从而所有现金流量都是年金；六是现在和将来的投资者对企业未来的 EBIT 估计完全相同，即投资者对企业未来收益和取得这些收益所面临风险的预期是一致的；七是公司的股利政策与公司价值无关，公司发行新债不影响已有债务的市场价值。在上述一系列严格假设条件下，企业投资所需的资金，无论是采用股权融资方式还是债务融资方式，对于现有股东来说，其融资成本没有差异，企业现有市场价值等于投资产生的未来所有现金流量的折现值。换言之，在资本市场的完全竞争前提下，不考虑企业所得税，且企业经营风险相同而只有资本结构不同时，企业资产负债率从 0 增加到 100% 不会对企业投资的现金流量产生任何影响，企业的投融资活动互不相干。

2) 修正的 MM 理论。资本市场完全竞争、不存在所得税、企业经营风险相同等 MM 理论的前提假设在真实的市场环境中并不存在，MM 理论受到较多质疑。为回应这些质疑，Modigliani and Miller（1963）在《美国经济评论》上发表了另一篇题为《公司所得税及资本成本：一个纠正》的文章，提出了修正的 MM 理论。他们发现在考虑公司所得税的情况下，由于债务利息在核算公司所得税之前扣除，债务融资有利于降低企业的所得税税负，提高股东的税后利润。因此，企业通过增加财务杠杆，可以不断降低其资本成本，负债越多，杠杆作用越明显，企业价值越大。当债务资本在资本结构中趋近 100% 时，才是最佳的资本结构，此时企业价值达到最大。最初的 MM 理论和修正的 MM 理论是资本结构理论中关于债务配置的两个极端看法，产生这种极端结论的根源在于对公司所得税这一假设条件的限定不同。相较而言，修正的 MM 理论放松了企业所得税这一严格的假定条件，更接近于真实的市场环境。

3) 权衡理论。尽管修正的 MM 理论放松了无企业所得税这一严格假定，拉近了与现实市场的距离，但是仍然无法解释现实中不存在 100% 负债的企业这一事实。为此，Baxter（1967）、Stigliz（1972）、Kraus and Litzenberger（1973）、Scott（1972）等将企业负债融资的破产风险因素考虑在内，扩展形成了融资结构的权衡理论（trade-off theory）。该理论认为，尽管债务融资能够产生节税效益，但过高的负债水平会引发企业的破产风险，同时提高企业的融资成本。因此，企业会存在一个最优的负债水平，在这一临界负债水平之下，新增加债务的边际税收减免利益大于其边际破产成本，提高企业债务水平会增加企业价值；在这一临界负债水平之上，新增加债务的边际税收减免利益小于其边际破产成本，提高企业债务水平会降低企业价值。因此，企业为投资而需要债务融资时，会在负债的避税效应和企业破产成本之间进行权衡，依据权衡的结果做出投资决策。

4）Miller 均衡命题。对于权衡理论的挑战，Miller（1977）在国际金融类权威期刊《金融杂志》（*Journal of Finance*）上发表了《负债和税收》一文，提出了 Miller 均衡命题。Miller 在分析负债的企业所得税节税效应时，增加个人所得税和企业债券收益率因素，认为在个人所得税施行累进制税率的情况下，企业债券的收益率取决于债券市场上债券自身的整体供求状况，而难以确定单个企业的最优债券供求量。当债券市场整体供求均衡时，单一企业为追求债务的节税利益而增发债券时，只有提高债券收益率才能吸引债权投资人购买债券，这样一来，债券利率的提高就抵消了债务的节税利益。因此，即便债务利息在计算企业所得税之前全部扣除，均衡条件下公司的价值和投资决策仍然与公司融资行为无关。

总体上，围绕 MM 理论，西方财务学者展开了充分的讨论，MM 理论的核心观点是企业融资不影响企业投资决策；修正的 MM 理论认为负债的节税利益降低企业成本，有利于企业价值；权衡理论认为企业会依据债务节税利益和企业破产风险之间的权衡做出投资决策；Miller 均衡命题认为由于债券利率提高抵消债务节税利益，企业融资和投资仍然不相关。上述理论的主要观点是企业对融资结构的选择不影响其投资决策。然而，随着企业理论的发展以及信息经济学、委托代理理论和契约理论等新制度经济学方法在企业财务理论中的应用，企业金融理论取得了长足发展。从信息非对称性、代理成本问题和契约的不完备性等基础上演绎出的涉及融资结构选择和企业投资行为的研究成果，已不再局限于最优融资结构的存在性和企业最优化投资行为等孤立问题的研究，而是重点关注融资结构是否影响、为什么影响、如何影响企业的投资行为，以及如何设计和确定与有效的公司治理机制相适应的融资结构，达到优化企业投资行为、提升企业价值的目的，从而演绎出企业融资与企业投资行为相关论的一系列理论。

（2）企业融资与投资行为相关论。企业通过融资结构的选择影响其利益相关者的激励和监督机制，最终导致企业投资行为和现金收益流量的改变，最终影响企业价值。不恰当的融资结构决策会加重企业利益相关者之间的利益冲突，增加代理成本，降低企业价值。企业融资结构选择同时也是公司治理机制的确定过程，适当的融资结构通过相机治理效应可以有效降低企业的代理冲突，提升企业价值。总之，企业融资结构的表现形式不仅代表对投资收益流量的分配权，而且涵盖了与所有权有关的剩余索取权和剩余控制权的配置。这些配置机制是否得当、有效直接关系到企业各利益相关者的利益目标能否顺利实现，进而影响企业的经营效率和公司价值。由此可见，伴随着现实经济、制度环境的变化和现代企业理论的发展，对企业财务决策行为研究的视角也发生了相应变化，揭示企业融资决策和投资决策之间的相互影响机理及作用机制使得现代企业金融理论研究更加贴近现实。

1）过度投资假说。Jensen and Meckling（1976）提出当企业进行负债融资时，会产生股东-债权人之间的代理冲突，从而导致股东损害债权人利益的过度投资倾向。具体而言，当企业引入债务资本时，债务契约的固定收益偿还机制和股东的有限责任使得股东倾向于放弃低风险、低收益的项目，而转向投资于高风险、高收益的项目。这是因为将包含大量负债的资本投资于高风险项目，如果投资成功，债权人只能获得固定的利息回报，股东将分享超额收益；如果投资失败，股东可以通过债务违约将风险转嫁给债权人。在这种作用机制下，股东的投资决策风格趋向于激进，容易产生过度投资。此外，Stiglitz and Weiss（1981）从期权的视角论述了股东偏好高风险投资项目、提升股票价值的动机。他们认为可以把股票看作一种以企业资产为标的、债务面值为执行价格的看涨期权。一般而言，看涨期权的价值随标的资产价值的方差变化而变化，方差越大，期权价值越高。因此，若股东选择的投资项目风险越高，其投资收益的方差变化就越大，股票的期权价值也就越高，股东获取的额外投资收益也就越多。从某种程度上来说，股东的风险转移动机会导致企业的过度投资行为。这种由股东-债权人冲突导致的股东将债务资本投向高风险项目，从而引发过度投资的现象也被称为"资产替代效应"。

2）投资不足假说。这种假说主要从内部股东-管理层和债权人之间的信息不对称导致的逆向选择和道德风险角度展开分析。企业引入外部债务融资时，外部债权人和企业内部股东-管理层之间存在信息不对称：与企业内部股东-管理层相比，外部债权人对企业内部运营状况、拟投资项目的具体信息以及项目未来盈利水平等相关信息了解更少，处于信息劣势地位。Jaffee and Russel（1976）提出外部债权人与内部股东-管理层之间的信息不对称主要通过两条渠道影响企业投资行为：一方面，如果外部债权人能够理性预期自己在拟投资项目的未来现金流量方面处于信息劣势地位以及由此导致的内部股东-管理层逆向选择，那么外部债权人将会减少或是放弃一些净现值（NPV）大于零的投资项目，即发生投资不足现象；另一方面，当企业通过发行债券进行债务融资时，外部债权人了解到自己所处的信息劣势地位，并且无法跨越信息鸿沟时，就会按照债券市场的一般均衡价格评估债券价值。此时，业绩较好的债券发行企业的债券价值就会被低估，从而提高了其债券融资成本，为避免承担额外的债务融资成本，绩优企业就会放弃部分 NPV 为正的投资项目，产生投资不足。Myers（1977）从企业资产划分角度论证了债务融资对企业投资决策的影响。他将企业资产划分为现有资产和预期资产两部分，企业的价值也随之分为现存资产的评估价值和对未来投资机会的预期价值。此时，企业对拟投资项目的实际资金投入将取决于企业现有的资产负债率、债务期限结构和新增债务融资额。当内部股东-管理层意识到较高水平的债务融资将使投资项目的大部分收益归属债权人时，他们存在放弃 NPV 为正的拟投资项目的动机，即较高的负债水平将降低股东-管理层投资于 NPV 为正、具有成长性的项目，引发投资不足。

3）融资约束假说。Meyer and Kuh（1957）最早提出在不完备的资本市场条件下，企业的投资支出将受到企业内部资金的限制，企业的投资决策会受到企业利润水平或预期盈利能力的影响。随后，Myers（1984）提出的啄食顺序理论（pecking order theory）进一步证实了企业受到的融资约束。啄食顺序理论认为内源性融资来源于企业内部，而外源性融资来源于企业外部。内源性资本能够有效避免外源性资本所产生的关于企业运行状况、拟投资项目前景等信息的不对称，减少了外源性资本供给者的逆向选择，降低企业的融资成本。因此，当企业有融资需求时，优先选择内源性融资，其次选择外源性债务融资，最后选择外源性股权融资。综合来看，如果企业的内部现金流量能够满足其投资项目的资金需求，企业仅依靠内部融资就能满足资金缺口，不需要从资本市场上进行外部融资，此时，资本市场不会影响企业的投资策略；但更多的情况是企业内部资金无法满足其投资的资金需求，需要通过资本市场进行外部融资，即企业受到融资约束。此时，资本市场的信息不对称导致企业外源性融资成本随融资数量正向增长，并且增速与企业价值正相关。这样一来，企业价值起到了信号传递作用，通过信息成本机制抑制企业的道德风险。而企业的资本结构间接反映了企业价值，资产负债率越高，企业价值越低，其自我筹资能力越弱，企业受到的融资约束程度越高，最终导致企业会放弃部分净现值为正的项目，产生投资不足。

4）负债的相机治理假说。企业是股东、债权人、管理层、职工、客户等利益相关者通过一系列契约联结起来的经济组织。在信息不对称、契约不完备的市场条件下，各个利益主体的利益目标不一致。最典型的目标利益冲突就是股东和管理层之间的委托代理冲突，管理层为实现自身的控制权私有收益最大化，会进行损害股东利益的过度投资，即产生道德风险。负债的相机治理假说认为，企业引入债务资本可以从激励机制和监督机制两个方面抑制企业管理层的道德风险。从激励机制方面分析，在企业投资总额和管理层持股比例不变的情况下，引入债务资本可以缓解企业的融资约束，降低企业对外部股权资本的依赖，间接提高管理层的持股比例，降低管理层和股东之间的目标利益差异，缓和管理层和股东之间的利益冲突，降低股权代理成本；从约束机制方面分析，债务合同中会包括固定的利息偿还条款，以及债权人认为必要的保护性条款，这些条款形成对管理层的约束，降低管理层控制的自由现金流量，从而有效限制经理人员的非生产性消费和过度投资行为，降低股权代理成本。此外，引入债务资本还被视为一种担保机制：管理层实现目标利益依赖于其经理职位，若企业破产，管理层将失去职位，进而承担破产成本。企业债务融资比例与破产成本正相关，企业引入债务资本相当于管理层做了为避免承担破产成本而努力提高投资效率的隐含承诺，从而降低由于所有权与控制权分离而产生的代理成本，改善公司治理结构，提高投资效率。

2. 基于企业财务质量分析视角的理论分析

企业的资本结构及其质量体现了企业以哪种方式引入资本以及这种选择所带来的运行和治理效应。企业的资本引入战略决定了它的发展方向和发展前景，良好的资本引入战略是企业长期可持续发展的强大动力和根本保障。企业之间的竞争从根本上说不是企业产品的竞争、技术的竞争，甚至不是行业的竞争，而是资本结构以及资本结构所决定的战略格局和资源整合能力的竞争。企业从债权人或股东处引入资本，不仅获得了企业扩张的资源基础，更使得企业背负回报他们的责任：保障各类债权安全，按照契约约定向债权人还本付息；保障股东投入企业的资产保值增值，按照股东意愿向其支付股利。这些"回报责任"形成企业的经营压力，转化为企业产能扩张的动力。从企业资本来源的结构看，经营性负债、金融性负债、股东入资和留存收益构成了企业发展的四大动力。这四大动力也是推动企业进行产能扩张的核心要素（张新民，2017）。

（1）经营性负债与企业产能扩张。经营性负债是由企业的产品或劳务的对外交易而引起的负债，主要包括应付票据、应付账款、预收款项、应付职工薪酬和应交税费等。商业信用作为一种重要的债务融资方式，其使用应当服从企业资本结构的最优化过程。

企业对于商业信用资本的利用，是企业上下游关系管理的局部问题，也是企业的战略选择问题。而影响企业选择利用借入资本的因素很多，包括融资环境、融资成本、企业自身盈利能力、企业集团的资金管理体制、企业负债的整体规模以及现有资产负债率等。对于借入资本的利用状况及其变化，也体现了较强的战略管理色彩。相比于其他类型的负债结构，商业信用的融资成本较低，依托于商业信用的利益相关者的监督机制较弱，对企业的过度投资行为监督约束能力难以有效发挥作用。经营性负债主要反映企业上下游关系及其竞争力，其中应付票据、应付账款和预收账款的规模反映了企业在供应链中的地位：应付票据和应付账款反映了企业占用上游供应商的金融资源的能力，二者规模越大、付款期越长，企业在供应链中的地位越高，占用上游企业资源的能力越强；预收账款反映了企业占用下游经销商或消费者金融资源的能力，预收账款规模越大、预收期越长，企业在供应链中的地位越高，挤占下游企业资源的能力越强。企业经营性负债的比例与企业经营竞争力正相关。经营性负债越高，表明企业在供应链体系中的话语权越重，利用上下游企业资源支持自身产能扩张的能力越强，这有助于驱动企业进行扩张性战略投资。同时，应付票据、应付账款、预收账款形成的负债不需要支付固定的债务利息，不存在显性的债务成本，较低的债务成本更能刺激企业进行扩张性战略投资，增加企业产能扩张的内在动力。

（2）金融性负债与企业产能扩张。金融性负债是指企业从资本市场或者金融机构获得的债务融资。在资产负债表的右边，金融性负债项目主要包括短期借款、交易性金融负债、一年内到期的非流动负债等短期负债，以及长期借款、应付债券、长期应付款等长期负债。与企业经营性负债和其竞争力、业务规模密切相关并主要形成对企业日常经营活动的财务资源不同，企业的金融性负债更多地与企业的扩张需求相联系，比如企业对内部增加固定资产、在建工程、无形资产等投资，以及对外进行长期股权投资等都需要通过金融性负债引入资本。由于金融性负债的利益相关者主体主要是金融机构，它们能够发挥相机治理的作用，抑制企业的过度投资行为，但已有研究认为这种债务治理作用还有待提升（罗韵轩，2016）。在金融性负债结构中，存在着短期与长期两大类。由于短期经营性负债的期限短，企业面临的还本付息的压力更大，这种短期经营性负债能够显著减少企业的自由现金流量，抑制决策者赖以进行过度投资的资金来源。而长期经营性负债的期限长，企业还本付息的压力小，这种类型的负债结构对企业的自由现金流的削弱效果有限，在一定的程度上可能会为管理层的过度投资行为提供信贷资金支持。企业信贷资金充足，助长了管理层的利益攫取动机，加剧了管理层的过度投资行为。

（3）股东入资与企业产能扩张。张新民（2017）认为股东入资是企业发展的原始动力，当然也具有极强的战略色彩。不同股权结构的设计、股东范围的选择以及资本规模的安排均具有极强的战略内涵，与企业战略之间的联系也十分广泛且复杂。其中基本的逻辑关系是：股权结构的分散程度、股东范围的广泛程度直接决定了企业的控制权分布，从而形成分散型或集中型的企业控制权，而恰恰是企业的控制权主导了企业的扩张战略，即企业以何种资源投入方式实现控股股东的战略扩张意图；资本规模也直接制约着企业的产能扩张战略，资本规模与企业的融资能力密切相关，股东入资与融资规模在很大程度上决定了企业可利用资源的规模，并进而制约着企业的投资战略及其实施。一般来说，公司治理要处理的是企业的股东（大）会、董事会与企业管理层之间的关系，并确保企业在既定的发展战略方向上实现持续发展。在公司治理的过程中，股东依托其持有的股份份额在股东（大）会上行使投票权，产生董事会。董事会决定企业的战略目标并决定核心人力资源。而这一切的关键点在于，股权结构决定了公司治理的基本架构。

近年来，由股东入资比例所决定的企业的股权结构，以及股权结构所决定的公司治理方面出现诸多新的实践。在股权结构、股权权益、治理话语权以及各类股东的利益关系方面，早期出现的主要是普通股和优先股的选择与安排。随着资本市场的快速发展，又出

现了收益权与投票权的分离以及显著不同于普通股股东权益的事业
合伙人制度安排。2019年3月1日,科创板规则正式落地,允许同
股不同权企业上市,改变了我国资本市场实行了近30年的同股同权
原则。在这些丰富的公司治理实践中,股权结构起到了决定性作用。
股权结构通过一系列公司治理的制度安排决定以下内容:一是协调
大股东之间、大股东与中小股东之间、股东与资深员工之间的利益
关系;二是制定适应外部环境的企业发展战略,并保证董事会和管
理层有效地贯彻执行企业战略。公司治理决定了企业发展的根本方
向,良好的公司治理制度需要明确企业决策者的责、权、利,既要
调动决策者经营的积极性,又需要约束他们为避免追求个人利益最
大化的目标而造成企业产能过剩。从根本上讲,股东入资所形成的
股权结构决定了企业控制权分布,从而决定了企业实现股东意图的
发展战略,企业发展战略落实的过程即为企业产能扩张的实现过程。
因此,股东入资形成了企业产能扩张的原始动力。

(4)留存收益与企业产能扩张。留存收益最终会以盈余公积或
未分配利润的形式留存于企业,最终归属于企业股东。留存收益只
增加归属于股东的所有者权益数额,不改变企业现有的股权结构,
不改变企业现有的控制权分布,不改变企业现有的扩张战略。留存
收益也可以视作股东入资,其对企业产能扩张的影响与股东入资的
影响相同,即为企业产能扩张的根本动力。

4.2.2 企业产能扩张的路径选择

企业产能扩张依赖于企业制定的战略,企业战略需要通过资产
的有机整合和资源配置来实现,因此对资产结构质量的分析可以揭
示出与企业战略有关的信息。资产结构与企业战略的吻合性能体现
出企业资源配置战略的实施情况,这是影响企业投资决策的基础。
资产结构反映了企业战略支撑的资源基础。张新民(2017)认为,
从企业资源布局与配置来看,可以把企业的资产进一步区分为经营
性资产和投资性资产两类:经营性资产是企业布局于生产经营领域
的资产类别,主要包括货币资金、商业债权(包括应收票据、应收

账款和预付账款等）、存货、在建工程、固定资产、无形资产等，体现企业通过实体经营活动实现企业目标的战略意图；投资性资产是企业布局于投资领域的资产类别，主要包括交易性金融资产、可供出售金融资产、持有至到期投资、长期股权投资以及对子公司投资形成的其他应收款等，体现企业通过投资活动实现企业目标的战略意图。在企业投资实践中，对经营性资产的布局体现出企业通过实体经营行为进行扩张的战略，比如固定资产和无形资产的布局与行业选择、存货与固定资产的对应关系等资产布局实际上体现了企业的经营战略。对投资性资产的布局体现出企业通过资本运作等手段进行扩张的战略，比如当企业的长期股权投资以控制性投资①的方式出现时，企业以股权控制方式对外扩张的战略意图就显而易见了。

对企业的经营性资产与投资性资产在其总资产中所占的比重做进一步考察，可以把企业区分为三种类型：经营主导型企业、对外控制性投资主导型企业以及经营与对外控制性投资并重型企业。三种不同类型企业的资产结构反映了不同的发展战略或者扩张战略。企业的资源配置状况体现了企业管理的综合成果。

经营主导型企业将以特定的商业模式、行业选择和产品或劳务的生产与销售为其核心业务，以一定的竞争战略（如低成本战略、差异化战略、聚焦战略等）和职能战略（如研发、采购、营销、财务、人力资源等战略）为基础，以其实体经营的核心资产——固定资产、存货及相关经营活动的管理为核心，为企业创造价值。经营主导型企业能够最大限度地保持其提供的产品或者劳务在市场上的竞争地位和竞争能力。在经营性资产为主导的企业资产结构中，企业的公司战略更多地表现为公司的内涵式发展，其扩张战略表现为公司固定资产规模的增加、产量和存货的增加。

对外控制性投资主导型企业将以多元化或一体化的总体战略为主导，以子公司采用适当的竞争战略和职能战略，特别是财务战略

---

① 控制性投资将会形成被投资企业——子公司的经营性资产。

中的融资战略①为基础，以对子公司的经营资产管理为核心，通过外部的快速扩张来为企业创造价值。在一定的融资能力的支持下，投资主导型企业可以通过直接投资或者并购来做大做强企业的集团化经营，在整体上保持其综合竞争能力和竞争地位。

经营与对外控制性投资并重型企业兼顾企业经营和对外投资，既将资产配置于固定资产、存货等经营性资产，通过实体化的经营行为进行产能扩张，又将一部分资产配置于长期股权投资等投资性资产，通过控制子公司，利用子公司融资撬动非控制性股东资源，进行产能扩张。这种类型企业的重点是要在两种扩张战略之间寻求平衡点，或者依据不同的外部制度环境动态调整企业资产的布局方向，其战略布局能否成功取决于股东对未来市场前景的判断是否准确。

企业产能过剩受到其资产结构的影响。以经营性资产为主导的企业，由于固定资产的存在，需要产能扩张才能取得竞争优势。以产品或者劳务经营为主导的企业，反映其战略的资产形态首先集中在企业的货币资金、固定资产、无形资产等项目上，然后才是对上述资产的整合运用所形成的存货、商业债权等，存货和商业债权的增加是公司生产规模扩大的直接反映。企业战略在特定时期的任何实质性变化与调整，均会体现到资产结构、规模的变化上：当企业试图强化其自身的经营活动时，往往会加强固定资产、无形资产的建设。此时，企业的固定资产、在建工程以及无形资产的规模就会增加，其在总资产中的比例就会扩大。在投资性主导资产结构中，当企业试图强化其对外控制性投资的扩张时，往往会增加其长期股权投资。因此，以控制性投资管理为主导的企业的产业多元化或地域多样化是通过对外控制性投资来实现的。在这种条件下，反映其战略的资产形态主要集中在其长期股权投资上。

---

① 这种融资战略主要表现为子公司通过吸纳其他非控制性股东入资、自身债务融资等来实现在母公司对其投资不变情况下的快速扩张，即以子公司融资为翘板，撬动其他非控制性股东资源投入企业战略扩张。

尽管企业管理的内容非常复杂，很多管理活动的结果并不直接形成资产。但是，作为企业各类活动最终成果表现的资产的具体结构和规模，则反映了企业的综合管理结果。因此可以说，企业的资源配置状况体现了企业管理的综合成果。例如，固定资产与存货的结构和规模关系，直接展示了企业自身经营活动的基本业务联系，是企业在内部的业务管理的结果；又如，企业应收账款、应收票据等商业债权的结构与规模，则是企业营销管理的结果——企业追求销售收入快速增加，会提升商业债权的规模和比例，企业追求利润稳定，则会适度降低商业债权的规模和比例。资产结构所反映出来的不仅仅是企业管理的综合结果，还反映出企业的竞争力。而企业的竞争力则进一步揭示了企业管理的质量。例如，固定资产周转速度、存货周转速度均较快的企业，往往在市场上具有较强的竞争力。又如，在商业债权的结构中，同等规模下，应收票据规模较高的企业的债权质量和市场竞争力显著高于应收票据规模较低的企业。而上述多方面企业竞争力的表现则在相当大的程度上体现了企业管理的质量。企业必须具有持续的盈利能力，才能够为各类利益相关者提供经济利益。因此，企业管理必须能够为企业的最终盈利做出贡献，而资产管理的整体质量的集中体现是保持企业盈利能力的持续性。在盈利能力、盈利质量较低的企业里很难出现高质量的企业管理。

4.3 企业产能过剩的外在财务后果

财务报表作为企业经济活动财务后果的主要体现方式，企业产能过剩问题必定也会反映其中。借鉴张新民和钱爱民（2019）提出的企业财务质量分析理论，从资产质量分析、资本结构质量分析、利润质量分析以及现金流量质量分析四个方面观察产能过剩企业的典型财务后果，就能够快速地发现企业产能过剩的迹象，从而可以帮助企业更加及时地关注产能过剩问题。

4.3.1 产能过剩的财务后果——以宝钢股份和武钢股份为例

我国钢铁行业产能过剩问题突出。国务院国资委于 2016 年 9 月 22 日发布消息称，经报国务院批准，宝钢集团有限公司与武汉钢铁（集团）公司实施联合重组。宝钢股份（简称宝钢）和武钢股份（简称武钢）均面临严重的产能过剩问题。因此，我们选取宝钢和武钢重组前产能过剩周期内（2006—2015 年）的财务后果进行分析，发现两家公司在资产、负债和股东权益（盈利能力）方面均表现出规律性变化特征。

1. 资产周转效率

表 4.1 中应收账款周转率数据的历史对比显示，两家公司的应收账款周转率下滑明显，特别是武钢的应收账款周转率从 2006 年的 5 641.64 降至 2015 年的 9.705，意味着企业销售困难，赊销规模增加。① 存货周转率的时间序列数据显示，武钢的存货周转率由 2010 年的峰值 9.397 逐渐下降，2013—2015 年呈连续下降趋势；宝钢的存货周转率相对稳定，2013—2015 年稳中有升，说明其存货管理效果相对较好。固定资产周转率的数据表明，武钢固定资产利用效率连年下滑，2015 年降至 10 年内最低值；宝钢固定资产利用效率除 2013 年、2014 年有所反弹外，也呈现总体下滑态势，2015 年降至 10 年内第二低点。总资产周转率的历史对比显示，两家公司的总资产利用效率在 10 年内（除个别年份）呈总体下降趋势，特别是 2013—2015 年下降明显，2015 年均降至历史最低值。以上数据显示两家公司总资产以及各项关键资产利用效率整体下降，特别是 2013—2015 年降幅明显，表现出明显的产能过剩特征。

此外，两家公司各项资产周转率数据在 2010—2011 年期间普遍有所反弹，然后继续下跌，这可能与中央政府在 2008—2010 年推出的"4 万亿元"投资计划有关，该计划短期内刺激了需求，提升了两

---

① 2006—2015 年两家公司应收账款周转天数连年增加：武钢从 0.065 天增加至 37.608 天；宝钢从 12.283 天增加至 51.09 天。限于篇幅，没有报告此数据。

家钢铁龙头企业的资产周转效率，但政策的长期效果并不明显。

表 4.1 资产周转效率

年份	应收账款周转率		存货周转率		固定资产周转率		总资产周转率	
	武钢	宝钢	武钢	宝钢	武钢	宝钢	武钢	宝钢
2006	5 641.640	29.717	5.631	6.003	2.222	1.810	1.084	0.912
2007	1 298.723	26.705	6.008	5.689	2.149	2.130	1.014	0.937
2008	136.230	25.954	8.424	5.957	2.463	1.909	1.105	0.923
2009	56.782	20.547	7.679	5.109	1.450	1.275	0.757	0.671
2010	99.817	28.531	9.397	6.278	1.719	1.765	1.055	0.903
2011	106.901	28.052	7.969	6.355	1.853	1.913	1.141	0.941
2012	52.182	16.335	7.150	5.917	1.638	1.889	0.926	0.731
2013	26.899	11.656	8.275	6.265	1.617	2.326	0.893	0.681
2014	18.324	10.388	7.994	6.402	1.480	2.079	0.818	0.612
2015	9.705	7.144	7.148	6.849	1.086	1.745	0.582	0.495

资料来源：CSMAR 数据库，使用母公司报表数据。

2. 经营现金净流量与企业债务

经营活动现金净流量是企业从事生产经营活动而产生的现金流入量与现金流出量之间的差额。经营活动产生的现金流入量主要包括：（1）销售商品、提供劳务收到的现金，反映企业销售商品、提供劳务实际收到的现金，包括增值税销项税额、本期销售收到的现金、前期销售本期收到的现金以及本期预收的账款，减去本期销售退回支付的现金。（2）收到的税费返还，反映企业收到的税务部门先征后返的各种税费。（3）收到其他与经营活动有关的现金，反映企业除了上述各项目外，收到的其他与经营活动有关的现金流入，比如经营租赁收到的租金、罚款收入、流动资产损失中由个人赔偿的现金收入等。

经营活动产生的现金流出量主要包括：（1）购买商品、接受劳务支付的现金，反映企业购买材料和商品、接受劳务实际支付的现金，包括增值税进项税额、本期支付前期欠款、本期支付的采购款、

本期预付采购款，减去因本期采购退回而收到的现金。（2）支付给
职工以及为职工支付的现金，反映企业实际支付给职工的工资、奖
金、各种津贴补贴，以及为职工支付的五险一金和其他福利费用等。
（3）支付的各项税费，反映企业支付的增值税、所得税、消费税、
印花税、房产税、车船税、教育费附加等各项税费。（4）支付其他
与经营活动有关的现金，反映支付的上述项目以外与经营活动有关
的现金流出，比如企业经营租赁支付的租金、罚款支出、差旅费、
业务招待费、保险费等。

　　表4.2经营活动现金净流量数据历史比较表明，两家公司经营
活动创造现金流量的能力整体下降，2015年分别达到了历史最低值，
营运资金周转日趋困难。应收账款数据显示，武钢应收账款整体上
呈现明显的上涨趋势（2009年、2010年有微幅下降），2015年达到
10年内最大值；宝钢应收账款虽有小幅波动，但整体上也表现为上
升态势，特别是2011—2015年这5年来总体上加速上涨，直至2015
年达到10年内峰值。这表明两家公司面临的市场竞争日趋激烈，销
售回款质量下降。此外，武钢的短期借款和负债规模总体上升趋势
明显，宝钢的短期借款和负债规模存在波动，但总体债务水平较高，
表明为缓解营运资金周转难题，它们采取了以短期借款为主的负债
扩张战略。① 以上数据表明，两家公司产能过剩的经济后果在报表
中体现为：经营活动现金净流量下降，应收账款增加，以短期借款
为主的债务规模扩张。

表 4.2　经营活动现金流量与企业债务　　　单位：十亿元

年份	经营活动现金净流量		应收账款		短期借款		负债合计	
	武钢	宝钢	武钢	宝钢	武钢	宝钢	武钢	宝钢
2006	6.22	15.69	0.003	4.202	0.74	17.98	18.02	54.24
2007	9.415	21.68	0.079	6.011	5.00	19.10	39.47	68.58
2008	8.609	21.62	1.038	5.589	9.69	0.00	44.61	83.37

---

　　① 两家公司短期借款增加的同时，长期借款呈下降趋势，限于表格篇幅，省去了长
期借款数据。

续表

年份	经营活动现金净流量		应收账款		短期借款		负债合计	
	武钢	宝钢	武钢	宝钢	武钢	宝钢	武钢	宝钢
2009	7.873	17.77	0.891	5.730	9.96	20.89	45.53	84.52
2010	5.735	16.9	0.665	5.557	13.16	19.05	47.03	83.23
2011	0.497	25.69	0.989	6.897	16.09	20.35	44.98	90.79
2012	3.106	10.03	1.911	8.987	18.63	9.85	47.88	61.72
2013	3.883	15.46	3.489	10.720	19.00	8.50	44.12	67.35
2014	3.853	18.24	3.648	9.696	17.47	11.54	45.43	65.78
2015	−4.787	0.317	5.830	14.530	17.99	19.22	49.86	65.05

资料来源：CSMAR 数据库，使用母公司报表数据。

3. 毛利率、核心利润率与总资产净利润率

毛利率是企业毛利（营业收入−营运成本）与营业收入的比值，反映企业商品销售创造利润的能力。表 4.3 中的毛利率数据显示，武钢毛利率下滑趋势明显，2015 年甚至出现负值；宝钢毛利率总体上也出现下降，但 2013—2015 年相对稳定。比较而言，宝钢的毛利率水平高于武钢股份，说明宝钢产品附加值相对较高。关键指标核心利润率是企业核心利润与营业收入的比值，其中核心利润是企业运用经营性资产从事生产经营活动产生的直接利润，是企业利润中最关键的组成部分。核心利润的计算公式为：

$$核心利润＝营业收入－营业成本－营业税金及附加$$
$$－销售费用－管理费用－财务费用$$

表 4.3 的核心利润率数据显示，武钢的核心利润率从 2006 年的 14.4％上升到 2007 年的最高值 16.7％，此后连续下降，直至 2015 年的−14.6％；宝钢的核心利润率从 2006 年的最高值 13％总体上连续下降至 2015 年的最低值 2.4％。两家公司均降幅明显，并且都在 2015 年达到 10 年来的最低值，武钢甚至出现负值的核心利润率。核心利润率数据的连年下降趋势说明企业经营性资产创造直接利润的能力逐年下降，企业产能过剩的态势愈演愈烈。总资产净利润率数

据也表明，两家公司收益下滑明显，其中武钢在 2014—2015 年出现负值，且降幅呈扩大态势，宝钢虽未出现负值，但 2015 年也降至 2006—2015 年这 10 年来新低。以上数据的纵向比较表明，在产能过剩的背景下，两家公司的盈利能力均呈现连续下降趋势。同时，横向比较可以发现，宝钢的盈利状况相对更好。上述毛利率、核心利润率与总资产净利润率的数据走势与武钢、宝钢的产能逐年过剩走势相符，说明毛利率、核心利润率与总资产净利润率下降能够反映出企业产能过剩的状况。

表 4.3　毛利率、核心利润率与总资产净利润率

年份	毛利率		核心利润率		总资产净利润率	
	武钢	宝钢	武钢	宝钢	武钢	宝钢
2006	0.188	0.182	0.144	0.130	0.100	0.103
2007	0.209	0.150	0.167	0.107	0.117	0.068
2008	0.131	0.109	0.094	0.064	0.074	0.031
2009	0.066	0.090	0.013	0.044	0.017	0.029
2010	0.071	0.110	0.028	0.079	0.021	0.064
2011	0.050	0.071	0.013	0.027	0.012	0.027
2012	0.055	0.075	0.004	0.032	0.006	0.059
2013	0.053	0.100	0.000	0.064	0.003	0.039
2014	0.066	0.103	0.001	0.053	−0.003	0.039
2015	−0.048	0.102	−0.146	0.024	−0.082	0.019

资料来源：CSMAR 数据库，使用母公司报表数据。

综上所述，我们可以从企业财务报表中解读出产能过剩的相关信息：资产方面表现为资产结构失衡，以应收账款周转率、固定资产周转率、总资产周转率为代表的资产周转率指标连续下降；负债方面表现为营运资金周转困难引起债务规模扩张，其中又以短期借款持续增长为主要特征；利润方面（部分转化为所有者权益）表现为毛利率、核心利润率以及总资产净利润率的长期下降。钢铁行业的典型案例启发我们，企业财务报表数据中蕴含了企业产能过剩信息，通过深入挖掘财务会计信息能够探寻企业产能过剩的蛛丝马迹。

4.3.2　企业产能过剩的财务后果分析

钢铁行业是我国产能过剩最为严重的行业，宝钢和武钢在合并

前是钢铁企业的代表，其在资产、负债和所有者权益方面的财务后果与企业产能过剩的发展趋势基本一致，这提示我们产能过剩现象会体现在企业的财务报表当中。张新民和钱爱民（2019）提出的企业财务质量分析理论为我们全面分析企业财务状况质量提供了理论框架，本书借鉴这种框架，从产能过剩企业的资产质量分析（盈利性、周转性、保值性）、资本结构质量分析（经营性负债资本、金融性负债资本、股东投入资本、企业留存资本）、利润质量分析（含金量、持续性、战略吻合性）以及现金流量质量分析（经营活动现金流量、投资活动现金流量、筹资活动现金流量）四个方面分析产能过剩企业的财务后果。

1. 产能过剩企业的资产质量分析

资产质量是指资产在企业中实际发挥的效用与其预期效用之间的吻合程度。不同项目资产的属性各不相同，企业预先对资产设定的效用也就各不相同。此外，不同的企业或者同一企业在不同时间、不同外部环境中，对同一项资产的效用预期也会存在差异。因此，对资产质量的分析应当结合企业特征、时间特征和环境特征进行，应当强调资产的相对有用性。企业长久地保持竞争优势的关键在于合理安排和使用资产，持续优化资产质量，促进资产新陈代谢，形成资产的良性循环。分析资产项目的质量特征可以从资产的盈利性、周转性和保值性三个方面展开。

（1）资产的盈利性。资产的盈利性是指资产在使用过程中为企业带来收益的能力，它强调的是资产为企业创造价值这一属性。资产是由过去的交易或事项引起，为企业所拥有或控制，预期能够给企业带来经济利益的资源。对资产盈利性的要求是资产的内在属性，盈利性是资产存在的基础。企业的资产质量和盈利性正相关，而维持企业的盈利能力也能够促进企业资产价值提升。因此，资产的盈利性是资产运用结果的综合表现，也是提升资产质量的条件。当企业产能过剩时，伴随企业投资扩张所形成的新增资产与原有资产在运用过程中转化为库存商品，但这些商品无法通过市场交换为企业带来利润，即产能过剩企业的资产盈利性大打折扣，资产质量下降。

故而，企业产能过剩的财务后果之一就是资产的盈利性下降。

（2）资产的周转性。资产的周转性是指资产在企业生产经营过程中的周转速度和利用效率，它强调的是资产作为企业生产经营的物质基础而被利用的效用。资产被利用得越频繁，也就越有效，资产质量也就越高。企业的健康发展需要资产各项目之间相互协调，相互匹配，在结构上具有系统平衡性。而企业盲目投资扩张会导致固定资产的超常规增长，这样便在一定程度上破坏了资产结构的系统平衡性。此外，盲目投资扩张所造成的巨大产能增量，需要市场需求的同步增长予以消纳。然而，在经济下滑期间，市场需求不但不会跟随产能扩张而同步增长，反而会出现大幅度的下降，从而导致企业恶性竞争的局面发生，加速体现产能过剩的负面经济后果。以企业总资产周转率为例进行具体分析，总资产周转率等于营业收入除以期末总资产，该指标的分子——营业收入，是制造业企业实际产出的市场交换价值，综合涵盖了市场竞争、产品价格和产品多样性等因素对企业产出的影响；该指标的分母——总资产，则近似替代了企业固定要素投入和可变要素投入形成的产能。当企业产能过剩时，一方面会引起营业收入下降，另一方面同时导致总资产上升，二者共同作用，会导致总资产周转率下降。

概括来讲，产能过剩通常会导致以下资产项目的周转效率下降：首先，迫于销售竞争压力，企业更倾向于增加赊销方式，导致应收账款增加，从而会降低应收账款周转率；其次，市场销售难度加大，会引起存货（如库存商品、自制半成品、在产品等）积压，从而导致存货周转率下降；最后，过度投资形成的产能陆续完工，固定资产刚性增长，而产品销量下滑、存货积压，迫使企业限产或停产，造成固定资产闲置，最终也会导致固定资产周转率的明显下降。上述三项关键资产周转效率下降必将导致企业总资产周转率的下降。因此，企业产能过剩在资产质量方面的表现之一就是资产的周转性明显下降。

（3）资产的保值性。资产的保值性是指企业的非现金资产在未来不发生减值的可能性，这种可能性越大，资产保值性越强。当企业资产的账面净值低于其可回收金额时，通常要对其进行减值处理。资产减值一方面会给企业带来减值损失，影响当期业绩；另一方面会使债权人在受偿时蒙受损失，影响企业未来信用。对于应收账款、存货等流动资产项目，资产减值后，伴随经济环境好转、企业经营改善等，减值的资产有可能转回。但对于固定资产、无形资产等非流动资产项目，资产减值往往是因为技术落后等永久性因素。因此，减值资产转回的可能性很小。对于制造业企业而言，产能扩张所形成的新增资产中固定资产所占比例较大，当发生产能过剩时，受制于激烈的产品市场竞争和行业供过于求的背景，资产减值转回的可能性较小。因此，产能过剩会使企业资产的保值性明显下降，企业资产质量降低。

综上所述，产能过剩在企业资产方面的典型表现就是资产的盈利性、周转性和保值性的全面下降，其中资产的周转性下降尤为突出。

2. 产能过剩企业的资本结构质量分析

传统的企业资本结构主要指长期负债与所有者权益之间的比例关系，而企业财务质量分析理论认为资本结构是企业资产负债表右边全部项目之间的各种比例关系，包括企业借入资金与自有资金之间的比例关系、短期资金来源与长期资金来源之间的、无息负债和有息负债之间的比例关系、商业信用资金来源与非商业信用资金来源之间的比例关系，以及按照不同融资渠道形成的各类资本之间的比例关系。传统的资产负债表右边项目按照资本提供者进行分类：负债反映债权人提供的资金，即借入资金，负债又可以进一步区分为流动负债和非流动负债；所有者权益反映股东提供的资金，即自有资金，所有者权益又可以进一步区分为投入资本和留存收益。企业财务质量分析理论认为，按照企业资本的融资渠道重新进行分类，可以将企业资本分为经营性负债资本、金融性负债资本、股东投入资本和企业留存资本。

（1）经营性负债资本。经营性负债资本是指企业在生产经营活动中通过商业信用渠道获取的资本，即商业信用资本。经营性负债资本在资产负债表右边项目中主要包括应付票据、应付账款、合同负债和预收账款等。经营性负债不只是在会计核算层面反映企业与上下游企业或者客户进行结算时利用商业信用所产生的债务状况，更重要的是在战略和竞争层面反映出企业相对于同类企业的竞争优势。当出现行业性供给大于需求时，产能过剩企业与客户及供应商的关系会普遍出现这种情形：在销售环节，企业迫于市场竞争压力，主动减少或放弃使用预收账款的销售方式，甚至放宽商业信用条件，采用赊销方式促销。在赊销条件下，企业营业收入增加带来的不是货币资金，而是应收账款等商业债权，这样企业经营活动便难以获取充足的现金流入量，现金回笼减慢；同时，在采购环节，销售端的现金回笼减慢导致企业难以用现金支付采购款，而不得不采用应付账款、应付票据的形式进行支付，从而增加企业的经营性负债资本，反映出企业的经营困境。

（2）金融性负债资本。金融性负债资本是指企业从金融机构或者资本市场通过债务融资引入的资本，它既可以从银行等金融机构举债引入，也可以从资本市场上以发行债券、融资租赁的方式引入。金融性负债资本主要包括长期借款、短期借款、交易性金融负债、应付利息、一年内到期的非流动负债、应付债券和长期应付款等。金融性负债资本不仅具有偿债刚性，而且资本成本较高。企业产能过剩时，一方面产品销售活动现金回流困难，另一方面采购活动的现金支出压力增大，两方面共同增加了企业营运资金周转难度。为应对营运资金周转难题，企业将扩大融资规模。通常情况下，权益融资条件苛刻、周期长，企业会首先选择债务融资的方式。而在债务融资领域，公司债券发行同样面临条件严、周期长等问题，难以及时满足企业的短期营运资金需求。因此，产能过剩企业将主要依赖银行信贷资金，特别是银行短期借款。这将导致企业短期借款迅速膨胀，形成以银行短期借款为主的债务规模扩张，甚至会出现严重的"短贷长投"现象。最终，产能过剩企业的金融性负债规模增加，在金融性负债中，来源于银行的短期借款增加最为显著，其次是长期借款、交易性金融负债、应付债券等。

（3）股东投入资本。股东投入资本是指股东投入企业的资本，具体包括股本（实收资本）以及资本公积。它是企业产能扩张的原始动力。股东对企业的投入资本具有体现股东意图的天然特征，具有极强的战略色彩。由不同股东入资的比例所形成的不同的股权结构、股东范围以及资本规模均是企业战略的直接反映。反之，股权结构、股东范围、资本规模又会决定或制约着企业战略。一方面，股权结构的分散程度、股东范围的广度直接影响企业的控制权分布，而企业的控制权又主导或决定着企业的战略选择；另一方面，股东入资所形成的资本规模和企业所拥有的资源规模和融资能力密切相关，它也会直接制约企业的战略选择与实施。一般情况下，企业产能过剩不会直接影响企业股东入资，相应地也就不会影响企业的股权结构、股东范围和资本规模。但是当产能过剩发展到一定程度，单纯依靠债务融资已经无法缓解企业的经营困境时，企业就会进行股权融资，甚至进行破产重组。此时，企业的股东入资就会发生根本性改变，伴随新股东入资，原有的股权结构就会改变，股东范围发生变更，资本规模也会变化，相应的企业控制权发生转移，公司治理机制产生根本变革。因此，严重的产能过剩会引起股东入资的变化，并导致企业控制权转移、公司治理机制变革等一系列企业根本战略的革新。

（4）企业留存资本。企业留存资本是指企业实现的净利润中，没有分配给股东而留存于企业的权益部分，即企业的留存收益。这部分企业留存资本在资产负债表的右边主要表现为盈余公积和未分配利润，这也是企业自身累积的利润。企业留存资本可以视为原股东在企业经营期间对企业的追加投资，它是企业最稳定的内部融资来源，既不会增加企业的偿债压力，也不会改变原有的股权结构及其所决定的公司治理机制。企业留存资本的规模，既取决于企业的盈利能力，也取决于企业的股利（利润）分配政策。显而易见，当企业产能过剩时，企业盈利能力下降，较小的利润规模难以支撑较高的留存收益，甚至当企业发生严重亏损时，还有可能动用盈余公积等留存收益项目弥补亏损。因此，产能过剩企业的留存资本不会增长，甚至可能减少。

综上所述，当产能过剩时，企业经营困难，企业的经营性负债资本增加；金融性负债资本增加，特别是以短期借款为代表的银行借款显著增加；股东投入资本依据产能过剩程度不同而有所不同，轻度产能过剩时，股东投入资本不受影响，严重产能过剩时，股东投入资本规模增加、股权结构改变、公司治理机制革新；企业留存资本保持不变或减少。

3. 产能过剩企业的利润质量分析

作为以营利为目的经济组织，企业利用各种资源赚取利润的能力是关乎企业生存和发展的最根本能力。企业的盈利能力是体现在企业采购环节、生产环节、营销环节、创新环节、费用管理环节以及风险控制环节的一系列能力的综合表现，也是企业各种经营活动最终成果的表现形式。传统的企业盈利能力分析主要是以资产负债表和利润表为基础，结合表内各项目之间的逻辑关系构建包含毛利率、销售净利率、总资产报酬率等一系列指标在内的财务分析体系，将这些财务指标进行横向和纵向的对比分析，来考察企业的盈利能力。企业财务质量分析理论认为，可以从利润的含金量、利润的持续性、利润与企业战略的吻合性三方面分析利润质量。

（1）产能过剩企业利润的含金量。利润的含金量是指企业的主要利润构成项目获得现金流量的能力。企业主要利润构成项目获得现金净流入量的能力越强，企业的利润含金量越高。利润的含金量分析实际上是对利润的结果进行分析。从利润给企业带来的结果角度分析，企业的利润构成项目均会引起资产负债表相应项目的变化：企业营业收入增加会引起企业资产增加或者负债减少；企业费用增加会引起企业资产较少或者负债增加。从利润主要项目所对应的资产负债表项目来看，主要涉及货币资金、应收账款、应收票据、应收股利、应收利息、其他应收款、存货、长期股权投资、固定资产、无形资产等。但一般认为企业赚取利润最终能够带来充足的可自由支配的现金是最理想的状态。因此，考察企业的利润质量应当首先分析企业利润的含金量。企业财务报表中的利润是按照权责发生制原则核算出来的企业经营成果，收入和费用的确认时间和企业实际收付现金的时间不会完全一致。一般而言，在企业付款和收回款项等各项经营活动相对正常的情况下，企业会计利润和经营现金净流量之间会保持大体稳定的比例关系。此外，在核算过程中，收入和成本费用的确认都会受到财务人员主观判断的影响，在会计政策的选择方面存在一定的主观性，从而存在企业利润操纵的空间。因此，分析企业利润质量必须要分析企业利润的含金量，即企业利润带来现金净流入量的能力。一般而言，可以从核心利润的含金量、投资收益的含金量以及其他收益的含金量三方面展开分析。

1）核心利润的含金量。核心利润是企业展开经营活动所赚取的经营成果（核心利润＝营业收入－营业成本－营业税金及附加－销售费用－管理费用－财务费用），因此，通过其与现金流量表中经营活动产生的现金净流量进行比较，就可以掌握核心利润产生现金净流量的能力。然而，二者在计算口径上存在差异，核心利润是按照权责发生制原则核算的经营成果，经营活动产生的现金净流量是按照收付实现制原则核算的经营活动现金流入量与流出量的差额。因此，需要将核心利润调整为同口径核心利润后再与经营活动产生的现金净流量进行比较。[1] 在企业正常生产经营的条件下，同口径核心利润与现金流量表当中的经营活动产生的现金净流量大体相当。对于传统存货周转率大于每年两次的传统制造业企业，通常认为经营活动产生的现金净流量是同口径核心利润的 1.2～1.5 倍较为合适。

对于产能过剩的制造业企业而言，一方面，行业内众多企业争相扩张产能，必然导致全行业供给大于需求，形成买方市场，在此条件下，企业间的价格竞争在所难免，价格竞争会压低企业产品或劳务的市场价格。另一方面，在技术水平相对稳定的条件下，原材料、劳动力等生产要素投入恒定，导致企业产品生产的可变成本在

---

① 同口径核心利润调整公式：同口径核心利润＝核心利润＋固定资产折旧＋其他长期资产价值摊销＋利息费用－所得税费用。

一定程度上具有刚性特征。但固定资产规模的扩张会引起折旧费用增加，从而导致产品生产的固定成本大幅上升。综合这些因素的影响，企业的毛利率必然会呈现出下降趋势。企业毛利率下降的同时，产能过剩行业的企业为扩大销售还必须强化营销活动，导致销售费用上升。行业竞争压力还会迫使企业增强研发支出意愿，以提升产品竞争力和可持续发展能力。根据现行会计准则，企业的研发支出中，研究阶段支出计入管理费用，从而导致管理费用上升。债务规模扩张相应地也会增加企业的财务费用。因此，在其他条件相当时，企业的核心利润（核心利润＝营业收入－营业成本－营业税金及附加－销售费用－管理费用－财务费用）会因毛利下降、三项期间费用的规模上升而相应降低。企业核心利润下降相应会引起同口径核心利润下降。此外，产能过剩的企业面临买方市场，产品销售竞争激烈必然迫使企业更多采用赊销方式进行销售，从而导致营业收入的增加带来的不是现金流入量的增加，而是应收账款、应收票据等债权的增加，即减少经营活动产生的现金流入量；同时，由于激烈的市场竞争，企业也难以以应付账款、应付票据的方式采购原材料等生产资料，而以现金方式进行采购，从而增加企业经营活动产生的现金流出量。二者共同作用，使得企业经营活动产生的现金净流量大幅减少。综合来看，产能过剩的企业同口径核心利润下降的同时，核心利润带来经营活动现金净流入量的能力也大幅下降，企业核心利润的含金量降低。

2）投资收益的含金量。通常情况下，企业投资收益主要来源于两个方面：一方面是企业投资性资产的持有收益，主要包括可供出售金融资产、持有至到期投资、长期股权投资在持有期间从被投资企业获取的利润；另一方面是投资性资产的处置收益，主要包括处置交易性金融资产、可供出售金融资产、持有至到期投资、长期股权投资等投资性资产时，资产售价与初始取得成本之间的差额。

①投资性资产持有收益的含金量分析。由于投资企业对合营企业和联营企业的长期股权投资采用权益法核算，将被投资企业实现的净利润的相应份额确认为投资收益，因此这种投资收益的含金量

取决于被投资企业的分红政策。只要被投资企业不将所有的净利润全部用于分红，投资企业所确认的投资收益就会存在无法带来现金流量的情形，即投资企业按照权益法确认的投资收益金额大于其所收到的现金股利金额，这种差异导致部分投资收益没有相应的现金流支撑，降低利润的含金量。投资企业对其子公司的长期股权投资采用成本法进行核算，将子公司所宣告分派的现金股利按照其持股比例确认为投资收益。这种将被投资企业实际宣告的现金股利作为投资收益的核算方法保证了投资企业确认的投资收益具有相应的现金流支撑，此部分的投资收益含金量较高。其他投资性资产在持有期间所产生的投资收益主要以股利和利息的方式实现，这部分投资收益具有较好的现金流作为支撑，收益含金量较高。

对于产能过剩的企业而言，其投资性资产在持有期间的含金量高低取决于产能过剩的持续时间以及被投资企业与本企业之间的股权关系。如果产能过剩持续时间较长，产能过剩已经蔓延到全行业，甚至相关的上下游行业，此时全局性的产能过剩会波及与企业相关的所有被投资企业，导致被投资企业利润下滑，反过来损害企业的投资收益，不仅降低投资收益的规模，而且降低投资收益的现金流含金量。如果产能过剩持续时间较短，尚未波及被投资企业业绩，投资收益的含金量就取决于被投资企业在股权关系上属于投资企业的子公司还是合营或联营公司：属于子公司的被投资企业越多，投资收益的含金量越高；属于合营或联营公司的被投资企业越多，投资收益的含金量越低。

②投资性资产处置收益的含金量分析。这种分析的原则是将利润表中的"投资收益"与现金流量表中"收回投资收到的现金"进行对比分析，以确定利润的现金流支撑力度。企业利润表中通常将投资性资产的售价与账面价值之间的差额确认为投资收益，企业现金流量表中"收回投资收到的现金"项目的确认原则是收付实现制，确认金额则取决于各项具体投资性资产的处置价格，而各项投资性资产的账面价值确认方式较多，因此投资性资产处置收益的含金量存在较大的不确定性。对于产能过剩的企业来说，投资性资产处置

收益的含金量主要取决于产能过剩的程度：如果产能过剩仅仅影响企业业绩，没有到达迫使企业处置投资性资产的程度，产能过剩不会对投资性资产处置收益的含金量产生直接影响；如果产能过剩已经严重到迫使企业处置投资性资产，产能过剩对投资性资产处置收益含金量的影响实质上由投资性资产的账面价值和处置售价两个因素共同决定，但投资性资产的账面价值存在较大不确定性，对处置收益含金量的影响不存在明确的倾向。

综上所述，企业产能过剩对企业投资收益含金量的影响受产能过剩的程度以及具体会计核算方法的影响较大。当产能过剩较为严重，已经形成行业性或宏观层面的产能过剩时，产能过剩企业的投资性资产持有期收益的含金量下降，大概率导致企业投资收益的含金量下滑。

3）其他收益的含金量分析。从目前企业的实践角度分析，影响企业利润的其他收益中，最重要的组成部分就是政府补助。企业获得政府补助收入会直接增加企业的现金净流入量，提升其他收益的含金量。产能过剩的企业能否获得政府补助在一定程度上取决于企业的产权性质。国有企业由于与政府天然的产权纽带关系和承担较多的社会责任，比民营企业更容易获得政府补助。因此，产能过剩的国有企业会表现出其他收益含金量提升的特征，而民营企业则基本不存在这种现象。

（2）产能过剩企业利润的持续性。利润的持续性是指企业盈利能力在过去与未来一段时间内持续发展的状况，特别是企业在未来持续获取利润的能力。在一般情况下，企业具有较强的盈利能力是指它在行业中保持相对稳固的竞争地位和核心竞争力，具有较光明的市场发展前景，而不是仅指企业当前具有较好的盈利能力。企业实现的利润水平是否具有持续性是判断企业是否具有投资价值的核心要素。不具备持续盈利能力的企业，其前景处于高度的不确定状态，持续经营的会计基本假设不复存在。此外，如果企业在某一时间段内取得的利润是企业采用人为手段粉饰的结果，那么这样的利润缺乏持续性，随着时间的推移，一定会露出马脚。因此，利润的持续性分析应当成为衡量企业利润质量的一个重要方面。利润的持续性主要从利润的成长性和利润的波动性两方面进行分析。

1）利润的成长性。成长性是企业发展的灵魂，是衡量企业财务状况质量和预测企业发展前景的重要方面。由于在利润构成中，核心利润最能体现企业在行业中的竞争地位和核心竞争力，因此，可以通过核心利润和核心利润增长率来考察企业在核心经营业务方面的盈利能力的变化趋势。而核心利润的关键取决于产品销售等业务带来的营业收入的增长幅度，因而在通常情况下，营业收入的增长幅度可以反映企业的成长性和未来发展趋势。此外，企业毛利和毛利率走势也是考察企业核心竞争力变化的非常重要的方面。

①营业收入增长率＝（本期营业收入－上期营业收入）/上期营业收入，它通常是衡量企业经营状况和市场占有能力、预测企业经营业务拓展趋势的重要标志。持续增长的营业收入是企业生存的基础和发展的关键。通常具有高成长性的企业都是主营业务突出、经营比较单一的企业。营业收入增长率也常被用作衡量企业产品生命周期的重要参考指标。经验数据告诉我们，在不考虑行业差异的情况下，营业收入增长率超过 10%，说明企业产品处于成长期，将继续保持较好的增长势头，尚未面临产品更新的风险，属于成长型企业；如果一家企业的营业收入增长率连续几年保持在 30% 以上，那么可以认为这家企业具有高成长性，往往会成为市场上受追捧的投资对象；如果企业的营业收入增长率在 5%～10% 之间，一般说明企业产品已经进入稳定期，不久的将来有可能进入衰退期，保持市场份额已经比较困难，业务利润开始滑坡。

对于产能过剩的企业来说，其生产的产品处于典型的供过于求状态，激烈的产品市场竞争使得企业产品销售增长乏力，一般认为的 5%～10% 的营业收入增长率也难以为继，营业收入下降、增长率为负的状况也属于正常情况。换言之，营业收入增长率下滑是产能过剩企业的典型的财务后果。

②毛利与毛利率走势。毛利＝企业营业收入－营业成本，反映企业产品创造利润的能力，是企业核心利润的基础；毛利率＝毛利/营业

收入，反映企业产品经过生产、销售环节后，所创造利润的能力。企业获取的毛利是企业创造利润的基础条件，企业的毛利率相对水平会在一定程度上反映企业产品在市场上的相对竞争力，而且企业产品的竞争力又是企业竞争力的重要决定因素。因此，分析企业的毛利和毛利率走势是考察企业利润成长性的重要因素。如果企业毛利率较高，可能是由于以下几种原因：一是企业所从事的经营活动具有垄断性，在这种情况下，我们应当关注企业垄断地位的持续性，或者使企业具有垄断地位的政策是否变化；二是企业所从事的产品生产经营活动具有较强的核心竞争力，在这种情况下，我们应当重点关注企业所拥有的核心技术的先进性，以及企业的研发投入情况；三是企业所从事的产品生产经营活动处于行业周期性波动期而暂时走高，在这种情况下，我们应当关注企业所处行业的周期性变化趋势；四是企业短期内过度投资扩张导致产品供给大于需求，此时产品产量的增加使会计当期单位产品所分摊的折旧等固定成本减少，从而导致单位产品的成本下降，单位营业成本也会随之降低，因此，短期内在产品售价不变的情况下，毛利率会因为单位营业成本降低而有所增加[1]；五是企业会计处理不当，人为选择增加企业毛利率的会计处理政策，在这种情况下，我们应当考虑会计处理转回对企业未来业绩的消极影响，同时关注企业审计报告的意见类型与注册会计师对企业报表的语言表述方式。

如果企业的毛利率处于较低水平，可能由于以下几种原因：一是企业产能过剩，虽然短期内企业增加产品产量会降低单位产品营业成本而提高毛利率，但是在较长时间（比如一年以上）内，行业内单位企业产能扩张必然汇聚为行业整体的产能扩张，行业整体过高的产品产量会加剧产品市场竞争，最终压低企业产品的销售价格，售价下降势必会降低企业毛利率；二是企业的产品生命周期已经进入衰退期，产品技术含量下降，即将被新产品取代，从而市场销售

---

① 这种现象发生的前提是短期内产品销售价格不变。当企业产品扩张到一定程度之后，企业产品的销售价格会下降，产品扩张导致的毛利率上升现象就不复存在了。长期来看，产品扩张会引起毛利率下降。

价格下降,企业毛利率下滑;三是企业会计处理不当,出于盈余管理等动机,人为选择降低毛利率的会计处理方式,在这种情况下,我们应当关注企业财务报告的审计意见和注册会计师的语言表述方式。

总体上从毛利率角度分析,产能过剩企业的毛利率会呈现先上升后下降的走势。在短期内,单个企业增加产能,导致产品数量大幅增长,单位产品中所分摊的企业固定成本数额下降,从而增加企业的毛利率;但是在长期内,当行业内众多企业都选择扩张策略,行业整体产品产量增加,而需求没有随产量协同增长时,就会使产品供给大于需求,产品售价下滑,最终降低企业的毛利率。

综合上述分析,产能过剩企业一方面营业收入增幅放缓甚至为负,另一方面毛利率在短期内上升,在长期内下降,最终表现为利润的成长性下降。

2)利润的波动性。利润的波动性是指企业利润无法保持相对稳定而出现利润变化的波动区间,区间越大利润的波动性越大,企业的利润持续性越低。如果企业利润构成中包含一些无法持续发生的"非经常性损益"项目,就会损害企业利润的波动性。非经常性损益是指企业发生的与经营业务无直接关系,或者虽然与经营业务相关,但由于其性质、金额或发生频率而影响了真实、公允地反映企业正常盈利能力的各项收入、支出。中国证监会规定上市公司应当在利润表下面以补充资料的形式披露非经常性损益项目信息,并且在披露净资产收益率和每股收益财务指标时也应当同时披露扣除非经常性损益后的计算结果。企业在经营活动、投资活动、筹资活动中都可能涉及非经常性损益项目。

①经营活动可能涉及的非经常性损益项目。企业在商品生产和销售活动中对于违背公允原则的关联购销交易产生的损益、资产的处置或置换损益、债务重组损失、存在关联资产的盘亏或盘盈,以及非经常性的补贴收入、税收优惠等应当作为非经常性损益处理。这些项目通常在利润表中表现为营业外收入、营业外支出、其他收益等项目。当企业产能过剩时,涉及经营活动的非经常性损益金额

可能增加，这可能是由于以下几种原因：一是企业产能过剩导致产品销售受阻，营业收入增幅放缓甚至下降，此时为提升业绩，部分企业（特别是国有企业）会受到政府扶持，政府扶持的最常用方式就是给予企业政府补助或者提供税收减免，从而增加企业的非经常性损益；二是产能过剩的企业为提升业绩，也存在盈余管理动机，通过关联交易、资产处置、债务重组等方式进行应计项目管理，提升企业盈余的同时增加非经常性损益项目金额。

②投资活动可能涉及的非经常性损益项目。企业的投资活动通常包括股权投资和债权投资两种基本类型，由此获取的投资收益是否作为非经常性损益应当依据投资收益的具体来源进行分析。企业基于长期发展战略考虑进行的长期股权投资、长期债权投资在持有期间获得投资收益属于经常性损益，长期股权投资、长期债权投资处置活动所取得的处置收益属于非经常性损益。产能过剩的企业可能为弥补亏损而处置长期股权投资或长期债权投资，以获取投资处置收益，从而增加非经常性损益。

③筹资活动可能涉及的非经常性损益项目。筹资活动可能涉及的非经常性损益项目主要包括三种情况：一是企业进行工程项目建设获得的财政贴息收益计入当期损益的部分；二是企业向关联企业及其他企业拆入资金时实际支付的资金占用费与按银行同期贷款利率计算的利息之间的差额；三是由于汇率变动而形成的汇兑差额。上述三种筹资活动产生的非经常性损益项目会在企业财务报告中的财务费用附注中进行披露。对于产能过剩企业而言，应当针对企业的具体情况分析产能过剩对三种具体情况的影响：首先，能够获得政府财政贴息的企业往往是国有企业，民营企业获得财政贴息的概率较之于国有企业偏低，因此，国有企业产能过剩时会在工程项目建设过程中获得政府补助，从而增加筹资活动产生的非经常性损益项目，即增加利润的波动性，产能过剩的民营企业往往不存在上述现象。其次，产能过剩的企业一般面临较大现金支出压力，并且获得银行授信的概率相较非产能过剩时更低，两者共同促使企业向其他企业拆入资金。在我国金融抑制的背景下，非正规金融体系的资

金成本相对较高，因此，产能过剩的企业会因为向其他企业借入成本更高的资金而增加筹资活动产生的非经常性损益，即增加利润的波动性。最后，从引起汇率变动的宏观因素角度，单纯的产能过剩因素引起汇率大幅变动的概率较低，因此，产能过剩因为汇兑差额引起非经常性损益变化的可能性较小。

综上所述，产能过剩的企业会因为经营活动、投资活动以及筹资活动的变化而增加非经常性损益项目，从而增加企业利润的波动性。最终，产能过剩的企业利润变化会表现出成长性下降、波动性增加的典型特征，即产能过剩企业的利润不具有可持续性。

（3）产能过剩企业利润的战略吻合性。张新民（2014）认为，企业的资产结构体现了其资源配置战略，即企业按不同的方式配置资产，会形成不同的资产结构，体现不同的发展战略。从这一角度来看，可以把企业资产区分为经营性资产和投资性资产。前者主要包括货币资金、商业债权、存货、固定资产和无形资产，是企业配置于生产经营领域的资源总量，体现企业通过实体经营活动实现企业目标的战略意图；后者主要包括交易性金融资产、可供出售金融资产、持有至到期投资、长期股权投资以及对子公司投资形成的其他应收款，是企业配置于投资领域的资源总量，体现企业通过投资活动实现企业目标的战略意图。企业不同的资源配置战略选择会产生不同的经营性资产和投资性资产的比例关系，直接带来不同的盈利模式，不同的盈利模式又产生不同的利润结构（核心利润与投资收益的比例关系），因而企业的利润结构与资产结构之间的吻合性可以在一定程度上体现出企业资源配置战略的实施效果。一般而言，企业的经营性资产运营的结果产生核心利润，企业的投资性资产运营的结果产生投资收益，通过判断经营性资产与投资性资产之间的比例关系以及核心利润与投资收益之间的比例关系可以体现出企业利润的战略吻合性。

1）利润结构与资产结构的匹配性分析。利润结构是指构成企业利润的各组成要素之间的比例关系，或者某一种利润组成要素在利润总额中所占的比重。资产结构是指构成企业资产的各组成要素之间的比例关系，或者某一种资产在总资产中所占的比重。本书所提到的利润结构是核心利润与投资收益之间的比例关系，资产结构是经营性资产与投资性资产之间的比例关系。张新民和钱爱民（2019）认为一般采用母公司报表数据分别计算企业经营性资产占投资性资产的比值以及核心利润占投资收益的比值，然后对两个比值的相互关系进行分析。如果不考虑企业商业模式差异、行业盈利性差异以及企业生命周期的盈利差异等因素，可以通过如下比较对上市公司利润的战略吻合性进行分析：长期来看，如果两个比值接近，则说明企业的资源配置战略①与相应的利润结构匹配，即企业一定的经营性资产与投资性资产的配置比例产生了相应比例的核心利润与投资收益，这说明企业资源配置战略的实施效果较好，企业利润构成与企业战略的吻合性较高。如果两个比值差异较大，则说明企业对经营性资产和投资性资产的配置战略没有产生相应利润效果，企业战略的实施效果欠佳，利润的战略吻合性较低。具体来讲可能出现两种情况：一种是经营性资产配置比例较高，但核心利润占利润总额的比例较低；另一种是投资性资产配置比例较高，但投资收益占利润总额的比例较低。

对于产能过剩的企业而言，一般情况下企业前期扩张产能必然产生大量的存货、固定资产等经营性资产，导致经营性资产与投资性资产的比值上升。与此同时，企业过剩的产能使产品销售受阻，营业收入增长缓慢甚至下降，导致企业的核心利润下降，在利润结构中核心利润与投资收益的比值下降，从而最终使得经营性资产与投资性资产的比值上升的同时，核心利润与投资收益的比值下降，降低利润结构与资产结构的匹配性。

2）经营性资产与投资性资产的盈利能力分析。企业实施不同的资源配置战略会产生不同的资产结构（经营性资产与投资性资产的构成比例），进而形成不同的利润结构（核心利润与投资收益的构成

---

① 即经营性资产布局与投资性资产布局的比例关系，这种比例关系体现了企业以经营行为获取利润还是以投资行为获取利润的战略意图。

比例）。因此，一般而言，企业各类资产的盈利能力存在差异，在分析利润的战略吻合性时有必要对企业的经营性资产和投资性资产分别进行盈利能力分析，以识别企业利润结构与资产结构匹配性的深层次原因。

①企业经营性资产的盈利能力可以通过计算企业的经营性资产报酬率进行分析。经营性资产报酬率等于企业核心利润除以平均经营性资产（经营性资产主要包括货币资金、应收账款、应收票据、存货、固定资产、在建工程、无形资产等），可通过对比同一企业不同年份之间以及同一年份不同企业之间的经营性资产报酬率变化趋势，判断企业经营性资产的盈利能力。通常情况下，产能过剩的企业在投资扩张过程中会形成大量的经营性资产，增大该指标的分母，同时产能过剩导致企业产品销售受阻，营业收入增长缓慢，核心利润降低，减小该指标的分子，最终产能过剩的企业经营性资产报酬率会下降。

②企业投资性资产的盈利能力可以通过计算投资性资产报酬率进行分析。投资性资产报酬率等投资收益除以平均投资性资产（投资性资产主要包括交易性金融资产、可供出售金融资产、持有至到期投资、长期股权投资、以提供经营性资金方式对子公司投资的其他应收款等），通过横向和纵向对比，分析企业投资性资产报酬率的变化趋势，可以判断企业投资性资产的盈利能力。一般而言，企业产能过剩主要表现在核心利润与经营性资产方面，对于投资收益与投资性资产的直接影响相对较小。只有当企业产能过剩、对企业业绩产生重大影响，从而迫使企业改变资源配置战略，将更多资源从经营活动转向投资活动时，才会对投资性资产报酬率产生直接影响。这种影响的结果也要视企业转向投资性资产的规模和投资收益情况而定。因此，总体来讲企业产能过剩对投资性资产报酬率的影响较小，即使产生影响，影响的方向也不存在确定的指向，影响的幅度也存在一定随机性。

③企业经营性资产盈利能力与投资性资产盈利能力的对比分析。前述计算的企业经营性资产报酬率和投资性资产报酬率为我们将二

者进行对比分析提供了基础。理论上二者会出现三种情况：一是企业的经营性资产报酬率低于投资性资产报酬率，这也是产能过剩企业最常见的表现形式。这是因为产能过剩主要表现为核心利润下降的同时经营性资产上升，必然导致经营性资产报酬率大幅下降，与此同时，除非企业改变资源配置战略，否则产能过剩对投资收益和投资性资产的直接影响较小。二是企业的经营性资产报酬率与投资性资产报酬率大体相当，这时一般认为企业的内部商品经营活动与对外投资所涉及的商品经营活动具有大体相同的盈利能力，管理效率相当。三是企业的经营性资产报酬率高于投资性资产报酬率，这时一般认为企业对外投资收益下降，或者企业重心在于经营活动而非投资活动。企业经营性资产的盈利能力强意味着企业经营性资产的管理效率高，企业产品具有较强的竞争力，发生产能过剩的概率较低。

综上所述，企业产能过剩会增加经营性资产在总资产中所占的比重，同时降低核心利润在利润总额中所占的比重，进而降低利润结构与资产结构的匹配性。这种匹配性的降低主要源于企业经营性资产的盈利能力下降，表现为经营性资产报酬率低于投资性资产报酬率。最终企业产能过剩会表现为企业利润的战略吻合性下降。

4. 产能过剩企业的现金流量质量分析

企业现金流量质量分析除了关注现金流量的数额变化，更应当针对引起现金流量变化的经营活动、投资活动、筹资活动的现金流量变化过程分别展开分析。三类引起现金流量变化的活动在企业的资金周转过程中发挥着不同的作用，体现出不同的质量特征，特别是产能过剩的企业在三类现金流量方面的变化会出现不同的特征。因此，三类活动现金流量质量分析的侧重点也应有所不同。

（1）产能过剩企业经营活动现金流量的质量分析。经营活动现金流量是企业从事生产经营活动而产生的现金流入量和现金流出量，二者的差额是经营活动产生的现金净流量。经营活动产生的现金流量是企业创造利润的核心要素，更是提升企业利润含金量的关键。产能过剩企业会在经营活动现金流量的充足性、稳定性、合理性方面出现变化。

1）产能过剩企业经营活动现金流量的充足性分析。经营活动现金流量的充足性是指企业是否具有足够的现金流量来满足正常生产运转和投资扩张的需要。经营活动是企业最基本、最关键的行为，是企业获取持续现金流量的基础，也是决定企业利润含金量的核心要素，因此正常情况下企业追求的目标是尽可能增加经营活动产生的现金流入量，适当减少经营活动产生的现金流出量，最终增加经营活动产生的现金净流量。除某些特殊情况外，比如科技型企业处于初创期、整体经济环境不佳（受金融危机、疫情影响），企业正常的经营活动现金净流量应当为正。如果企业的经营活动产生的现金净流量为负，则说明企业的生产经营活动出现问题。

企业产能过剩会影响经营活动现金流量：现金流入量方面，企业产品处于供过于求状态，市场销售受阻，"销售商品、提供劳务收到的现金"必然会大幅度减少，"收到的税费返还"有可能由于政府的税收优惠政策而适度增加，"收到其他与经营活动有关的现金"要视企业主营业务之外的其他经营业务情况而定。上述三种经营活动产生的现金流入量中"销售商品、提供劳务收到的现金"占比最高，其大幅下降必然引起现金流入量的下降。现金流出量方面，"购买商品、接受劳务支付的现金"可能出现两种情况，产能过剩初期，企业尚未采取严格的产能限制措施，企业签订的各种采购合同仍然继续执行，该项支出并未下降；产能过剩较为严重时，企业会采取严格的压缩产能措施，会减少采购支出，但是有些长期采购合同具有现金支出刚性，或者企业为了维护长期的客户关系而急需采购，此时该项支出会减少，但减少的幅度有限。"支付给职工以及为职工支付的现金"在企业没有被迫大规模裁员的情况下，不会因为企业产能过剩而下降。"支付的各项税费"可能会因为政府的减税政策而减少，但减少的数额要视税收优惠政策的力度和执行程度而定。"支付的其他与经营活动有关的现金"要视企业主营业务之外的其他经营活动情况而定，但其金额不会太大。

总体上，产能过剩企业的经营活动产生的现金流入量会大幅减少，经营活动产生的现金流出量虽然也会减少，但其下降幅度通常小于现金流入量的降幅，因此，经营活动产生的现金净流量会下降，进而降低经营活动现金流量的充足性。

2）产能过剩企业经营活动现金流量的稳定性分析。经营活动现金流量的稳定性是指企业各会计期间的经营活动现金流量规模是否存在剧烈波动的情况，内部构成是否符合其所处的行业特征，以及是否存在异常变化情况。稳定性是企业持续经营的前提条件，经营活动现金流量是企业获取稳定现金流量的基础，是支撑企业可持续发展的关键，主营业务明确、收入稳定是企业运营良好的重要标志，持续平稳的现金流量是抵御各种风险的重要保障。

"销售商品、提供劳务收到的现金"远高于其他项目产生的现金流入量是一家企业现金流入结构合理的重要标志，该项目的稳定增长有利于保证企业现金的顺畅周转，有利于提高企业的资金使用效率，有利于企业抵御风险。当企业产能过剩时，一方面，激烈的市场竞争会使企业销售商品、提供劳务行为的成功率下降，与此同时销售行为获得现金的概率下降，最终降低"销售商品、提供劳务收到的现金"的数额；另一方面，为应对糟糕的现金流入状况，企业有动机通过"收到的税费返还""收到的其他与经营活动有关的现金"项目增加现金流入量，从而偏离企业最佳的现金流入结构。

总体上，企业产能过剩会因为减少"销售商品、提供劳务收到的现金"而降低经营活动产生的现金流入量，并偏离合理的现金流入结构，最终降低经营活动现金流量的稳定性。

3）产能过剩企业经营活动现金流量的合理性分析。产能过剩企业经营活动现金流量的合理性主要指企业经营活动现金流入是否顺畅，经营活动现金流出是否恰当，现金流量结构是否合理。

①经营活动现金流入的顺畅性分析。经营活动现金流入的主要内容是"销售商品、提供劳务收到的现金"，该项目的规模主要取决于企业营业收入的规模、所采取的信用政策和企业实际回款情况等因素。可以通过企业利润表中的"营业收入"和资产负债表中的"应收账款""应收票据""预收款项"的变化情况来判断经营活动现

金流入的顺畅性。对于产能过剩的企业来说，一方面其计入"营业收入"的金额会随着产品销售困难而下降，另一方面部分即使计入"营业收入"的产品销售也会因为促销政策而大量采用"应收账款""应收票据"的方式进行赊销，从而降低现金流量表中的"销售商品、提供劳务收到的现金"。两方面共同作用，不仅营业收入的绝对金额下降，而且营业收入产生的现金流入量也下降，最终经营活动现金流入的顺畅性大打折扣。

②经营活动现金流出的恰当性分析。经营活动现金流出的主要内容是"购买商品、接受劳务支付的现金"，该项目的规模主要取决于企业的营业成本、采购规模、采购政策和企业的实际付款状况等因素。可以通过利润表中的"营业成本"以及资产负债表中"应付账款""应付票据""预付账款"等项目的变化情况来判断经营活动现金流出的恰当性。对于产能过剩的企业而言，其营业成本会出现先上升后下降的趋势，这是因为大规模的产能扩张性投资会形成大量固定资产，使以后会计期间的固定资产折旧等固定成本增加，从而提升营业成本。但随着产能过剩日趋严重，企业会执行严格的减产措施，产量的减少会降低企业的可变成本，当可变成本降幅大于固定成本增幅时就会降低企业的营业成本。此外，为应对产能过剩导致的经营困境，企业会通过增加"应付账款""应付票据"、减少"预付账款"的方式降低现金流出额。总体上，产能过剩的企业会出现营业成本先升后降，经营活动现金流出量下降的趋势。

③现金流量结构的合理性分析。现金流量结构合理性分为现金流入量结构合理性和现金流出量结构合理性。前者主要是指"销售商品、提供劳务收到的现金"是否在经营活动现金流入项目中占主体结构，后者主要是指"购买商品、接受劳务支付的现金"是否在经营活动现金流出项目中占主体结构。当企业发生产能过剩时，一方面产品供过于求，"销售商品、提供劳务收到的现金"绝对数额下降，为增加企业经营活动的现金流入量，企业会选择增加其他项目的现金流入量，进而降低"销售商品、提供劳务收到的现金"在经营活动现金流入项目中所占的比重；另一方面压缩产能的政策最终

会降低企业"购买商品、接受劳务支付的现金"的现金支出,从而降低该项目在经营活动现金流出项目中所占的比重。整体上,产能过剩企业的现金流量结构会偏离最优结构,合理性降低。

(2)产能过剩企业投资活动现金流量的质量分析。产能过剩企业投资活动现金流量的质量分析可以从投资活动现金流量的战略吻合性以及投资活动现金流入量的盈利性两方面展开。

1)投资活动现金流量的战略吻合性。企业进行投资活动一般是为实现三种目的:一是为企业的生产经营活动获取物质基础,比如构建固定资产、无形资产和其他长期资产等;二是为企业对外扩张或其他长期战略目标而进行的权益性投资和债权性投资;三是为提高企业暂时闲置的货币资金使用效率而进行的短期投资。前两种投资活动是实现企业长期发展战略的基础,也是分析企业投资活动现金流量的战略吻合性的主体。

企业对总资产中经营性资产和投资性资产的布局体现了企业经营活动发展的战略要求,与此类似,通过投资活动现金流出量中"构建固定资产、无形资产和其他长期资产支付的现金"与现金流入量中"处置固定资产、无形资产和其他长期资产收回的现金净额"的比较,也可以体现出企业经营活动发展的战略要求。

比较的结果大体会出现三种情形:①如果两者均具有较大规模,表明企业一方面大量购置新资产,另一方面大量处置旧资产,正处在长期经营性资产的大规模置换与优化阶段。这可能是企业战略转型的要求,也可能是资产升级的要求,往往意味着企业技术水平的提升。②如果前者远大于后者,说明企业正在大规模增加产能,试图通过对内扩张性投资以增加产品的生产能力,扩大市场占有率。这种情况表明企业以经营活动为主导的战略意图,但同时也是产能过剩的前兆。当然是否真的发生产能过剩还要结合市场需求是否协同增长来判断。如果市场需求增长没有消纳产能的增长,就会发生产能过剩。换言之,"构建固定资产、无形资产和其他长期资产支付的现金"的金额远大于"处置固定资产、无形资产和其他长期资产收回的现金净额"不一定会发生产能过剩,但产能过剩的企业往往表现出这种特征。③前者明显小于后者，通常表明企业处于战略收缩期，正在缩减产能规模以应对暗淡的市场前景。这种情况往往发生在产能过剩较为严重的企业中，过剩的产能已经严重影响到企业利润，迫使企业严格执行缩减产能措施，从而体现为处置资产的现金流入量大于购置资产的现金流出量。因此，产能过剩企业的投资现金流量会随产能过剩的不同阶段表现出两种特征：一是产能过剩的累积阶段往往表现为购置资产的现金流出量大于处置资产的现金流入量，企业处于产能扩张状态；二是产能过剩的爆发阶段往往表现为购置资产的现金流出量小于处置资产的现金流入量，企业处于产能收缩状态。

2）投资活动现金流入量的盈利性。企业投资活动的最终目的是获取利润，因此，企业投资活动所具备的另一特征就是盈利性。对于"构建固定资产、无形资产和其他长期资产支付的现金"，要关注现金支出所形成的固定资产对企业营业收入与核心利润的贡献，关注在建工程规模的增加幅度与固定资产增加幅度之间的关系。企业构建资产首先要转入在建工程，当工程完工验收之后才转入固定资产，固定资产在使用过程中价值转化为产品成本，最终通过产品销售收入转化为企业利润。在这一转换过程中，我们需要分析"构建固定资产、无形资产和其他长期资产支付的现金""在建工程""固定资产""营业收入"与核心利润之间的关联度。对于产能过剩的企业来说，"构建固定资产、无形资产和其他长期资产支付的现金"增加会带来"在建工程"增加，但"在建工程"转化为"固定资产"的速度可能会因为产能过剩引起的销售困难而放慢，即企业遇到产能过剩时可能延缓在建工程的建设进度，后续的企业营业收入以及核心利润的增幅也会同时放缓。因此，通过计算"构建固定资产、无形资产和其他长期资产支付的现金"与核心利润的比例，就能在一定程度上体现出企业投资活动现金流入量的盈利能力，该指标越大，投资活动现金流入量的盈利能力越强。一般情况下，产能过剩企业投资活动现金流入量的盈利能力会出现下降趋势。

（3）产能过剩企业筹资活动现金流量的质量分析。筹资活动产生的现金流量可以用来维持企业生产经营活动、投资活动的正常运转。因此，筹资活动现金流量总体上应当与企业经营活动现金流量、投资活动现金流量周转的状况相适应，在满足上述活动现金需求量的同时，降低企业的融资成本。

1）产能过剩企业筹资活动现金流量的适应性分析。筹资活动现金流量与经营活动和投资活动现金流量周转状况的适应性包括两个方面：一是当企业经营活动和投资活动现金净流量之和小于零，企业有没有足够的现金可以动用时，筹资活动应当及时、足额地筹集到现金，以满足两类活动的资金需求；二是当企业经营活动和投资活动现金净流量之和大于零，需要降低闲置资金余额时，筹资活动应当及时调整筹资规模和速度，并积极归还借款本金，降低融资成本。

当企业产能过剩时，生产经营活动困难，企业营业收入增长缓慢、利润下降，各项财务数据变差。此时，若企业存在资金需求，则反而因为糟糕的经营活动和低质量的财务数据而难以筹集到所需资金。产能过剩的企业也难以存在较多的闲置货币资金，因为企业的闲置货币资金都会尽快用到弥补亏损等方面。整体上，产能过剩企业筹资活动现金流量的适应性变差。

2）产能过剩企业筹资活动现金流量的多样性分析。企业筹资活动的核心目标是在满足资金需求的同时降低资金成本。我国企业筹资的主要渠道包括：股权筹资（吸收直接投资、发行股票）、债务筹资（发行债券、向银行借款）、民间融资以及融资租赁等。不同的筹资渠道和方式的资金成本和风险差异很大，企业应当结合自身发展实际，选取多种筹资方式，以达到满足资金需求的同时降低资金成本的目标。在目前国内融资以间接融资为主的背景下，对于产能过剩的企业来说，其筹资渠道最显著的特征就是银行借款的迅速上升，特别是银行短期借款的升幅最为显著。此外，伴随着产能过剩企业业绩下滑，其从正规金融市场筹资的难度逐步增加，企业（特别是民营企业）很可能转向民间融资。因此，单纯从多样性角度分析，产能过剩企业筹资活动现金流量的多样性增加。

　　3）产能过剩企业筹资活动现金流量的恰当性分析。企业筹资活动现金流量的恰当性主要指企业筹资活动是否恰如其分地发挥了提高企业经营效率的作用。产能过剩企业筹资活动的恰当性分析最主要的考察点是企业筹集的资金是否发挥了提高资产运营效率的作用。在中国企业经营的实践中最常见的现象就是产能过剩、僵而不死的"僵尸企业"。这些企业已经存在较为严重的产能过剩，企业运营效率低下，盈利下滑，但这些企业要么已经存在大量银行借款，银行为了维持前期借款的运转而不得不继续向企业提供授信，要么规模庞大到地方政府出于稳定就业等多重考虑，不得不向其继续提供支持，以维持企业表面上的正常运转。这些"僵尸企业"已经失去自身造血功能，一旦失去银行、政府的支持将很快倒闭。因此，产能过剩企业的筹资活动现金流量很容易出现"僵尸化"倾向，即筹资活动产生的现金流量无法增强企业自身造血功能，只能维持企业表面的正常运转，从而失去恰当性。

4.3.3　企业产能过剩财务质量评价体系

　　如前文所述，产能过剩的企业首先表现为资产数额的增加，进而影响到资产的盈利性、周转性、保值性；其次，企业为增加产能投资必然引入新增资本，导致资本结构的变化，具体表现在经营性负债资本、金融性负债资本、股东投入资本以及企业留存收益的变动；再次，产品供过于求会导致企业销售困难，营业收入减少，进而引发企业利润含金量、利润持续性、利润战略吻合性的变化；最后，产能过剩企业的现金流量也会产生变化，表现为经营活动现金流量、投资活动现金流量、筹资活动现金流量的变化。在这些变化中，绝大部分属于定量变化，小部分属于定性变化。因此，本书通过梳理上述变化，尝试从财务会计信息角度构建企业产能过剩财务质量评价体系，为企业及时监测、预测、预警产能过剩提供理论支持。企业产能过剩财务质量评价体系主要包括资产质量、资本结构质量、利润质量、现金流量质量四个部分。

1. 资产质量

资产质量分析从盈利性、周转性、保值性三方面进行。盈利性判断指标主要有经营性资产报酬率，其等于狭义营业利润除以经营性资产平均原值。其中，狭义营业利润是指营业利润扣除投资收益后的余额，是企业运用经营性资产从事自身经营活动所带来的收益；经营性资产是企业用于生产经营活动的资产，包括货币资金、商业债权（包括应收票据、应收账款和预付账款等）、存货、在建工程、固定资产、无形资产，经营性资产平均原值是经营性资产原值的期初余额与期末余额的平均值。当企业产能过剩时，该指标下降。周转性判断指标主要包括：有效经营性流动资产周转率，其等于营业收入除以有效经营性流动资产，其中，有效经营性流动资产＝流动资产平均余额－交易性金融资产平均余额－其他应收款平均余额－其他流动资产平均余额，当企业产能过剩时该指标下降；经营性固定资产周转率，其等于营业收入除以经营性固定资产，其中，经营性固定资产＝固定资产平均原值＋投资性房地产平均原值或平均公允价值，当企业产能过剩时该指标下降；经营性资产周转率，其等于营业收入除以经营性资产平均原值，当企业产能过剩时该指标下降。保值性判断指标是非现金资产保值率，其等于企业非现金资产减去资产减值损失后的差额除以非现金资产平均余额，其中非现金资产等于总资产减去货币资金的差额，当企业产能过剩时该指标下降。

2. 资本结构质量

资本结构质量从资本结构的四个方面——经营性负债资本、金融性负债资本、股东投入资本、留存收益资本进行分析。经营性负债资本的判断指标是资产经营性负债率，其等于经营性负债总额除以资产总额，当企业产能过剩时该指标上升。金融性负债资本的判断指标是资产金融性负债率，其等于金融性负债总额除以资产总额，当企业产能过剩时该指标上升。股东投入资本的判断指标是股东投入资本比率，其等于股东投入资本（实收资本＋资本公积）除以资产总额，当企业产能过剩时该指标的变化方向存在不确定性：轻度产能过剩时，股东投入资本不受影响；严重产能过剩时，股东投入资本规模增加、股权结构改变、公司治理机制革新。留存收益资本的判断指标是留存收益比率，等于企业留存收益（盈余公积＋未分配利润）除以资产总额，当企业产能过剩时该指标下降。

3. 利润质量分析

分析产能过剩企业的利润质量可以从利润含金量、利润持续性、利润战略吻合性三方面展开。利润含金量的判断指标包括：核心利润含金量，其等于经营活动现金净流量除以同口径核心利润，其中，同口径核心利润＝核心利润＋固定资产折旧＋其他长期资产价值摊销＋利息费用－所得税费用，当企业产能过剩时该指标下降；投资收益含金量，其等于投资收益现金回款额，即取得投资收益收到的现金＋应收股利年度净增加额＋应收利息年度净增加额，其中应收股利、零售利息的年度净增加额等于年末余额减去年初余额，当企业产能过剩时该指标下降；其他收益含金量，构成企业其他收益含金量分析的主体是政府补助，能够获取政府补助的主要是国有企业，民营企业通常难以获得较多的政府补助，并且总体上政府补助与利润的其他组成部分相比较少，因此本书分析利润含金量时忽略这部分内容。利润持续性判断指标包括：营业收入增长率，其等于本期营业收入减去上期营业收入的差额再除以上期营业收入，当企业产能过剩时该指标下降；毛利率，其等于营业收入减去营业成本的差额再除以营业收入，当企业产能过剩时该指标下降。利润战略吻合性判断指标是资产结构与利润结构差异，其等于经营性资产/投资性资产－核心利润/投资收益，前者代表企业的资产结构，后者代表企业的利润结构，当企业产能过剩时两种结构的差异性增加，导致利润战略吻合性下降。

4. 现金流量质量分析

对现金流量的质量，可从产生现金流量的三种方式——经营活动、投资活动和筹资活动的现金流量质量展开分析。经营活动现金流量质量的判断指标包括：经营活动现金净流量，其等于经营活动现金流入量减去经营活动现金流出量，当企业产能过剩时该指标下降，反映出企业经营活动现金流量的充足性下降；经营活动现金流入量结构，其等于"销售商品、提供劳务收到的现金"除以经营活动现金流入量，当企业产能过剩时该指标下降，反映出企业经营活动现金流入量结构合理性下降；经营活动现金流出量结构，其等于企业"购买商品、接受劳务支付的现金"除以经营活动现金流出量，当企业产能过剩时该指标下降，反映出企业经营活动现金流出量结构合理性下降。

投资活动现金流量质量的判断指标主要包括投资活动的战略吻合性和投资活动现金流入量的盈利性。前者等于"构建固定资产、无形资产和其他长期资产支付的现金"减去"处置固定资产、无形资产和其他长期资产收回的现金净额"的差额，该指标会随产能过剩的不同阶段而表现出两种变化趋势：当产能过剩处于初期的产能累积阶段时，该指标为正，反映出企业投资扩张的状态；当产能过剩处于爆发阶段时，该指标为负，反映出企业正在严格执行产能缩减政策。后者等于"构建固定资产、无形资产和其他长期资产支付的现金"除以核心利润，该指标在企业产能过剩时会下降。

筹资活动现金流量质量的判断需要视企业的经营状况和产能过剩状况进行相应的定性或定量分析，具体包括：适应性分析，产能过剩企业因为糟糕的经营活动和财务数据难以为生产经营和投资活动及时筹集资金，适应性变差；多样性分析，产能过剩企业难以从正规金融渠道获取所需资金，被迫转入非正规金融体系筹集资金，筹资的多样性增加；恰当性分析，产能过剩企业的筹资活动容易出现"僵尸化"倾向，从而降低筹资的恰当性。筹资活动现金流量质量分析较多涉及定性分析，较少涉及定量分析。

综上所述，本书参照张新民和钱爱民（2019）提出的企业财务质量分析理论，对产能过剩的企业资产质量、资本结构质量、利润质量和现金流量质量分析指标进行了梳理，形成企业产能过剩财务质量评价体系，见表4.4。企业可以参照上述财务质量评价体系，运用变量描述性统计、聚类分析、因子分析等方法构建企业产能过剩财务质量评价体系，用以监测、预测、预警企业产能过剩。

表 4.4　企业产能过剩财务质量评价体系

维度	项目	判断指标	变化趋势
资产质量	盈利性	经营性资产报酬率＝狭义营业利润/经营性资产平均原值	下降
	周转性	有效经营性流动资产周转率＝营业收入/（流动资产平均余额－交易性金融资产平均余额－其他应收款平均余额－其他流动资产平均余额）	下降
		经营性固定资产周转率＝营业收入/（固定资产平均原值＋投资性房地产平均原值或平均公允价值）	下降
		经营性资产周转率＝营业收入/经营性资产平均原值	下降
	保值性	非现金资产保值率＝（非现金资产－资产减值损失）/非现金资产平均余额	下降
资本结构质量	经营性负债资本	资产经营性负债率＝经营性负债总额/资产总额	上升
	金融性负债资本	资产金融性负债率＝金融性负债总额/资产总额	上升
	股东投入资本	股东投入资本比率＝（实收资本＋资本公积）/资产总额	初始不变后续上升
	留存收益资本	留存收益比率＝（盈余公积＋未分配利润）/资产总额	下降
利润质量分析	利润含金量	核心利润含金量＝经营活动现金净流量/（核心利润＋固定资产折旧＋其他长期资产价值摊销＋利息费用－所得税费用）	下降
		投资收益含金量＝投资收益现金回款额＝取得投资收益收到的现金＋应收股利年度净增加额＋应收利息年度净增加额	下降
	利润持续性	营业收入增长率＝（本期营业收入－上期营业收入）/上期营业收入	下降
		毛利率＝（营业收入－营业成本）/营业收入	下降
	利润战略吻合性	资产结构与利润结构差异＝经营性资产/投资性资产－核心利润/投资收益	下降

续表

维度	项目	判断指标	变化趋势
现金流量质量分析	经营活动现金流量	经营活动现金净流量＝经营活动现金流入量－经营活动现金流出量	下降
		经营活动现金流入量结构＝销售商品、提供劳务收到的现金/经营活动现金流入量	下降
		经营活动现金流出量结构＝购买商品、接受劳务支付的现金/经营活动现金流出量	下降
	投资活动现金流量	投资活动的战略吻合性＝构建固定资产、无形资产和其他长期资产支付的现金－处置固定资产、无形资产和其他长期资产收回的现金净额	初始为正后续为负
		投资活动现金流入量的盈利性＝构建固定资产、无形资产和其他长期资产支付的现金/核心利润	下降
	筹资活动现金流量	适应性分析（定性分析）	/
		多样性分析，企业采用吸收直接投资、发行股票、发行债券、向银行借款、民间融资以及融资租赁等融资方式的数量	增加
		恰当性分析（定性分析）	/

资料来源：作者根据相关文献资料整理。

第5章 资本配置与企业产能过剩

在我国金融抑制的正式制度背景下，利率管制政策使得银行等正规金融机构的资金成本相对较低。尽管我国实施了利率市场化改革，但长期的利率管制惯性依然存在，银行等正规金融系统的低成本信贷资源依然是企业产能扩张的重要资金来源（张敏等，2010）。刘西顺（2006）通过理论分析指出我国信贷资源配置失调（信贷集中和信贷歧视）是形成产能过剩的根本原因，在后续的研究中，鞠蕾等（2016）从行业层面，利用宏观统计数据验证资本要素扭曲率与行业产能利用率负相关。但针对行业的微观基础——企业的信贷资源配置效率与企业产能过剩关系的实证研究还较为少见。从信贷资源配置角度实证检验企业产能过剩成因能够丰富前述研究成果，形成"理论分析—行业实证—企业实证"的完整链条，深化对产能过剩问题的认知。因此，本章将从微观的企业层面重新审视信贷资源配置对企业产能利用率的影响，并进一步检验企业产权性质、产权控制层级的影响，最后将研究范围由信贷融资拓展至债券融资，从而较为全面地审视债务资本配置效率对企业产能过剩的影响。[①]

5.1　引　言

　　2015 年 11 月，中央财经领导小组第十一次会议提出"在适度扩大总需求的同时，着力加强供给侧结构性改革，着力提高供给体系质量和效率，增强经济持续增长动力，推动我国社会生产力水平实现整体跃升"[②]。这意味着我国经济宏观调控重点由"需求侧"向"供给侧"转移。长期以来，我国实行需求管理调控，这种"重需求侧，轻供给侧"的调控模式能在短期内创造需求，拉动经济增长，但在供给侧积累了大量问题，导致经济结构性失衡，具体表现之一就是产能过剩。因此，从供给侧角度，分析企业产能过剩成因，对于有效化解企业产能过剩矛盾具有重大现实意义。

　　学术界主要从"市场"和"政府"两个角度研究产能过剩成因。市场因素方面，Fair（1985）认为企业为应对市场环境的不确定性，而进行的生产要素窖藏行为是产能过剩的重要原因；Schmalensee（1981）认为厂商为了实现规模经济，形成行业进入壁垒，阻止潜在竞争对手进入，会理性选择保持过剩产能；Esposito（1974）认为企业在不同的市场结构下，所面临的不同程度的市场竞争因素会对产能过剩产生影响，部分寡头垄断比完全寡头垄断或完全竞争更容易产生产能过剩；Stiglitz（1999）认为，由于资产专用性，或者调整成本过高等原因，导致厂商主动放弃处理经济繁荣时期形成的生产能力，最终形成产能过剩。上述西方学者的主要观点是，产能过剩属于市场经济的自然现象，保持适度的过剩产能是厂商的理性选择。然而，我国学者则指出经济转轨背景下的"市场失灵"是形成我国产能过剩的主要因素。林毅夫（2007）、林毅夫等（2010）指出发展

---

① 本书资本配置仅指信贷融资和债券融资两种债务资本的配置。
② 习近平主持召开中央财经领导小组第十一次会议. 新华网，2015-11-10.

中国家由于存在后发优势，以及受"信息不完全"约束，容易出现"投资潮涌"现象，并引发产能过剩。刘西顺（2006）认为，金融资源配置中形成的信贷集中和信贷歧视助推了厂商过度投资和资金分配扭曲，形成产能过剩。吕政和曹建海（2000）认为，行业的低进入、高退出壁垒造成过度竞争，从而形成产能过剩。鞠蕾等（2016）认为各类要素市场的资源错配是导致产能过剩的根源。徐朝阳和周念利（2015）认为当市场需求存在较大不确定性时，高效率企业为规避风险会谨慎投资，从而引发低效率企业过度进入，降低市场集中度和产能利用率。

政府因素方面，众多学者提出"政府失灵"所形成的体制机制障碍是导致产能过剩的重要原因。社会主义国家在经济转轨过程中存在"投资饥渴症"（Kornal，1992），内生的自我约束机制缺失，加之外部投资控制放松、地方政府过度干预（如预算软约束等）（Kornal，1980），加剧了社会主义体制下的过度投资倾向，从而为产能过剩提供了体制基础。Bruce（2010）发现政府对企业出口的过度补贴是形成产能过剩的重要诱因。国内学者也普遍认为政府不当干预形成的资源配置扭曲、投资扭曲、土地产权模糊、环保体制缺陷等问题导致我国出现产能过剩（鞠蕾等，2016；Jiang et al.，2012；江飞涛等，2012；王文甫等，2014）。也有学者从政府干预动因视角，提出政府官员晋升激励机制导致其有动机干预经济，从而引发企业过度投资，形成产能过剩（周黎安，2004；干春晖等，2015；步丹璐等，2017）。程俊杰（2015、2016）发现政府推出的产业政策是我国经济转轨期出现产能过剩的重要原因。范林凯等（2015）认为政府产能管制政策起到了适得其反的效果，应当通过市场化改革路径解决产能过剩问题。聂辉华等（2016）指出地方政府的恶性竞争行为、大规模刺激政策、信贷歧视等原因加剧了产能过剩，促成了大批"僵尸企业"的出现。徐业坤和李维安（2016）认为地方政府的政绩压力会推动民营企业扩张产能，形成产能过剩，并且政治关联会弱化这一关系，信贷资源配置也在这一关系中扮演了重要角色。

已有文献主要从宏观或者行业层面对产能过剩问题进行讨论，较少从微观的企业层面，特别是从上市公司视角进行实证研究。企业产能过剩有别于行业产能过剩，当行业内众多企业出现产能过剩时，会引发行业总体上供给大于需求的产能过剩现象，但反之，行业出现产能过剩时，并不能推出个别企业一定存在产能过剩的结论。企业的异质性因素会使企业的产能利用状况不同于其行业表现（修宗峰和黄健柏，2013）。因此，从企业层面研究产能过剩的微观动因，对于精准地解决产能过剩问题更具现实意义。此外，目前我国企业融资仍是以银行为中介的间接融资为主，在此背景下，信贷资源成为企业产能扩张的重要资金来源。刘西顺（2006）通过理论分析指出我国信贷资源配置失调（信贷集中和信贷歧视）是形成产能过剩的根本原因。在后续的研究中，鞠蕾等（2016）从行业层面，利用宏观统计数据验证资本要素扭曲率与行业产能利用率负相关。但针对行业的微观基础——企业的信贷资源配置效率与企业产能过剩关系的实证研究还较为少见。从信贷资源配置角度实证检验企业产能过剩成因能够丰富前述研究成果，形成"理论分析—行业实证—企业实证"的完整链条，深化对产能过剩问题的认知。本章研究内容的创新之处在于：一是利用微观层面的企业产能过剩实证模型，检验信贷资源配置对产能过剩的影响，为从资本配置效率角度化解供给侧的产能过剩问题提供证据支持；二是实证检验了信贷资源配置对微观企业产能过剩的影响是否会因为产权性质以及产权控制层级差别而有所不同；三是增添了债券融资对企业产能过剩影响的新认知。

5.2　制度背景、理论分析与研究假设

5.2.1　制度背景

长期以来，为满足我国工业企业赶超发展对金融资源的迫切需

求，我国政府对正规金融体系内的金融资源配置进行管制。最典型的管制措施就是官定利率，即政府将资本要素价格——利率人为地控制在较低水平，以降低其所扶持的工业企业的融资成本，促使企业加快扩张步伐，实现赶超发展。这样一来，我国金融体系就表现出典型的金融抑制特征（卢峰和姚洋，2004；刘浩，2012；祝继高等，2015）。我国的利率水平长期处于市场均衡利率水平之下，尽管2015 年 10 月 24 日央行放开存款利率上限，标志着我国基本完成了利率市场化改革任务，但长期利率管制的政策惯性依然存在，尚未实现由完全市场化的利率形成机制起到配置金融资源的关键性作用。一方面，低利率使得廉价资金经由银行渠道投入生产领域，为资本密集型的制造业企业发展提供金融支持，为我国经济增长奇迹做出贡献；但另一方面，长期的低成本金融供给也会激励企业为"富余资金"寻找投资出路，产生盲目扩张冲动，形成产能过剩风险。

我国长期低利率管制政策的另一个经济后果便是银行体系内的廉价资金供不应求，市场配置金融资源的功能失调，只能由政府通过信贷配给方式进行干预，导致金融资源的市场配置发生扭曲。国有企业为实现政府的政治和社会目标，承担了较多政策性负担，因此，作为一种补偿，政府会将大量廉价资金配置给国有企业（方军雄，2007）。与此同时，我国银行体系虽然经过股份制改制，呈现出多元所有制并存的局面，但国有产权依然占据主导地位。基于共同的国有产权纽带，国有银行和国有企业形成体制内的共生关系。国有银行也倾向于将低成本资金优先配置给国有企业。

综上所述，我国金融制度背景呈现两个显著特征：一是低利率管制扭曲了信贷市场的要素价格信号，催生企业投资扩张热情；二是政府通过信贷配给，向承担多重责任的国有企业提供金融支持，金融资源市场配置功能发生扭曲。在此制度背景下，金融资源配置失调导致了严重的产能过剩问题。2011 年，随着我国经济增速下滑，新一轮的产能过剩矛盾凸显。此轮产能过剩的特点，一是持续时间长，从 2009 年开始，很长一段时间内都没有明显缓解，一直持续到2019 年；二是涉及范围广，不仅钢铁、煤炭、水泥、造船等传统制造行业出现产能过剩，就连风力发电、光伏设备制造等新兴行业也都出现了产能过剩苗头；三是影响程度深，比如 2012 年我国钢铁、水泥、电解铝、平板玻璃、船舶制造行业的产能利用率分别为 72%、73.7%、71.9%、73.1%、75.2%，处于 75% 或 79%～82% 的合理产能利用率标准之下（国务院发展研究中心《进一步化解产能过剩的政策研究》课题组等，2015）。中央经济工作会议提出 2016 年经济工作的五项任务，即去产能、去杠杆、去库存、降成本和补短板。因此，结合我国现阶段经济运行特征，探讨金融资源配置与产能过剩问题具有重要的现实意义。

5.2.2　理论分析与研究假设

1. 信贷资源配置与企业产能过剩

信贷资源配置可以从宏观、中观和微观层面共同对企业产能过剩产生影响。在宏观政策层面，我国长期的金融抑制政策导致了低利率和高利差。低利率使得银行资金具有低成本优势，成为企业扩大投资时竞相争取的资金来源。利用银行信贷资金进行投资，不仅直接降低了企业的投资成本，更降低了企业投资资金来源中的权益资金比例，将投资扩张的风险转嫁给债权人，从而过度激励企业产能扩张行为，最终导致企业过度的产能积累（江飞涛等，2012；周瑞辉和廖涵，2015）。在 2015 年 10 月 24 日央行放开存款利率上限之前，我国长期存在较大的存贷利差。高利差促使银行产生持续的、以获取利差收入为目的的放贷冲动。同时，为控制贷款风险，银行需要可靠的实物抵押资产，而制造业企业普遍是重资产企业，其经营所需的大量厂房、设备等固定资产符合银行抵押要求。因此，银行倾向于向重资产的制造业企业放贷。当制造业企业利用贷款投资形成新增产能后，又能以新增产能进行抵押贷款，如此循环往复，就形成了信贷资源激励下的产能过度扩张。

在行业层面，后发优势的存在，以及信息不对称形成预期偏差，导致发展中国家的企业对某些行业的未来发展前景形成共同认知，从而集中进入这些行业，形成"投资潮涌"现象（林毅夫，2007）。

但在投资设厂过程中，单个企业无法掌握行业内企业总数量、预计产能总量等信息，会引发事后的产能过剩（林毅夫等，2010）。与此同时，由于信息不对称，银行在发放贷款时也会出现"羊群效应"。银行作为债权人，并不参与企业投资项目的运营过程，处于信息劣势地位。它们只能通过分析报表、实地调研等间接方式获取项目信息，但高昂的信息收集成本使银行倾向于向其他成功的银行学习，以这种便捷的方式获取信息，即出现行为金融所研究的"羊群效应"。于是，大量廉价金融资本涌入看似有前景的产业，对企业过度投资形成外部刺激，导致产能过度扩张。

在微观层面，信贷资金也难以及时退出产能过剩企业，进一步加剧了产能过剩。以不良贷款指标为核心的基层银行行长考核体系，以及岗位轮换、异地交流制度是产能过剩企业即使亏损也能获得后续贷款的微观原因（赵婉好和姜珊，2014）。基层银行行长任期内如果出现不良贷款，就会影响其个人晋升。因此，即使贷款企业出现产能过剩、业绩下滑迹象，为规避任期内出现不良贷款的负面影响，基层银行行长仍会做出追加贷款的决策，以维持企业的生产经营，保障其任期内的银行利润。基层银行行长追求利润的短视行为和道德风险导致对产能过剩企业的恶性增资行为，致使"僵尸企业"出现。

信贷资源配置对企业扩张产能产生"激励效应"，即企业获取的低成本银行信贷资金越多，其产能扩张成本越低，产能扩张规模也就越大。当市场需求没有相应增长时，累积产能无法释放，势必会降低企业产能利用率，提高企业发生产能过剩的风险。基于以上理论分析，本章提出假设：

H1：信贷资源获取量与企业产能利用率负相关，与发生产能过剩的概率正相关。

2. 产权性质、信贷资源配置与企业产能利用率

在我国长期金融抑制的背景之下，政府通过信贷配给干预金融资源配置。国有企业与政府存在天然联系，承担了诸如保障就业、维护经济稳定等过多的政策性责任，作为回报，政府会将大量廉价金融资本优先配置给国有企业。相比民营企业，国有企业自身也在

企业规模、抵押物、信誉、政府隐性担保等方面具有优势，能吸引更多的信贷资源。与此同时，国有银行存在对国有企业贷款的预算软约束预期，与国有企业、政府共谋，加剧国有企业的信贷扩张（江飞涛和曹建海，2009）。在获得银行信贷资源倾斜的同时，国有企业自身也具有更强的规模扩张冲动（贺京同和何蕾，2016），最终盲目扩张的投资会积累为过剩产能，降低企业的产能利用率。基于以上分析，本章提出如下假设：

H2：相比民营企业，国有企业中信贷资源配置所导致的产能利用率下降现象更为严重。

改革开放以来，地方政府比中央政府更有热情去寻求一切可能的投资机会，以推动地方经济发展。地方政府干预经济的热情主要源于两个方面：一方面，财政分权改革赋予地方政府相对独立的经济地位和利益。地方税收增加、充分就业等目标的实现在很大程度上取决于当地投资的数量和质量。因此，地方政府更有动机争取金融资源，以帮助本地企业扩大投资规模。另一方面，在中国官员治理体系中，政府官员始终处于"晋升锦标赛"的重压之下（周黎安，2004、2007）。相比中央政府官员，地方政府官员处于权力金字塔的中下层，为了通过地区经济增长业绩实现层级跃升，他们更有动机推动经济发展。因此，地方政府会向本地的国有企业配置更多的廉价金融资源。此外，由于无法亲力亲为，中央政府不得不依靠地方政府去推动制度创新，这样就给地方政府留下了预算软约束的非规范制度环境（江飞涛等，2012）。在这种环境下，地方国有企业的融资成本和金融风险仍然会由国有银行承担，而且最终会转嫁给中央政府（李杨等，2005）。由此更加激发了地方政府给予地方国有企业金融资源倾斜的热情。财政分权、中国官员治理体系以及预算软约束共同促使地方政府更有动机为地方国有企业争取金融资源。低成本的资金供给会对地方国有企业本已存在的投资扩张动力形成外部激励，最终累积为过剩产能，降低企业产能利用率。基于以上分析，本章提出如下假设：

H3：相比中央国有企业，地方国有企业中信贷资源配置所导致的产能利用率下降现象更为严重。

5.3　研究设计

5.3.1　样本选择和数据来源

本章选取 2003—2015 年 A 股制造业上市公司为初始样本，剔除 ST 类公司和数据缺失样本后，得到 11 336 个样本。为减少极端值对回归结果的影响，本章对固定资产周转率（Cu_2）进行了前后 5% 的缩尾处理（winsor），对其他连续型变量进行了前后 1% 的缩尾处理。本章数据来源于 CSMAR 数据库。

5.3.2　变量设定

1. 产能利用率与产能过剩

产能利用率是通行的衡量产能过剩的计量指标，该指标越低，则产能过剩越严重。目前对于正常产能利用率并没有一个统一的评价标准，国内经常引用的正常产能利用率为 75%（钟春平和潘黎，2014）。已有文献主要从宏观视角，运用"实物量法""成本函数法""峰值法"等方法测算行业产能利用率，但从微观视角衡量企业自身产能利用率的指标相对少见。产能过剩的形成和化解主体均是微观企业，因此，产能过剩也是一个微观问题。理论上，企业产能过剩的经济后果会转化为会计信息，蕴含在财务报表当中。因此，从产能过剩的财务后果视角分析，一方面企业追加固定要素和可变要素投入的扩张行为在财务上体现为固定资产、存货等价值的超常规增长，最终体现为总资产规模过度膨胀；另一方面，当市场需求没有与产能扩张协同增长时，产能过剩企业将面临激烈的市场价格竞争，这将导致企业营业收入增长滞后于资产规模增长，势必降低企业的资产周转效率。修宗峰和黄健柏（2013）使用固定资产周转率的倒数（固定资产收入比）衡量企业产能利用率，为我们从财务会计视角解读企业产能过剩提供了新的思路。同时，企业完整生产能力的形成除了固定要素投入之外，还包括可变要素投入（Kirkley et al.，2002），因此，本章使用总资产周转率（Cu_1，营业收入/期末总资产）和固定资产周转率（Cu_2，营业收入/固定资产净值）两个指标表示企业产能利用率。前者越低，表示一定产能总规模下，企业实际产出价值越低；后者越低，表示一定固定产能规模下，企业实际产出价值越低。二者均与产能利用率正相关。此外，借鉴修宗峰和黄健柏（2013）的方法，本章以公司所处行业（制造业 10 个细分行业）总资产周转率（Cu_1）和固定资产周转率（Cu_2）的 75％分位数为临界点，设计产能过剩哑变量（$Cudummy_i$），将 Cu_1、Cu_2 小于临界点的公司赋值为 1，表示产能过剩，反之，则赋值为 0。在稳健性检验部分，采用存货周转率（Cu_3，营业成本/存货平均余额）替代总资产周转率（Cu_1）和固定资产周转率（Cu_2），并按各产能利用率指标的行业中位数为临界点，设计产能过剩的替代变量（DCu_i）进行检验。

2. 信贷资源配置

本章采用银行借款总额（$Tloan$）表示信贷资源获取总量，它等于（短期借款＋长期借款＋一年内到期的非流动负债)/期末总资产。因为制造业企业产能建设周期长，长期借款期限与建设周期相匹配，所以本章还采用长期借款（$Lloan$）表示长期信贷资源获取量，它等于长期借款/期末总资产。① 在稳健性检验部分，采用从现金流量表获取的银行借款（$Cloan$）进行替代性检验，它等于（取得借款收到的现金－偿还债务支付的现金)/期末总资产。在拓展性分析部分，采用 $Bond_1$、$Bond_2$ 表示企业发行债券筹资额，用以检验企业通过债券渠道筹集的资金对产能利用率的影响，它们分别等于应付债券/期末总资产、发行债券收到的现金/期末总资产。

① 如果采用长期借款比例指标替代长期借款（$Lloan$），本章主要结论依然成立。长期借款比例＝长期借款/（短期借款＋长期借款＋一年内到期的非流动负债）。

3. 产权性质

本章采用两种标准定义产权性质。首先，定义产权性质 Soe_1，取 1 表示国有控股企业，取 0 表示民营企业。其次，定义产权性质 Soe_2，将国有企业中实际控制人为中央机构的企业定义为央企，取值为 1；将实际控制人为地方机构的企业定义为地方国有企业，取值为 2；将实际控制人为上述两种情形之外的样本剔除。在第二种划分标准下，样本数量有所减少。

4. 控制变量

参考修宗峰和黄健柏（2013）的研究，本章选取第一大股东持股比例（$Share$）、总资产的自然对数（$Size$）、资产负债率（Lev）、总资产报酬率（Roa）作为控制变量。同时，参考陈德球等（2013）的研究，投资机会（$TobinQ$，股权市值和净债务市值之和除以总资产账面价值）、社会破产成本（$Employee$，公司雇员人数的自然对数）、上市年龄（Age）都会影响企业投资行为，进而影响产能利用状况，因此，本章控制这三种因素的影响。此外，本章还控制了行业（$Industry$，按照证监会 2012 年版《上市公司行业分类指引》，取 C 后两位，共 31 个行业）和年度（$Year$，2003—2015 年）因素的影响。

5.3.3　模型设定

本章构造如下模型进行假设检验：

$$
\begin{aligned}
Cu_1(Cudummy_t) =&\, \alpha_0 + \alpha_1 Resource + \alpha_2 Share + \alpha_3 Size \\
&+ \alpha_A Lev + \alpha_5 Roa + \alpha_6 TobinQ \\
&+ \alpha_7 Employee + \alpha_8 Age \\
&+ \sum Industry + \sum Year + \varepsilon \quad (5.1)
\end{aligned}
$$

模型（5.1）中 $Resource$ 表示企业的信贷资源获取量，分别用借款总额（$Tloan$）和长期借款（$Lloan$）表示。

5.4 实证结果分析

5.4.1 本章主要变量的描述性统计

表 5.1 报告了本章主要变量的描述性统计结果。样本企业的总资产周转率 Cu_1 和固定资产周转率 Cu_2 的标准差分别达到 0.379 和 4.295，说明不同企业之间的产能利用率存在较大差异。企业借款总额和长期借款均值分别为 0.17 和 0.029，二者之间差异较大，说明平均而言，短期借款在企业借款构成中占有较大比例。

表 5.1　主要变量描述性统计

变量名称	样本量	均值	中值	标准差	最小值	最大值
Cu_1	11 336	0.500	0.428	0.379	0.001	1.981
Cu_2	11 336	4.608	2.867	4.295	0.804	14.535
$Tloan$	11 336	0.170	0.143	0.150	0	0.596
$Lloan$	11 336	0.029	0	0.057	0	0.300
$Share$	11 336	0.371	0.355	0.150	0.099	0.756
$Size$	11 336	21.416	21.293	1.042	19.368	24.753
Lev	11 336	0.387	0.376	0.205	0.024	0.924
Roa	11 336	0.035	0.033	0.059	-0.219	0.212
$TobinQ$	11 336	2.079	1.545	1.796	0.246	9.988
$Employee$	11 336	7.670	7.636	1.125	4.625	10.643
Age	11 336	7.651	7.000	5.704	0	25.000

此外，我们还将样本按国有企业与民营企业进行分组统计，发现国有企业总资产周转率高于民营企业，固定资产周转率低于民营企业，借款总额和长期借款均高于民营企业，股权集中度、公司规模、资产负债率、社会破产成本、上市年龄均高于民营企业。篇幅所限，分组统计表未在正文报告。

5.4.2　本章回归结果分析

本章采用基于混合面板数据的回归方法。当因变量为产能利用率指标 Cu_i 时，采用 OLS 回归；当因变量为产能过剩哑变量 $Cudummy_i$ 时，采用 Logit 回归。在稳健性检验部分，采用 2SLS 回归以及控制个体和时间的双向固定效应估计方法。为保证回归结果的可靠性，本章对回归进行经公司层面的聚类调整（cluster）。

1. 信贷资源配置与产能利用率

表 5.2 报告了信贷资源配置与产能利用率的回归结果。列（1）中借款总额（$Tloan$）的回归系数为 -0.649，并且在 1% 的水平下显著；列（2）中长期借款（$Lloan$）的回归系数为 -0.848，并且在 1% 的水平下显著。从列（1）和列（2）的结果可知，无论是借款总额（$Tloan$）还是长期借款（$Lloan$）都与总资产周转率（Cu_1）显著负相关，即企业获取的信贷资源数量越多，企业总资产的利用效率越低。列（3）中借款总额（$Tloan$）的回归系数为 -8.316，并且在 1% 的水平下显著；列（4）中长期借款（$Lloan$）的回归系数为 -11.592，并且在 1% 的水平下显著。从列（3）和列（4）的回归结果可以看出，借款总额（$Tloan$）和长期借款（$Lloan$）与固定资产周转率（Cu_2）也呈现显著的负相关关系，即企业获得越多的信贷资源供给，其固定资产利用效率也就越低。上述回归结果表明，在我国金融抑制的背景下，低利率管制政策使得银行体系的低成本资金极大地刺激了微观企业产能扩张热情，产能扩张最终会降低企业自身的产能利用率。本章假设 H1 得到支持。

表 5.2　信贷资源配置与产能利用率：OLS

	(1)	(2)	(3)	(4)
	Cu_1	Cu_1	Cu_2	Cu_2
$Tloan$	-0.649^{***} (-8.07)		-8.316^{***} (-9.83)	

续表

	（1）	（2）	（3）	（4）
	Cu_1	Cu_1	Cu_2	Cu_2
Lloan		-0.848^{***}		-11.592^{***}
		(-6.99)		(-8.56)
Share	0.099^{*}	0.096^{*}	1.416^{**}	1.389^{**}
	(1.90)	(1.84)	(2.49)	(2.38)
Size	-0.029^{**}	-0.018	0.423^{***}	0.575^{***}
	(-2.10)	(-1.28)	(2.92)	(3.93)
Lev	0.807^{***}	0.568^{***}	5.604^{***}	2.589^{***}
	(12.53)	(11.76)	(8.34)	(5.05)
Roa	1.051^{***}	1.197^{***}	9.303^{***}	11.196^{***}
	(9.00)	(10.15)	(7.91)	(9.33)
TobinQ	0.007	0.012^{***}	-0.062	0.002
	(1.57)	(2.72)	(-1.15)	(0.04)
Employee	0.044^{***}	0.044^{***}	-0.505^{***}	-0.514^{***}
	(3.41)	(3.37)	(-3.51)	(-3.62)
Age	-0.010^{***}	-0.010^{***}	-0.006	0.003
	(-5.92)	(-5.46)	(-0.32)	(0.13)
Industry & Year	Yes	Yes	Yes	Yes
_cons	0.491^{*}	0.225	-2.879	-6.421^{**}
	(1.93)	(0.87)	(-1.13)	(-2.48)
adj. R^2	0.269	0.256	0.149	0.135
N	11 336	11 336	11 336	11 336

注：括号内为 t 值。***、**和 * 分别代表在1%、5%和10%的水平下显著。

控制变量的回归结果表明：企业股权越集中，产能利用率越高；企业规模越大，总资产利用效率越低，但固定资产利用效率越高；资产负债率越高，业绩越好，产能利用率越高；企业未来前景越好，总资产利用效率越高；企业社会破产成本越大，总资产利用效率越高，但固定资产利用效率越低；企业上市时间越长，总资产利用效率越低。

2. 信贷资源配置与产能过剩

表 5.3 报告了信贷资源配置与产能过剩哑变量的回归结果。列（1）中借款总额（$Tloan$）的回归系数为 3.485，并且在 1% 的水平下显著；列（2）中长期借款（$Lloan$）的回归系数为 4.232，并且在 1% 的水平下显著。由列（1）和列（2）的结果可知，借款总额（$Tloan$）与长期借款（$Lloan$）的回归系数显著为正，即企业获取的信贷资金供给量越大，企业越有可能发生产能过剩。列（3）中借款总额（$Tloan$）的回归系数为 4.178，并且在 1% 的水平下显著；列（4）中长期借款（$Lloan$）的回归系数为 7.776，并且在 1% 的水平下显著。列（3）和列（4）的回归结果同样显示，企业信贷资源获取显著提升了其发生产能过剩的概率。本章假设 H1 得到进一步证实。其他控制变量的回归系数与表 5.2 的回归系数基本相反。

表 5.3　信贷资源配置与产能过剩：Logit

	(1)	(2)	(3)	(4)
	$Cudummy_1$	$Cudummy_1$	$Cudummy_2$	$Cudummy_2$
$Tloan$	3.485***		4.178***	
	(7.63)		(9.18)	
$Lloan$		4.232***		7.776***
		(5.06)		(6.80)
$Share$	−0.430	−0.423	−0.518*	−0.498
	(−1.29)	(−1.26)	(−1.67)	(−1.57)
$Size$	0.263***	0.194**	−0.218***	−0.302***
	(3.04)	(2.25)	(−2.76)	(−3.88)
Lev	−4.438***	−3.135***	−2.667***	−1.318***
	(−11.92)	(−10.38)	(−8.14)	(−4.86)
Roa	−7.958***	−8.646***	−4.839***	−5.758***
	(−9.00)	(−9.84)	(−6.65)	(−7.90)

续表

	(1)	(2)	(3)	(4)
	$Cudummy_1$	$Cudummy_1$	$Cudummy_2$	$Cudummy_2$
$TobinQ$	−0.015	−0.044	0.030	−0.004
	(−0.47)	(−1.45)	(1.07)	(−0.13)
$Employee$	−0.347***	−0.340***	0.265***	0.263***
	(−4.41)	(−4.43)	(3.68)	(3.72)
Age	0.036***	0.032***	0.004	−0.001
	(3.20)	(2.83)	(0.40)	(−0.07)
$Industry$ & $Year$	Yes	Yes	Yes	Yes
_cons	−0.624	0.988	3.962***	5.969***
	(−0.41)	(0.66)	(2.86)	(4.35)
pseudo R^2	0.138	0.128	0.072	0.065
N	11 336	11 336	11 336	11 336

注：括号内为 z 值。***、**和 * 分别代表在1%、5%和10%的水平下显著。

3. 产权性质、信贷资源配置与产能利用率

表5.4报告了按照企业实际控制人的性质，将样本划分为国有企业与民营企业的回归结果。观察列（1）和列（2）的结果可知，借款总额（$Tloan$）在两组样本中的系数均显著为负，分别为−0.828和−0.398，在国有企业样本组中的系数绝对值明显大于在民营企业样本组中的系数绝对值（0.828＞0.398）。列（3）报告了列（1）和列（2）中借款总额（$Tloan$）系数的差异性检验结果，Chi2值为30.73，表明二者在1%的水平下存在显著差异。这表明在国有企业中信贷资源配置所导致的产能利用率下降问题更为严重。本章假设H2得到验证。观察列（4）、列（5）以及列（6）的系数差异性检验结果，可以得到一个有趣的结论：长期借款（$Lloan$）所导致的产能利用率下降现象在国有企业和民营企业中并没有明显差别（Chi2值统计不显著，二者系数几乎一致）。其中可能的原因是，出于成本因素考虑，企业青睐成本更低的短期借款，采用"短贷长投"的方式进行产能扩张，从而降低了长期借款对产能利用率的影响。

表 5.4　产权性质、信贷资源配置与产能利用率：OLS

	(1)	(2)	(3)	(4)	(5)	(6)
	Cu_1	Cu_1	Chi2	Cu_1	Cu_1	Chi2
	国有	民营		国有	民营	
Tloan	−0.828***	−0.398***	30.73***			
	(−6.95)	(−4.11)				
Lloan				−0.882***	−0.886***	0.00
				(−5.48)	(−5.21)	
Share	0.080	0.007		0.050	0.007	
	(0.92)	(0.12)		(0.57)	(0.13)	
Size	−0.018	−0.066***		−0.001	−0.059***	
	(−0.86)	(−4.25)		(−0.06)	(−3.75)	
Lev	0.884***	0.735***		0.574***	0.599***	
	(9.66)	(8.70)		(8.46)	(9.39)	
Roa	0.944***	1.322***		1.144***	1.414***	
	(5.78)	(8.48)		(6.81)	(8.98)	
TobinQ	0.006	0.004		0.015*	0.006	
	(0.61)	(0.89)		(1.65)	(1.36)	
Employee	0.039*	0.049***		0.037*	0.048***	
	(1.90)	(3.18)		(1.77)	(3.15)	
Age	−0.005	−0.018***		−0.005	−0.017***	
	(−1.52)	(−6.65)		(−1.65)	(−6.51)	
Industry & Year	Yes	Yes		Yes	Yes	
_cons	0.401	1.044***		0.028	0.895***	
	(1.05)	(3.82)		(0.07)	(3.22)	
adj.R^2	0.301	0.278		0.278	0.278	
N	5 263	6 073		5 263	6 073	

注：括号内为 t 值。***、** 和 * 分别代表在 1%、5% 和 10% 的水平下显著。

表 5.5 报告了按照实际控制人层级，将国有企业进一步分为中央控股国有企业和地方控股国有企业之后的分组回归结果。[①] 列

---

① 这里将实际控制人为中央机构的企业定义为央企，将实际控制人为地方机构的企业定义为地方国有企业，剔除除此之外的样本。采用新的层级划分标准后，样本量有所减少。

（1）和列（2）的结果显示，借款总额（$Tloan$）系数在央企组不显著，而在地方国企组显著为负（−0.958）；列（3）的系数差异性检验表明，央企和地方国企组的借款总额（$Tloan$）回归系数在1％的水平下存在显著差异。列（4）和列（5）的结果也显示，长期借款（$Lloan$）系数在央企组不显著，而在地方国企组显著为负（−0.975）；列（6）的系数差异性检验表明，央企和地方国企组的长期借款（$Lloan$）系数在10％的水平下存在显著差异。以上结果表明，在财政分权、地方官员晋升激励以及预算软约束的共同作用下，地方国有企业在金融资源的扭曲配置中得到了更多实惠，在廉价资金的激励下，其产能扩张更为严重，产能利用率下降幅度更大。本章假设 H3 得到支持。

表 5.5　产权控制层级、信贷资源获取与产能利用率：OLS

	(1)	(2)	(3)	(4)	(5)	(6)
	Cu_1	Cu_1	Chi2	Cu_1	Cu_1	Chi2
	央企	地方国企		央企	地方国企	
$Tloan$	−0.357	−0.958***	10.30***			
	(−1.21)	(−7.10)				
$Lloan$				−0.465	−0.975***	2.96*
				(−0.99)	(−5.24)	
$Share$	−0.283	0.091		−0.303	0.087	
	(−0.95)	(0.95)		(−1.04)	(0.84)	
$Size$	−0.053	−0.009		−0.047	0.006	
	(−1.00)	(−0.36)		(−0.85)	(0.24)	
Lev	0.553***	0.991***		0.416***	0.614***	
	(3.00)	(8.90)		(2.75)	(6.85)	
Roa	1.139***	1.067***		1.237***	1.298***	
	(2.99)	(4.66)		(3.39)	(5.48)	
$TobinQ$	0.008	0.027***		0.013	0.032***	
	(0.35)	(2.64)		(0.56)	(3.14)	

续表

	(1)	(2)	(3)	(4)	(5)	(6)
	Cu_1	Cu_1	Chi2	Cu_1	Cu_1	Chi2
	央企	地方国企		央企	地方国企	
Employee	0.027	0.039**		0.026	0.037*	
	(0.67)	(2.04)		(0.64)	(1.82)	
Age	−0.003	−0.007**		−0.003	−0.007**	
	(−0.33)	(−2.05)		(−0.32)	(−1.98)	
Industry & Year	Yes	Yes		Yes	Yes	
_*cons*	1.370	0.158		1.247	−0.180	
	(1.26)	(0.36)		(1.11)	(−0.39)	
adj.R^2	0.310	0.354		0.308	0.320	
N	662	2 184		662	2 184	

注：括号内为 t 值。***、** 和 * 分别代表在1%、5%和10%的水平下显著。

5.4.3　稳健性检验

1. 内生性问题

前文的主要结论是信贷资源配置越多，企业产能利用率降幅越大。信贷资源配置与产能利用率之间的双向因果关系较弱。这是因为，较多的低成本银行借款可能助推企业产能扩张，进而降低产能利用率，但反之，很难想象企业因为产能利用率较低，而获得更多的银行借款。但为避免可能的双向因果关系以及遗漏变量偏误产生内生性问题，借鉴陈强（2014）的方法，本章选取滞后1期的银行借款总额（*lagTloan*）和长期借款（*lagLloan*）分别作为银行借款总额（*Tloan*）和长期借款（*Lloan*）的工具变量，进行两阶段最小二乘法回归。这是因为，一方面，滞后1期的银行借款总额与当期银行借款总额相关；另一方面，滞后1期的银行借款总额已经发生，故为"前定"，与当期扰动项不相关，具有外生性。表5.6报告了相关回归结果。列（1）、列（3）中滞后1期的银行借款总额（*lagTloan*）和长期借款（*lagLloan*）与银行借款总额（*Tloan*）和长期借款（*Lloan*）显著正相关。列（2）、列（4）中银行借款总额（*Tloan*）和长期借款（*Lloan*）与产能利用率显著负相关。即滞后 1 期的信贷资源配置显著影响当期信贷资源配置，而当期信贷资源配置越多，企业产能利用率越低，证实前文结论的稳健性。

表 5.6　信贷资源配置与产能利用率：2SLS

	(1)	(2)	(3)	(4)
	Tloan	Cu_1	*Lloan*	Cu_1
lagTloan	0.648***			
	(48.34)			
Tloan		−0.718***		
		(−6.46)		
lagLloan			0.669***	
			(39.19)	
Lloan				−1.085***
				(−5.80)
Share	0.011*	0.121**	0.002	0.115**
	(1.79)	(2.13)	(0.60)	(2.00)
Size	−0.000	−0.028*	0.004***	−0.014
	(−0.01)	(−1.85)	(4.65)	(−0.88)
Lev	0.205***	0.851***	0.033***	0.597***
	(19.03)	(11.40)	(10.52)	(11.15)
Roa	−0.127***	1.051***	0.011	1.213***
	(−6.64)	(8.40)	(1.18)	(9.58)
TobinQ	−0.002***	0.010**	−0.000	0.015***
	(−3.34)	(1.98)	(−1.00)	(3.03)
Employee	−0.003**	0.038**	−0.002***	0.037**
	(−2.16)	(2.55)	(−3.19)	(2.51)
Age	−0.002***	−0.009***	0.000	−0.008***
	(−8.61)	(−5.01)	(0.43)	(−4.46)
Industry	Yes	Yes	Yes	Yes
Year	Yes	Yes	Yes	Yes

续表

	（1）	（2）	（3）	（4）
	Tloan	*Cu*₁	*Lloan*	*Cu*₁
_ *cons*	0.043	0.446	−0.060***	0.117
	（1.45）	（1.53）	（−4.25）	（0.39）
N	8 997	8 997	8 997	8 997
adj. R^2	0.802	0.273	0.574	0.259
pseudo R^2				

注：列（1）、列（3）括号内为 t 值，列（2）、列（4）括号内为 z 值。 ***、** 和 * 分别代表在 1%、5% 和 10% 的水平下显著。

2. 双向固定效应估计

前面使用基于混合面板数据的 OLS 回归，但本章样本属于"大 N 小 T"型非平衡面板数据，为检验结论的严谨性，进一步使用控制个体和时间的双向固定效应估计方法。表 5.7 结果显示，信贷资源配置与产能利用率显著负相关，本章结论稳健。①

表 5.7　信贷资源配置与产能利用率的双向固定效应估计

	（1）	（2）
	*Cu*₁	*Cu*₁
Tloan	−0.325***	
	（−5.97）	
Lloan		−0.353***
		（−5.09）
Share	0.027	0.037
	（0.52）	（0.71）
Size	−0.090***	−0.089***
	（−7.88）	（−7.81）
Lev	0.508***	0.382***
	（9.94）	（9.99）
Roa	0.698***	0.762***
	（10.60）	（11.40）

---

① 本章也使用了面板数据固定效应回归，结论也未发生改变。

续表

	(1)	(2)
	Cu_1	Cu_1
$TobinQ$	0.009***	0.011***
	(3.52)	(4.23)
$Employee$	0.038***	0.037***
	(4.16)	(4.08)
Age	−0.005***	−0.005***
	(−3.55)	(−3.22)
$Year$	Yes	Yes
_ cons	1.899***	1.864***
	(8.88)	(8.76)
Wald ($r2\_p$)	1 051.78	1 065.02
N	11 336	11 336

注：括号内为 z 值。***、** 和 * 分别代表在1%、5%和10%的水平下显著。

3. 其他的替代性检验

为保证研究结论的稳健性，本章使用两种方法对产能利用率和产能过剩进行替代性检验：一是采用存货周转率（Cu_3）替代总资产周转率（Cu_1）、固定资产周转率（Cu_2），衡量产能利用率；二是采用总资产周转率（Cu_1）和固定资产周转率（Cu_2）的行业中值替代75%行业分位数进行产能过剩划分，得到产能过剩虚拟变量（DCu_1、DCu_2）。此外，采用现金流量表取得的银行借款数据（$Cloan$）替代资产负债表取得的银行借款数据（$Tloan$、$Lloan$），进行替代性检验。表5.8的结果显示，采用存货周转率（Cu_3）替代总资产周转率（Cu_1）、固定资产周转率（Cu_2），衡量产能利用率之后，企业借款总额（$Tloan$）和长期借款（$Lloan$）的系数仍然显著为负。证明前文结论稳健。

表 5.8　信贷资源配置与产能利用率（Cu_3）

	(1)	(2)
	Cu_3	Cu_3
$Tloan$	−2.544***	
	(−2.85)	

续表

	(1)	(2)
	Cu_3	Cu_3
Lloan		-3.026^{**}
		(-2.17)
Share	-0.539	-0.553
	(-0.85)	(-0.87)
Size	0.040	0.079
	(0.24)	(0.48)
Lev	1.469^{**}	0.480
	(2.11)	(0.88)
Roa	6.806^{***}	7.411^{***}
	(5.34)	(5.86)
TobinQ	-0.136^{**}	-0.119^{**}
	(-2.38)	(-2.10)
Employee	0.260^{*}	0.262^{*}
	(1.77)	(1.79)
Age	0.069^{***}	0.072^{***}
	(3.21)	(3.35)
_cons	6.421^{**}	5.472^{*}
	(2.23)	(1.88)
adj. R^2	0.149	0.148
N	11 336	11 336

注：括号内为 t 值。$***$、$**$ 和 $*$ 分别代表在 1%、5% 和 10% 的水平下显著。

表 5.9 是采用总资产周转率（Cu_1）和固定资产周转率（Cu_2）的行业中值替代 75% 行业分位数对产能过剩的划分结果（DCu_1、DCu_2）进行的 Logit 回归，结果显示列（1）至列（4）中企业借款总额（$Tloan$）和长期借款（$Lloan$）的系数仍然显著为正，表明以总资产周转率（Cu_1）和固定资产周转率（Cu_2）的行业中值为临界点划分产能过剩之后，企业信贷资源配置越多，企业产能过剩的概率也就越大。这与前文检验结论一致，证明前文结果稳健。

表 5.9 信贷资源配置与产能过剩（DCu_1、DCu_1）：Logit

| | (1) | (2) | (3) | (4) |
	DCu_1	DCu_1	DCu_2	DCu_2
Tloan	3.140***		4.266***	
	(7.28)		(10.50)	
Lloan		3.628***		7.095***
		(5.24)		(8.80)
Share	−0.413	−0.418	−0.572**	−0.563**
	(−1.35)	(−1.37)	(−2.04)	(−1.98)
Size	0.319***	0.268***	−0.136*	−0.224***
	(4.01)	(3.39)	(−1.95)	(−3.23)
Lev	−4.667***	−3.417***	−2.725***	−1.218***
	(−12.67)	(−12.34)	(−8.88)	(−5.25)
Roa	−7.528***	−8.109***	−6.091***	−6.965***
	(−10.61)	(−11.51)	(−9.77)	(−11.04)
TobinQ	−0.051*	−0.074***	0.009	−0.025
	(−1.90)	(−2.79)	(0.36)	(−1.02)
Employee	−0.400***	−0.394***	0.089	0.095
	(−5.84)	(−5.84)	(1.51)	(1.64)
Age	0.081***	0.077***	0.026***	0.021**
	(8.20)	(7.82)	(3.00)	(2.49)
_cons	−2.539*	−1.345	2.290*	4.289***
	(−1.79)	(−0.95)	(1.82)	(3.45)
pseudo R^2	0.137	0.130	0.087	0.081
N	11 320	11 320	11 319	11 319

说明：括号内为 z 值。

表 5.10 的结果显示，采用从现金流量表获取的企业信贷融资数据（$Cloan$）替代从资产负债表获取的企业信贷融资数据之后，企业信贷融资额与产能利用率仍然主要呈负相关关系。证明前文信贷融资数额越多，企业产能利用率越低的主要结论稳健。

表 5.10　信贷资源配置（*Cloan*）与产能利用率

	（1）	（2）	（3）
	Cu_1	Cu_2	Cu_3
Cloan	−0.331***	−0.099**	−2.446***
	（−6.13）	（−2.17）	（−3.95）
Share	0.095*	1.313**	−0.534
	（1.81）	（2.20）	（−0.84）
Size	−0.027*	0.438***	0.061
	（−1.90）	（2.96）	（0.37）
Lev	0.534***	1.697***	0.494
	（11.17）	（3.31）	（0.90）
Roa	1.212***	11.018***	7.673***
	（10.05）	（9.19）	（6.01）
TobinQ	0.012***	0.005	−0.119**
	（2.75）	（0.09）	（−2.09）
Employee	0.045***	−0.473***	0.256*
	（3.49）	（−3.34）	（1.76）
Age	−0.010***	−0.000	0.067***
	（−5.83）	（−0.02）	（3.07）
_cons	0.385	−3.969	5.845**
	（1.50）	（−1.51）	（2.01）
adj. R^2	0.250	0.116	0.148
N	11 208	11 208	10 692

注：括号内为 t 值。***、** 和 * 分别代表在 1%、5% 和 10% 的水平下显著。

　　综上所述，本章通过一系列稳健性检验表明，在我国经济渐进式转轨的时期，低成本的信贷资源供给会对企业产能扩张形成外部刺激，对我国现阶段的产能过剩顽疾起到了推波助澜的作用。

5.5　进一步检验

　　以上研究的潜在假设是，上市公司通过负债渠道投入产能扩张

的资金主要是银行体系内的资金。但 2007 年 5 月 30 日《公司债券
发行试点办法》的颁布，极大地推动了直接债券融资市场的发展，
越来越多的上市公司通过发行债券的方式筹集资金，投入产能扩张
建设。从理论上讲，债券融资增加会促进企业产能扩张，加大产能
过剩风险。首先，Jensen（1986）提出的自由现金流理论认为，拥
有现金流越充足的公司越倾向于扩大投资规模。债券融资无疑会增
加企业现金流入量，缓解融资约束，对企业管理层扩张投资产生
"推波助澜"的作用。其次，Jensen and Meckling（1976）的经典研
究指出，企业进行外部负债融资时，股东和债权人会产生道德风险
问题，具体表现之一便是股东更倾向于投资高风险的项目。债券融
资增强了企业对高风险投资项目的偏好，无疑会增加企业产能过度
扩张的内生动力，从而提高产能过剩风险。最后，债券融资作为一
种直接融资方式，减少资金流转环节，可降低企业融资成本。金鹏
辉（2010）、付雷鸣等（2010）的研究均认为，发行公司债券可极大
地降低企业融资成本。融资成本的降低将直接降低企业投资成本，
助推企业产能扩张，形成产能过剩。因此，本章分别从资产负债表
和现金流量表获取企业发行债券筹集的资金数额（$Bond_1$、$Bond_2$），
进一步检验债券筹资对企业产能利用率的影响。

　　表 5.11 报告了回归结果。在列（1）和列（2）中，$Bond_1$ 和
$Bond_2$ 的系数分别为 -0.868 和 -1.025，显著为负，表明企业发行
债券筹资显著降低了企业总资产的利用效率。列（3）和列（4）中，
$Bond_1$ 和 $Bond_2$ 的系数均为负数（-3.669 和 -0.144），并且
$Bond_1$ 的系数统计显著，表明企业债券融资越多，固定资产利用效
率越低。

表 5.11　债券融资与产能利用率：OLS

	(1)	(2)	(3)	(4)
	Cu_1	Cu_1	Cu_2	Cu_2
$Bond_1$	-0.868*** (-6.60)		-3.669** (-1.97)	

续表

	（1）	（2）	（3）	（4）
	Cu_1	Cu_1	Cu_2	Cu_2
$Bond_2$		-1.025^{***}		-0.144
		(-8.24)		(-0.07)
$Share$	0.042	0.062	1.249^*	1.609^{**}
	(0.83)	(1.20)	(1.84)	(2.24)
$Size$	-0.044^{***}	-0.054^{***}	0.396^{**}	0.345^*
	(-3.18)	(-3.84)	(2.27)	(1.92)
Lev	0.563^{***}	0.548^{***}	2.035^{***}	1.992^{***}
	(11.76)	(11.47)	(3.50)	(3.36)
Roa	1.143^{***}	1.076^{***}	12.997^{***}	13.012^{***}
	(8.72)	(7.92)	(8.20)	(7.61)
$TobinQ$	0.005	0.003	0.021	0.015
	(1.14)	(0.82)	(0.34)	(0.24)
$Employee$	0.057^{***}	0.054^{***}	-0.288^*	-0.320^*
	(5.06)	(4.64)	(-1.83)	(-1.96)
Age	-0.010^{***}	-0.009^{***}	0.004	0.008
	(-6.09)	(-6.05)	(0.21)	(0.39)
$Industry \& Year$	Yes	Yes	Yes	Yes
$\_cons$	0.700^{***}	0.938^{***}	-3.948	-1.318
	(2.77)	(3.38)	(-1.28)	(-0.38)
adj. R^2	0.253	0.235	0.094	0.082
N	6 204	5 673	6 204	5 673

注：括号内为 t 值。 ***、 ** 和 * 分别代表在 1%、5% 和 10% 的水平下显著。

表 5.12 报告了债券融资与产能过剩的回归结果。列（1）中债券融资（$Bond_1$）的系数为 5.137，并且在 1% 的水平下显著为正；列（2）中债券融资（$Bond_2$）的系数为 6.677，并且在 1% 的水平下显著为正；列（3）中债券融资（$Bond_1$）的系数为 1.274，并且在 5% 的水平下显著为正；列（4）中债券融资（$Bond_2$）的系数为 -0.161，但不显著。列（1）至列（3）的结果显示，债券融资额越

多，企业产能过剩的概率越高。

表 5.12　债券融资与产能过剩：Logit

	(1)	(2)	(3)	(4)
	$Cudummy_1$	$Cudummy_1$	$Cudummy_2$	$Cudummy_2$
$Bond_1$	5.137***		1.274**	
	(4.93)		(2.06)	
$Bond_2$		6.677***		−0.161
		(4.87)		(−0.19)
$Share$	0.139	−0.018	−0.278	−0.570**
	(0.37)	(−0.05)	(−1.27)	(−2.47)
$Size$	0.372***	0.477***	−0.229***	−0.204***
	(3.79)	(4.63)	(−4.34)	(−3.69)
Lev	−3.443***	−3.505***	−0.856***	−0.837***
	(−10.34)	(−10.18)	(−4.62)	(−4.37)
Roa	−9.883***	−10.280***	−6.368***	−6.121***
	(−9.00)	(−8.97)	(−9.54)	(−8.79)
$TobinQ$	−0.008	0.000	−0.017	−0.010
	(−0.24)	(0.00)	(−0.75)	(−0.47)
$Employee$	−0.491***	−0.515***	0.174***	0.195***
	(−5.90)	(−5.77)	(4.00)	(4.23)
Age	0.044***	0.044***	−0.001	−0.005
	(3.90)	(3.82)	(−0.25)	(−0.83)
$Industry \& Year$	Yes	Yes	Yes	Yes
$\_cons$	−1.516	−3.942**	4.788***	4.539***
	(−0.90)	(−2.14)	(5.13)	(4.43)
pseudo R^2	0.147	0.150	0.053	0.051
N	6 204	5 673	6 204	5 673

注：括号内为 z 值。***、** 和 * 分别代表在1%、5%和10%的水平下显著。

5.6 本章小结

与以往通过行业视角来研究产能过剩问题不同，本章从上市公司的微观视角研究信贷资源配置对企业产能过剩的影响。在中国金融抑制的背景下，廉价信贷资金供给对企业产能扩张形成外部激励，并且政府干预致使信贷资源配置向国有企业倾斜。本章以 2003—2015 年制造业上市公司为研究对象进行实证分析。研究结果表明，企业获取的信贷资源是导致企业产能过剩的重要因素，信贷资金获取量越多，企业产能利用率越低，发生产能过剩的可能性越大。政府对信贷资源配置的干预导致国有企业，特别是地方国有企业中，企业产能利用率下降的现象更为严重。伴随中国债券市场的发展，企业通过发行债券方式筹集的资金会导致企业的产能利用效率下降，产能过剩的概率提高。

本章的研究有助于理解行业产能过剩的微观基础——企业的产能过剩发生机理，增添了产能过剩问题的微观证据，对于政府制定行之有效的化解产能过剩政策具有帮助，有助于推进供给侧结构性改革。具体来讲，有以下政策启示：

（1）提升信贷资源配置效率。金融机构，特别是银行，应当着力提高信贷决策效率，采用科学方法识别产能过剩企业，停止对已过剩企业的信贷支持，防止"僵尸企业"的出现；限制对出现过剩苗头企业的信贷供应，防止信贷因素促成的产能过剩。

（2）减少政府对信贷资源配置的干预。加强信贷市场制度建设，消除信贷领域的"信贷歧视"，为民营企业营造与国有企业同等待遇的公平市场环境。深入推进市场化改革，将政府的行为目标由传统的经济增长目标，转向包含环境保护、改善民生等因素在内的多元化社会发展目标，降低政府干预经济的动机，特别是地方政府争夺金融资源的动机。

（3）提升债券市场的资金配置效率，防止债券筹资所导致的产能过剩。尽管目前债券融资规模尚小，但对发债企业来讲，债券资金与银行信贷资金一样具有低成本、风险外部化特性，都可助推企业产能扩张。因此，应当通过一系列制度建设强化债券市场的监督和制约机制，提高债券市场的资金配置效率，降低债券融资可能导致的产能过剩，比如：规范债券市场中发债前的信息披露行为，降低信息不对称，强化债权人的监督；建立债券融资的后续信息披露与跟踪制度，避免资金的低效率使用；加大对债券违约的惩处力度；等等。

第6章 金融生态与企业产能过剩

上一章研究了债务资本配置效率对企业产能利用率的影响。然而制度经济学认为外部制度环境会深刻影响企业行为。金融生态环境包括政府治理、经济基础、金融发展、制度和诚信文化等要素，具有鲜明的制度结构特征，是影响企业融资行为重要的外部制度环境。因而金融生态环境对企业产能利用率会产生何种影响是值得研究的话题，厘清金融生态环境影响企业产能利用率的作用机制对于政府加强制度建设、化解企业产能过剩具有积极意义。

6.1 引 言

2016年政府工作报告明确提出，要"加强供给侧结构性改革，增强持续增长动力"，这标志着我国供给侧结构性改革进入全面实施阶段。"去产能"位居2016年供给侧结构性改革五大任务之首，然而过剩产能却陷入"越治理越过剩"的怪圈（贺京同等，2016）。究其原因，是因为相关调控措施忽视了从供给侧寻求产能过剩的成因。从供给侧分析，我国产能过剩实际是市场资源错配问题（鞠蕾等，2016）。金融资源是市场资源的核心要素，其配置效率受金融生态环境的影响，因此，从金融生态环境角度考察其配置对产能过剩的影响，可以揭示产能过剩的形成机理，对政府依据地域差别制定差异化的去产能政策具有重要的现实意义。

关于产能过剩的成因，国内外学者存在不同的观点。国外学者普遍认为，产能过剩是由各种市场因素自发作用形成的，属于市场经济的自然现象，保持一定程度的过剩产能是实现利润最大化的理性选择（Esposit，1974；Schmalensee，1981；Stiglitz，1999；Allen et al.，2000）。国内学者结合我国经济转轨时期的特殊背景，提出我国产能过剩是经济周期与经济体制等多种因素的叠加结果，具有鲜明的中国特色（国务院发展研究中心《进一步化解产能过剩的政策研究》课题组等，2015）。在发展中国家，由于存在后发优势，容易出现"投资潮涌"现象，并引发产能过剩（林毅夫，2007；林毅夫等，2010）。此外，有学者从"政府失灵"角度提出，政府干预政策本身直接，或间接通过扭曲企业投资行为，导致产能过剩（范林凯等，2015；江飞涛等，2012；王文甫等，2014）。也有学者从政府干预驱动因素角度，提出政府官员在政治晋升激励下，有动机干预经济运行，进而扭曲企业投资，形成产能过剩（周黎安，2004；干春晖等，2015；周瑞辉等，2014）。

国内文献对产能过剩成因的研究主要从行业层面展开，较少从企业微观层面进行实证研究。行业产能过剩有别于企业产能过剩，它会影响企业产能利用状况，但不必然导致企业产能过剩（修宗峰等，2013）。企业是形成产能过剩的主体，更是化解产能过剩的基本单位，因此，从微观企业层面发掘产能过剩成因，对于化解产能过剩具有积极作用，是已有宏观研究成果的有益补充。

金融生态环境作为企业外部制度环境，对企业融资有积极影响。良好的金融生态环境能够降低企业融资成本，缓解企业融资约束

（魏志华等，2012；魏志华等，2014）；利于企业融资，进而降低现金持有水平（潘俊等，2015）；有助于发挥负债的治理效应（谢德仁等，2009；罗韵轩，2016）；能够抑制商业银行关联贷款，提高商业银行盈余质量（张敏等，2014；张敏等，2015）。已有文献大多认为良好的金融生态环境具有便利企业融资的积极作用，但对企业融资的后续经济后果，如产能过剩，则缺乏深入分析。本章的贡献在于，一是从外部制度环境（金融生态环境）视角，利用微观企业层面的产能过剩实证模型，考察金融资源配置对企业产能过剩的影响。二是发现银行借款和发行债券这两种债务融资方式之间的替代效应。三是发现企业漠视产能过剩，进行债务扩张的深层动因是股东追求更高的净资产收益率。

6.2　制度背景、理论分析与研究假设

6.2.1　制度背景

改革开放以来，为实现中国工业部门的超常规发展，我国政府实施了一整套金融管制政策。金融管制的直接后果是利率低于市场均衡水平，这一方面直接降低了政府偏好的工业部门的融资成本，促进其投资扩张，实现了经济增长奇迹；但另一方面也导致正规金融系统内廉价资金供不应求，基于要素价格信号的市场化资源配置机制失调，为政府干预、关系机制等非正式制度参与资源配置提供了现实条件。尽管央行于 2015 年 12 月 24 日放开了存款利率上限，但长期低利率管制政策的惯性依然存在，尚未实现由市场化的金融资源配置机制发挥关键作用。中国金融体系表现出典型的金融抑制特征（卢峰等，2004）。

在金融抑制的背景下，金融生态环境作为重要的外部基础制度环境，成为影响企业融资的重要因素。金融生态包括政府治理、经济基础、金融发展、制度和诚信文化等要素（刘煜辉等，2011），具

有鲜明的制度结构特征。高效的政府治理、发达的经济基础、高水平的金融发展以及完善的制度和诚信文化建设都能够减少企业融资交易摩擦，便利企业融资（魏志华等，2014）。作为一个大国经济体，我国目前的金融生态环境呈现出明显的地区差异，这种地区差异导致了各地在金融条件上的差异，从而直接影响到地方融资的可获得性和融资成本（周小川，2009）。具体而言，我国金融生态环境呈现明显的"东高西低"特征，东部沿海地区金融生态环境显著优于内陆地区，中部地区次之，西部地区最差（王国刚等，2015）。

金融生态环境不平衡背景下的金融资源配置失调导致我国出现了严重的产能过剩问题。20 世纪 90 年代以来，中国出现了三次大规模产能过剩，分别是 1998—2001 年、2003—2006 年以及 2009—2019 年（卢峰，2010）。第三次产能过剩的特点，一是波及范围广，涉及行业从钢铁、煤炭、水泥等传统行业向光伏设备、新材料等新兴行业蔓延（王立国等，2015）；二是影响程度深，产能过剩行业已经出现企业利润普遍下滑、亏损面扩大、工人失业等负面影响；三是持续时间长，从 2009 年开始，特别是 2011 年以来，随着我国经济进入新常态，产能过剩有愈演愈烈之势，延续至 2019 年始告一段落。产能过剩成为政府所面临的重要挑战。因此，从外部金融生态环境视角，研究金融资源配置对微观企业的产能过剩的影响，对于政府依据地域差异制定差别化的产能调控措施具有积极意义。

6.2.2 理论分析与研究假设

1. 金融资源配置与产能过剩

证监会 2007 年 8 月 14 日颁布《公司债券发行试点办法》，促进了直接债务融资方式的发展。目前，银行借款与公司债券已经成为我国上市公司债务融资的主要渠道。在经济转轨背景下，债务金融资源的配置会降低企业产能利用率，增大发生产能过剩的概率。

（1）债务金融资源成本低。从银行借款看，金融抑制是我国银行体系的典型特征（卢峰等，2004），借款利率低于市场均衡水平，有效降低了工业企业的融资成本。从公司债券看，公司债券的发行极大地降低了上市公司的融资成本（付雷鸣等，2010）。发债公司与资金供给者直接对接，减少了资金流转环节，降低融资成本。此外，陈超等（2014）也发现公司债券能够降低企业融资成本。因此，银行借款和公司债券的低成本特性，直接降低企业投资成本，助推企业产能扩张，形成产能过剩风险。

（2）债务金融资源成本固定。无论银行借款还是公司债券，其利率水平在债务持续期间相对固定，因此，出于自利动机，企业具有利用债务资金投资于高风险项目的内在冲动，从而过度扩张企业产能。这是因为，与固定的债务成本相比，投资高风险项目的潜在收益更大。如果投资成功，股东就能获得固定债务成本之外的超额收益，管理层也能享受规模扩张带来的私有收益；如果投资失败，债权人会因为债权无法保障而承担连带损失，即债务人将投资风险转嫁给债权人。这种风险外部化效应，扭曲了企业投资行为，导致企业过度的产能投资（江飞涛等，2012）。

（3）制造业企业（本章研究对象）的担保优势在客观上也加剧了债务金融资源配置所导致的产能过剩。制造业企业的存货、固定资产等有形资产比例大，这些资产具有较高担保价值，能增加银行的放贷意愿。当企业利用银行贷款投资于新增产能后，又能以新增产能进行抵押再次贷款，如此循环往复，就形成了信贷资源激励下的过度扩张。陈超等（2014）发现，有担保的债券比没担保的债券的融资成本更低；债券融资规模越大，成本越低。制造业企业的担保优势能够增加债券融资规模，降低融资成本。因此，制造业企业凭借担保优势能够获得更多、更低成本的债券融资，刺激企业过度扩张，从而增大产能过剩的发生概率。

综上所述，由于债务融资的成本低廉、固定，以及制造业企业的有形资产担保优势，企业获取的债务融资越多，产能扩张动力越强。当宏观经济增速下滑，市场需求没有相应增长时，新增产能就无法释放，势必降低产能利用率，增加产能过剩风险。基于此，本章提出假设：

H1：企业获得的金融资源（银行贷款和债券融资）越多，产能利用率越低，发生产能过剩的概率越大。

2. 金融生态环境、金融资源配置与产能过剩

金融生态环境是市场运行的"基础设施"，是包括政府治理、经济基础、金融发展、制度与诚信文化四个基础要素在内的复杂生态系统（刘煜辉等，2011）。金融生态环境自身具有更为基础的"治理效应"（谢德仁等，2009），是身处其中的企业的各项治理机制发挥作用的环境依托，深刻影响着企业的综合运行效率。良好的金融生态往往代表着更少的政府干预、更发达的经济基础、更加市场化的金融体系和更完善的制度与诚信文化建设。在这样的环境里，企业内、外部治理机制衔接运转得更加顺畅，产能综合利用效率会更高。但是，金融生态环境在发挥积极作用的同时，也会因为便利企业融资而给产能利用带来负面影响。

魏志华等（2014、2012）发现，良好的金融生态环境能够缓解企业融资约束，降低债务融资成本。其作用机制在于：其一，良好的政府治理意味着政府干预少、行政效率高以及诚信度高，企业融资的交易环境更加公平和市场化，非市场化交易摩擦少。其二，发达的经济基础能够孕育健康的金融体系，健康的金融体系反过来又会对实体经济提供足够的金融支持，即为企业融资提供可靠保障。其三，更加市场化的金融体系有利于公司债券合理定价，降低信息不对称产生的逆向选择，最终降低企业外源融资成本。其四，完善的制度与诚信文化建设能改善金融法治环境，促进金融主体产权保护，降低资金供给成本，进而降低融资成本；能够提升社会互信水平，降低契约执行成本，便利企业融资。

良好的金融生态环境帮助企业获得大量低成本的债务资金后，在企业自身扩张冲动以及外部政府干预的双重驱动下，企业产能迅速积累。当需求发生结构性突变，或是总量增长乏力（或下降）时，新增产能积压，便会降低企业产能利用率，形成产能过剩。因此，

金融生态环境越好的地区，金融资源配置所导致的企业产能利用率下降更为严重，产能过剩发生的概率更高。

基于以上分析，本章提出如下假设：

H2：金融生态环境越好的地区，金融资源配置导致的产能利用率下降越严重，产能过剩发生的概率越高。

H3：政府治理、经济基础、金融发展、制度文化更完善的地区，金融资源配置导致的产能利用率下降更为严重。

6.3　研究设计

6.3.1　样本选择和数据来源

本章选择 2006—2013 年我国制造业上市公司为初始样本，剔除 ST 公司、西藏地区的上市公司[①]、数据缺失的公司后，得到 6 597 个样本。为减少极端值对回归结果的影响，本章对金融生态环境（$finance$、gov、eco、fin、$faith$）之外的连续型变量进行缩尾处理，其中：固定资产周转率（Cu_2）因为标准差较大，进行了前后 5% 的缩尾；其他变量进行了前后 1% 的缩尾。金融生态环境数据取自《中国地区金融生态环境评价》系列报告（刘煜辉，2007；李扬等，2009；刘煜辉等，2011；王国刚等，2015）。报告分别公布了 2006 年、2008 年、2009 年、2013 年的数据，并且年度间变化不大，因此，借鉴邓建平等（2011）的方法，本章对缺失年份数据进行如下替换：用 2006 年和 2008 年的数据均值替代 2007 年数据，2009 年数据替代 2010 年数据，2009 年和 2013 年的数据均值替代 2011 年数据，2013 年数据替代 2012 年数据。其他财务和公司治理数据来自 CSMAR 数据库。

---

① 《中国地区金融生态环境评价》中的数据不包括西藏地区。

6.3.2 变量设定

1. 产能利用率和产能过剩

国际上普遍使用产能利用率表示产能过剩程度，该指标越低，产能过剩越严重。关于产能过剩的临界值未有定论，国内普遍采用75％作为正常产能利用率的临界值（钟春平等，2014）。已有文献主要从宏观层面测算行业产能利用率，忽视了从会计视角，利用会计数据衡量微观企业产能利用率。修宗峰等（2013）使用固定资产周转率的倒数（固定资产净值/营业收入）衡量企业产能利用率，本章在其基础上，使用总资产周转率（Cu_1）和固定资产周转率（Cu_2）表示企业产能利用率。前者等于营业收入/期末总资产，表示企业全部生产资源的使用效率；后者等于营业收入/期末固定资产净额，表示企业固定性生产资源的利用效率。两个指标越小，产能利用率越低，产能过剩越严重。此外，借鉴修宗峰等（2013）的方法，以公司所处行业（制造业 10 个细分行业）Cu_1 和 Cu_2 的 75％分位数为临界点，将 Cu_1 和 Cu_2 小于临界点的公司视为产能过剩公司，取值为1，否则取值为 0，得到产能过剩哑变量 $Cudummy_1$ 和 $Cudummy_2$。

2. 金融资源配置

本章主要从负债角度衡量金融资源配置，因此，从信贷融资和债券融资两个渠道设计金融资源配置变量。使用银行借款总额（$Tloan$）和长期借款（$Lloan$）表示信贷资源配置，分别等于（短期借款＋长期借款＋一年内到期的非流动负债）/期末总资产、长期借款/期末总资产。使用债券筹资（$Bond$）表示企业从债券市场获得的直接债务资金，等于应付债券/期末总资产。

3. 金融生态环境

金融生态环境包括综合金融生态环境（$finance$）、政府治理（gov）[①]、经济基础（eco）、金融发展（fin）、制度与诚信文化

[①] 其中王国刚等（2015）将"政府治理"指标名称改为"地方债务对金融稳定的影响"，但其评价指标中仍包含反映政府治理水平的主要变量。

（*faith*）五方面的得分。分值介于 0 和 1 之间，得分越高，对应项目越完善。此外，借鉴谢德仁等（2009）的研究，本章按金融生态中值将样本分为好坏两组，高于中值组赋值为 1，反之取 0。

4. 控制变量

本章采用的控制变量有，第一大股东持股比例（*Share*）；总资产的自然对数（*Size*）；资产负债率（*Lev*）；总资产报酬率（*Roa*）；托宾 Q 值（*TobinQ*，等于（股权市值＋净债务市值)/总资产账面价值）；员工人数的自然对数（*Employee*)[①]；上市年龄（*Age*）；行业（*Industry*，按照证监会 2012 年版《上市公司行业分类指引》，取 C 后两位，共 31 个行业）以及年度（*Year*）。

6.3.3 模型选择

本章设计如下模型进行假设检验：

$$Cu_i(Cudummy_t) = \alpha_0 + \alpha_1 Resource + \alpha_2 Share + \alpha_3 Size$$
$$+ \alpha_4 Lev + \alpha_5 Roa + \alpha_6 TobinQ$$
$$+ \alpha_7 Employee + \alpha_8 Age$$
$$+ \sum Industry + \sum Year + \varepsilon \quad (6.1)$$
$$Cu_i(Cudummy_i) = \beta_0 + \beta_1 Resource_i + \beta_2 Finance$$
$$+ \beta_3 Resource \times Finance + \beta_4 Share$$
$$+ \beta_5 Size + \beta_6 Lev + \beta_7 Roa$$
$$+ \beta_8 TobinQ + \beta_9 Employee + \beta_{10} Age$$
$$+ \sum Indusry + \sum Year + \varepsilon \quad (6.2)$$

模型（6.1）用以检验金融资源配置对产能利用率的影响，模型（6.2）用以检验金融生态环境的调节作用。当因变量为产能利用率（*Cu_i*）时，采用 OLS 回归；当因变量是产能过剩（*Cudummy_i*）时，采用 Logit 回归。金融资源（*Resource*）分别用银行

---

① 该变量表示公司的社会破产成本（陈德球等，2013），会对企业的产能利用率产生影响。

借款总额（*Tloan*）、长期借款（*Lloan*）和债券融资（*Bond*）表示。金融生态环境（*Finance*）分别用综合环境（*finance*）、政府治理（*gov*）、经济基础（*eco*）、金融发展（*fin*）、制度与诚信文化（*faith*）表示。

6.4 实证结果分析

6.4.1 本章主要变量描述性统计

表 6.1 是主要变量的描述性统计。产能利用率（Cu_1、Cu_2）的标准差表明，不同企业的产能利用率差别较大，特别是固定资产的使用效率波动更大。银行借款总额（*Tloan*）、债券融资（*Bond*）的均值统计结果表明，与银行借款总额相比，债券融资规模明显偏小。金融生态环境（*finance*、*gov*、*eco*、*fin*、*faith*）的标准差表明，金融生态综合环境的波动较小。

表 6.1　主要变量描述性统计

变量	样本数	均值	中值	标准差	最小值	最大值
Cu_1	6 597	0.538	0.467	0.396	0.001	1.981
Cu_2	6 597	4.663	2.957	4.205	0.861	14.245
Tloan	6 597	0.181	0.156	0.151	0	0.596
Lloan	6 597	0.031	0	0.060	0	0.300
Bond	6 597	0.012	0	0.042	0	0.240
Share	6 597	0.362	0.349	0.146	0.099	0.756
Size	6 597	21.400	21.268	1.048	19.368	24.753
Lev	6 597	0.403	0.396	0.205	0.024	0.924

续表

变量	样本数	均值	中值	标准差	最小值	最大值
Roa	6 597	0.036	0.034	0.059	−0.219	0.212
Employee	6 597	7.696	7.664	1.135	4.625	10.643
Age	6 597	7.859	8.000	5.576	0	23.000
finance	6 597	0.536	0.549	0.144	0.116	0.922
gov	6 597	0.586	0.578	0.142	0	0.907
eco	6 597	0.467	0.486	0.186	0.020	0.923
fin	6 597	0.545	0.530	0.146	0.172	0.934
faith	6 597	0.546	0.558	0.163	0	0.965

6.4.2　本章回归结果分析

1. 金融资源配置与产能利用率

表 6.2 是金融资源配置与产能利用率的回归结果。列（1）、列（2）和列（4）、列（5）表明，信贷资源配置（*Tloan*、*Lloan*）与产能利用率（Cu_1、Cu_2）负相关。列（3）、列（6）表明，企业债券融资越多，产能利用率下降越严重。

表 6.2　金融资源配置与产能利用率：OLS

	(1)	(2)	(3)	(4)	(5)	(6)
	Cu_1	Cu_1	Cu_1	Cu_2	Cu_2	Cu_2
Tloan	−0.654*** (−14.91)			−8.466*** (−16.93)		
Lloan		−0.955*** (−11.98)			−12.487*** (−13.72)	
Bond			−0.853*** (−7.82)			−3.538*** (−2.82)

续表

	(1) Cu_1	(2) Cu_1	(3) Cu_1	(4) Cu_2	(5) Cu_2	(6) Cu_2
Share	0.127 ***	0.116 ***	0.111 ***	1.700 ***	1.558 ***	1.547 ***
	(4.12)	(3.75)	(3.56)	(4.85)	(4.41)	(4.32)
Size	−0.020 ***	−0.005	−0.006	0.472 ***	0.664 ***	0.566 ***
	(−2.86)	(−0.75)	(−0.85)	(5.93)	(8.22)	(6.87)
Lev	0.842 ***	0.602 ***	0.537 ***	6.164 ***	3.068 ***	2.097 ***
	(25.28)	(22.68)	(20.70)	(16.22)	(10.12)	(7.03)
Roa	0.919 ***	1.050 ***	1.003 ***	9.453 ***	11.153 ***	10.634 ***
	(10.94)	(12.45)	(11.83)	(9.87)	(11.58)	(10.90)
TobinQ	0.008 **	0.014 ***	0.017 ***	−0.109 ***	−0.035	0.003
	(2.10)	(3.69)	(4.51)	(−2.59)	(−0.82)	(0.08)
Employee	0.040 ***	0.038 ***	0.043 ***	−0.558 ***	−0.579 ***	−0.527 ***
	(6.86)	(6.54)	(7.31)	(−8.47)	(−8.72)	(−7.84)
Age	−0.012 ***	−0.011 ***	−0.011 ***	−0.018 *	−0.008	−0.010
	(−13.58)	(−12.59)	(−12.70)	(−1.83)	(−0.77)	(−0.98)
Year & Industry	Yes	Yes	Yes	Yes	Yes	Yes
_cons	0.403 ***	0.075	0.039	−3.329 **	−7.596 ***	−6.113 ***
	(3.25)	(0.60)	(0.30)	(−2.35)	(−5.31)	(−4.14)
adj. R^2	0.268	0.259	0.250	0.156	0.144	0.120
N	6 597	6 597	6 597	6 597	6 597	6 597

注：括号内为 t 值；***、**和*分别代表在1%、5%和10%的水平下显著。

2. 金融资源配置与产能过剩

表6.3是金融资源配置与产能过剩的回归结果。列（1）、列（2）和列（4）、列（5）表明，银行信贷资金（$Tloan$、$Lloan$）配置越多，企业发生产能过剩（$Cudummy_1$、$Cudummy_2$）的概率越大。

列（3）、列（6）表明，企业债券融资（*Bond*）越多，产能过剩的发生概率越高。本章假设 H1 得到支持。

表 6.3　金融资源配置与产能过剩：Logit

	(1)	(2)	(3)	(4)	(5)	(6)
	$Cudummy_1$	$Cudummy_1$	$Cudummy_1$	$Cudummy_2$	$Cudummy_2$	$Cudummy_2$
Tloan	3.507***			4.206***		
	(11.03)			(13.32)		
Lloan		4.816***			7.827***	
		(7.50)			(10.88)	
Bond			4.562***			1.945**
			(5.27)			(2.47)
Share	−0.518**	−0.457**	−0.457**	−0.756***	−0.669***	−0.674***
	(−2.28)	(−2.02)	(−2.03)	(−3.47)	(−3.08)	(−3.14)
Size	0.190***	0.105**	0.116**	−0.240***	−0.338***	−0.279***
	(3.65)	(2.02)	(2.24)	(−4.86)	(−6.84)	(−5.64)
Lev	−4.363***	−3.028***	−2.753***	−3.021***	−1.607***	−1.091***
	(−17.38)	(−14.94)	(−13.97)	(−12.91)	(−8.49)	(−5.96)
Roa	−6.770***	−7.309***	−7.096***	−4.641***	−5.456***	−5.124***
	(−10.10)	(−10.95)	(−10.68)	(−7.30)	(−8.63)	(−8.15)
TobinQ	−0.032	−0.066**	−0.080***	0.043	0.003	−0.016
	(−1.15)	(−2.44)	(−2.96)	(1.62)	(0.12)	(−0.63)
Employee	−0.319***	−0.310***	−0.335***	0.291***	0.291***	0.260***
	(−6.98)	(−6.88)	(−7.45)	(7.13)	(7.17)	(6.51)
Age	0.036***	0.031***	0.033***	0.013**	0.008	0.009
	(5.49)	(4.79)	(4.98)	(2.17)	(1.26)	(1.43)
Year & Industry	Yes	Yes	Yes	Yes	Yes	Yes

续表

	(1)	(2)	(3)	(4)	(5)	(6)
	$Cudummy_1$	$Cudummy_1$	$Cudummy_1$	$Cudummy_2$	$Cudummy_2$	$Cudummy_2$
_cons	0.816	2.703***	2.763***	4.517***	6.788***	5.869***
	(0.91)	(3.03)	(3.05)	(5.18)	(7.78)	(6.66)
pseudo R^2	0.135	0.127	0.122	0.081	0.076	0.057
N	6 597	6 597	6 597	6 597	6 597	6 597

注：括号内为 z 值；***、**和*分别代表在1%、5%和10%的水平下显著。

3. 金融生态环境、金融资源配置与产能利用率

表 6.4 是金融生态环境、银行借款与产能利用率的回归结果。列（1）中，$Tloan$ 的系数显著为负，表明银行借款越多，产能利用率越低。$finance$ 的系数显著为正，表明完善的金融生态环境发挥了积极的外部治理作用，能够提高产能利用率。但是，关键变量 $Tloan \times finance$ 的系数显著为负，表明良好的金融生态环境会显著增强银行借款与产能利用率的负相关关系。综合来看，金融生态对产能利用率的影响具有多样性：既具有提高产能利用率的作用，又会通过银行借款降低产能利用率。进一步的分组检验（列（2）、列（3））表明，金融生态环境越好的地区，银行借款降低产能利用率的作用越强。此外，本章对列（2）、列（3）中银行借款总额（$Tloan$）的系数进行了差异性检验，Chi2 值为 46.34，表明二者在1%的水平下存在显著差异。列（5）至列（7）以长期借款（$Lloan$）替代银行借款总额（$Tloan$）进行回归，能得到与上述类似的结论（列（6）、列（7）中 $Lloan$ 系数差异性检验的 Chi2 值为 30.70，在1%的水平下显著）：金融生态环境既能够提高产能利用率，又会通过长期借款降低产能利用率，金融生态越好的地区，长期借款与产能利用率的负相关性越强。本章假设 H2 得到支持。

表 6.4　金融生态环境、银行借款与产能利用率：OLS

	(1) Cu_1 全样本	(2) Cu_1 金融生态好	(3) Cu_1 金融生态差	(4) Chi2	(5) Cu_1 全样本	(6) Cu_1 金融生态好	(7) Cu_1 金融生态差	(8) Chi2
Tloan	-0.365*** (-3.29)	-1.092*** (-16.24)	-0.381*** (-6.72)	46.34***				30.70***
Lloan					0.015 (0.06)	-1.540*** (-11.28)	-0.617*** (-6.37)	
finance	0.285*** (5.80)				0.192*** (5.49)			
Tloan×finance	-0.555*** (-2.81)							
Lloan×finance					-1.902*** (-3.65)			
Share	0.115*** (3.76)	0.011 (0.24)	0.170*** (4.11)		0.110*** (3.57)	0.028 (0.62)	0.159*** (3.84)	
Size	-0.024*** (-3.42)	-0.043*** (-4.45)	-0.017* (-1.74)		-0.008 (-1.14)	-0.020** (-2.02)	-0.006 (-0.60)	

续表

	(1)	(2)	(3)	(4)	(5)	(6)	(7)	(8)
	Cu_1	Cu_1	Cu_1	Chi2	Cu_1	Cu_1	Cu_1	Chi2
	全样本	金融生态好	金融生态差		全样本	金融生态好	金融生态差	
Lev	0.853***	1.155***	0.639***		0.609***	0.748***	0.502***	
	(25.64)	(23.14)	(14.48)		(22.98)	(18.49)	(14.36)	
Roa	0.902***	0.682***	0.965***		1.037***	0.944***	1.033***	
	(10.76)	(5.36)	(8.81)		(12.31)	(7.28)	(9.44)	
TobinQ	0.007*	0.012**	0.004		0.013***	0.020***	0.008	
	(1.91)	(2.34)	(0.77)		(3.61)	(3.77)	(1.52)	
Employee	0.043***	0.030***	0.058***		0.041***	0.033***	0.053***	
	(7.40)	(3.90)	(6.76)		(6.97)	(4.15)	(6.24)	
Age	−0.011***	−0.012***	−0.011***		−0.011***	−0.012***	−0.011***	
	(−13.35)	(−10.48)	(−9.25)		(−12.58)	(−9.79)	(−8.58)	
Year & Industry	Yes	Yes	Yes		Yes	Yes	Yes	
_cons	0.313**	1.004***	0.186	0.012		0.435**	−0.030	
	(2.51)	(5.63)	(1.09)		(0.10)	(2.38)	(−0.17)	
adj. R^2	0.272	0.316	0.291		0.262	0.286	0.291	
N	6 597	3 041	3 556		6 597	3 041	3 556	

注：括号内为 t 值；***、**和*分别代表在 1%、5%和 10%的水平下显著。

表 6.5 是采用金融生态环境四个子维度指标的回归结果。列（1）至列（4）显示，良好的政府治理（gov）、经济基础（eco）、金融发展（fin）、制度文化（faith）环境都能够改善企业外部治理环境，提升产能利用率，但便利企业融资的后续经济后果又降低了产能利用率（银行借款总额与四种金融生态环境子指标的交乘项显著为负）。此外，本章也分别就上述四个维度，按环境好和差的地区进行了分组检验，结果表明环境更好的地区，银行借款导致的产能利用率下降更为严重。限于篇幅，本书没有报告。本章假设 H3 得到支持。

表 6.5　金融生态环境四个子维度、银行借款与产能利用率：OLS

	(1)	(2)	(3)	(4)
	Cu_1	Cu_1	Cu_1	Cu_1
$Tloan$	-0.314^{***}	-0.492^{***}	-0.478^{***}	-0.388^{***}
	(-2.59)	(-6.12)	(-4.22)	(-3.91)
gov	0.359^{***}			
	(6.83)			
$Tloan \times gov$	-0.584^{***}			
	(-2.98)			
eco		0.166^{***}		
		(4.62)		
$Tloan \times eco$		-0.362^{**}		
		(-2.36)		
fin			0.203^{***}	
			(4.15)	
$Tloan \times fin$			-0.333^{*}	
			(-1.69)	
$faith$				0.236^{***}
				(5.60)

续表

	(1)	(2)	(3)	(4)
	Cu_1	Cu_1	Cu_1	Cu_1
$Tloan \times faith$				-0.504^{***}
				(-2.97)
$Share$	0.126^{***}	0.116^{***}	0.118^{***}	0.117^{***}
	(4.12)	(3.76)	(3.84)	(3.80)
$Size$	-0.023^{***}	-0.023^{***}	-0.022^{***}	-0.024^{***}
	(-3.32)	(-3.32)	(-3.16)	(-3.37)
Lev	0.841^{***}	0.851^{***}	0.849^{***}	0.856^{***}
	(25.35)	(25.56)	(25.52)	(25.69)
Roa	0.885^{***}	0.913^{***}	0.903^{***}	0.910^{***}
	(10.55)	(10.88)	(10.75)	(10.86)
$TobinQ$	0.008^{**}	0.007^{*}	0.007^{**}	0.007^{*}
	(2.04)	(1.89)	(2.02)	(1.94)
$Employee$	0.042^{***}	0.042^{***}	0.042^{***}	0.043^{***}
	(7.30)	(7.28)	(7.17)	(7.36)
Age	-0.011^{***}	-0.012^{***}	-0.011^{***}	-0.012^{***}
	(-13.01)	(-13.45)	(-13.40)	(-13.55)
$Year\&Industry$	Yes	Yes	Yes	Yes
$\_cons$	0.245^{*}	0.375^{***}	0.330^{***}	0.333^{***}
	(1.94)	(3.02)	(2.64)	(2.67)
adj. R^2	0.274	0.270	0.270	0.271
N	6 597	6 597	6 597	6 597

注：括号内为 t 值；***、** 和 * 分别代表在 1%、5% 和 10% 的水平下显著。

表 6.6 报告了金融生态环境、债券筹资和产能利用率的回归结果。列（1）中 $Bond \times finance$ 的系数虽然为负，但未通过显著性检验。列（2）、列（3）中 $Bond$ 系数显著为负，表明债券融资会降低产能利用率，但列（4）中的 Chi2 值未通过显著性检验，表明债券融资（$Bond$）在列（2）、列（3）中的回归系数不存在显著差别。这可能与目前产能扩张来源资金中债券融资规模较小有关。

表 6.6　金融生态环境、债券筹资与产能利用率：OLS

	(1)	(2)	(3)	(4)
	Cu_1	Cu_1	Cu_1	Chi2
	全样本	金融生态好	金融生态差	
Bond	−0.282	−0.922***	−0.757***	0.61
	(−0.67)	(−5.35)	(−5.49)	
finance	0.189***			
	(5.89)			
Bond × finance	−1.119			
	(−1.38)			
Share	0.102***	0.009	0.158***	
	(3.27)	(0.20)	(3.80)	
Size	−0.009	−0.024**	−0.006	
	(−1.28)	(−2.38)	(−0.58)	
Lev	0.546***	0.654***	0.459***	
	(21.06)	(16.34)	(13.48)	
Roa	0.978***	0.840***	1.007***	
	(11.55)	(6.38)	(9.19)	
TobinQ	0.017***	0.024***	0.010**	
	(4.48)	(4.46)	(1.99)	
Employee	0.046***	0.039***	0.058***	
	(7.90)	(4.83)	(6.79)	
Age	−0.011***	−0.012***	−0.011***	
	(−12.59)	(−9.75)	(−8.56)	
Year & Industry	Yes	Yes	Yes	
_cons	−0.020	0.485**	−0.088	
	(−0.15)	(2.56)	(−0.51)	
adj. R^2	0.254	0.262	0.288	
N	6 597	3 041	3 556	

注：括号内为 t 值；***、** 和 * 分别代表在 1%、5%和 10%的水平下显著。

4. 金融生态环境、金融资源配置与产能过剩

表 6.7 是金融生态、银行借款与产能过剩的回归结果。列（1）、列（4）中，交乘项（$Tloan \times finance$、$Lloan \times finance$）的系数不显著。但列（2）、列（3）的分组检验表明，金融生态好的地区，银行借款总额（$Tloan$）导致产能过剩的概率更大。银行借款总额（$Tloan$）在列（2）、列（3）中系数的差异性检验表明，Chi2 值为23.82，二者在 1% 的水平下存在显著差异。限于表格宽度，没有在表格中报告检验结果。列（5）、列（6）表明，金融生态好的地区，长期借款（$Lloan$）更有可能导致产能过剩（Chi2 值为 3.57，在 10% 的水平下显著，限于篇幅，没有在表格中报告）。本章假设 H2 得到支持。

表 6.7   金融生态环境、银行借款与产能过剩：Logit

	(1)	(2)	(3)	(4)	(5)	(6)
	$Cudummy_1$	$Cudummy_1$	$Cudummy_1$	$Cudummy_1$	$Cudummy_1$	$Cudummy_1$
	全样本	金融生态好	金融生态差	全样本	金融生态好	金融生态差
$Tloan$	2.919***	5.937***	2.432***			
	(3.43)	(11.13)	(5.68)			
$Lloan$				2.315	6.408***	3.785***
				(1.07)	(5.66)	(4.68)
$finance$	−1.479***			−1.166***		
	(−3.94)			(−4.45)		
$Tloan \times finance$	1.127					
	(0.75)					
$Lloan \times finance$				4.338		
				(1.04)		
$Share$	−0.456**	−0.169	−0.679**	−0.415*	−0.204	−0.633**
	(−2.00)	(−0.47)	(−2.15)	(−1.83)	(−0.58)	(−2.00)
$Size$	0.213***	0.304***	0.239***	0.127**	0.171**	0.155**
	(4.06)	(3.93)	(3.06)	(2.44)	(2.29)	(1.98)

续表

	(1) $Cudummy_1$ 全样本	(2) $Cudummy_1$ 金融生态好	(3) $Cudummy_1$ 金融生态差	(4) $Cudummy_1$ 全样本	(5) $Cudummy_1$ 金融生态好	(6) $Cudummy_1$ 金融生态差
Lev	−4.444 ***	−6.553 ***	−3.383 ***	−3.075 ***	−4.095 ***	−2.439 ***
	(−17.60)	(−15.54)	(−9.79)	(−15.11)	(−12.62)	(−8.76)
Roa	−6.620 ***	−6.083 ***	−6.852 ***	−7.198 ***	−7.230 ***	−7.132 ***
	(−9.87)	(−5.84)	(−7.43)	(−10.78)	(−7.05)	(−7.74)
TobinQ	−0.032	−0.105 **	0.028	−0.067 **	−0.140 ***	−0.000
	(−1.16)	(−2.57)	(0.67)	(−2.48)	(−3.55)	(−0.00)
Employee	−0.342 ***	−0.238 ***	−0.480 ***	−0.331 ***	−0.260 ***	−0.445 ***
	(−7.43)	(−3.79)	(−6.57)	(−7.30)	(−4.26)	(−6.15)
Age	0.034 ***	0.041 ***	0.036 ***	0.030 ***	0.037 ***	0.029 ***
	(5.20)	(4.15)	(3.71)	(4.63)	(3.87)	(3.03)
Year & Industry	Yes	Yes	Yes	Yes	Yes	Yes
_cons	1.307	−1.429	0.874	3.035 ***	1.742	2.448 *
	(1.43)	(−1.01)	(0.68)	(3.37)	(1.29)	(1.89)
pseudo R^2	0.139	0.180	0.147	0.129	0.152	0.144
N	6 597	3 041	3 556	6 597	3 041	3 556

注：括号内为 t 值；*** 、** 和 * 分别代表在1%、5%和10%的水平下显著。

表6.8是金融生态、债券融资与产能过剩的回归结果。列（1）中 $Bond \times finance$ 的系数仅在10%的水平下显著为正。进一步的分组回归中，列（2）、列（3）中 $Bond$ 的系数均显著为正，表明债券融资会增大产能过剩概率，但列（4）中，分组回归的 $Bond$ 系数差异性检验结果显示，二者不存在显著差异（Chi2 值为1.56，且不显著）。这表明债券融资所导致的产能过剩在金融生态好和坏的环境中没有明显差别。这可能是由于目前我国债券市场欠发达，企业产能扩张资金来源中，债券融资比例偏小，致使债券融资影响产能过剩的地域差异性不显著。

表 6.8　金融生态环境、债券融资与产能过剩：Logit

	(1)	(2)	(3)	(4)
	$Cudummy_1$	$Cudummy_1$	$Cudummy_1$	Chi2
	全样本	金融生态好	金融生态差	
Bond	−1.309	5.964***	3.709***	1.56
	(−0.37)	(4.12)	(3.37)	
finance	−1.339***			
	(−5.62)			
Bond×finance	11.500*			
	(1.70)			
Share	−0.405*	−0.161	−0.627**	
	(−1.79)	(−0.46)	(−1.99)	
Size	0.135***	0.173**	0.175**	
	(2.58)	(2.29)	(2.24)	
Lev	−2.827***	−3.761***	−2.223***	
	(−14.27)	(−11.97)	(−8.17)	
Roa	−6.937***	−6.748***	−7.020***	
	(−10.44)	(−6.62)	(−7.64)	
TobinQ	−0.081***	−0.161***	−0.011	
	(−3.01)	(−4.10)	(−0.27)	
Employee	−0.359***	−0.288***	−0.475***	
	(−7.92)	(−4.74)	(−6.55)	
Age	0.031***	0.038***	0.030***	
	(4.80)	(4.02)	(3.08)	
Year & Industry	Yes	Yes	Yes	
_cons	3.271***	1.899	2.405*	
	(3.58)	(1.39)	(1.84)	
pseudo R^2	0.127	0.147	0.141	
N	6 597	3 041	3 556	

注：括号内为 z 值；***、**和*分别代表在1%、5%和10%的水平下显著。

6.4.3　稳健性检验

1. 控制内生性问题

前文的主要结论中，金融生态环境作为宏观外部制度环境的内生性问题较弱，故可能的内生性问题集中于金融资源配置变量。借鉴 Groves et al. （1994）的方法，采用滞后 1 期的金融资源变量（$lagTloan$、$lagLloan$、$lagBond$）作为工具变量，进行 2SLS 回归。表 6.9 报告了回归结果，列（2）、列（4）、列（6）中金融资源配置（$Tloan$、$Lloan$、$Bond$）的系数均显著为负，说明在控制内生性问题后，本章结论保持不变。

表 6.9　金融资源配置与产能利用率：2SLS

	（1）	（2）	（3）	（4）	（5）	（6）
	$Tloan$	Cu_1	$Lloan$	Cu_1	$Bond$	Cu_1
$lagTloan$	0.650*** (68.76)					
$Tloan$		−0.837*** (−11.70)				
$lagLloan$			0.652*** (60.66)			
$Lloan$				−1.317*** (−9.65)		
$lagBond$					0.736*** (53.90)	
$Bond$						−1.051*** (−5.58)
$Share$	0.022*** (3.00)	0.156*** (4.30)	0.004 (0.89)	0.132*** (3.64)	−0.001 (−0.40)	0.130*** (3.55)
$Size$	−0.001 (−0.38)	−0.022*** (−2.73)	0.004*** (4.25)	−0.002 (−0.30)	0.006*** (7.84)	−0.004 (−0.42)

续表

	(1)	(2)	(3)	(4)	(5)	(6)
	$Tloan$	Cu_1	$Lloan$	Cu_1	$Bond$	Cu_1
Lev	0.212***	0.967***	0.040***	0.666***	0.011***	0.570***
	(28.76)	(20.80)	(10.64)	(20.56)	(3.63)	(18.70)
Roa	−0.117***	0.968***	0.016	1.129***	−0.004	1.059***
	(−5.87)	(9.81)	(1.36)	(11.41)	(−0.44)	(10.66)
$TobinQ$	−0.004***	0.012***	−0.001**	0.018***	0.001	0.022***
	(−4.09)	(2.69)	(−2.25)	(4.05)	(1.57)	(5.08)
$Employee$	−0.003**	0.033***	−0.003***	0.031***	0.000	0.039***
	(−2.24)	(4.82)	(−3.80)	(4.54)	(0.23)	(5.65)
Age	−0.002***	−0.011***	0.000	−0.010***	−0.000	−0.010***
	(−7.66)	(−10.64)	(0.96)	(−9.36)	(−1.27)	(−9.81)
Year & Industry	Yes	Yes	Yes	Yes	Yes	Yes
_cons	0.045	0.431***	−0.068***	0.011	−0.140***	−0.008
	(1.55)	(2.92)	(−3.87)	(0.07)	(−9.61)	(−0.05)
R^2	0.790	0.279	0.553	0.272	0.473	0.265
N	4 947	4 947	4 947	4 947	4 947	4 947

注：括号内为 z 值；***、**和*分别代表在1%、5%和10%的水平下显著。

2. 其他变量替代性检验

本章采用如下方法进行替代性检验：（1）采用 Cu_2 替代 Cu_1 作为产能利用率的表征变量，对表5.4至表5.6进行回归；采用 $Cudummy_2$ 替代 $Cudummy_1$ 作为产能过剩的表征变量，对表5.7、表5.8进行回归。（2）变更金融生态好坏的判断标准。采用邓建平（2011）的方法，将当年金融生态环境排名前十的省份取1，表示金融生态环境好；否则取0，表示金融生态环境差。（3）从现金流量表获取金融资源的替代变量。使用现金流量表中的银行借款（$Cloan$）替代 $Tloan$、$Lloan$，其等于（取得借款收到的现金－偿还债务支付的现金）/期末总资产；使用债券融资（$CBond$）替代 $Bond$，其等于发行债券收到的现金/期末总资产。替代性检验后，本章主要结论保持不变。

6.5　拓展性分析

6.5.1　金融生态、银行借款与净资产收益率

表 6.4 的研究显示，金融生态越好的地区，企业增加银行借款会降低产能利用率。为什么宁可牺牲产能利用率，企业也要负债扩张？为探求其中原因，本章从股东的权益收益角度，将净资产收益率（Roe）作为因变量进行回归。[①] 表 6.10 中列（3）的关键变量 $Tloan \times finance$ 显著为正，说明利用金融生态环境优势，将银行借款投入产能扩张，能提高净资产收益率，这对股东是有利的。这一结果揭示了企业产能扩张的深层次动因，即股东为提高自己净投入的回报（Roe），甘愿承担产能过剩的风险，进行负债投资。

表 6.10　金融生态、银行借款与净资产收益率

	(1)	(2)	(3)
	Roe	Roe	Roe
$Tloan$	−0.082***	−0.081***	−0.215***
	(−5.33)	(−5.28)	(−5.51)
$finance$		0.049***	−0.001
		(4.46)	(−0.08)
$Tloan \times finance$			0.260***
			(3.73)
$Share$	0.008	0.005	0.006
	(0.75)	(0.49)	(0.55)
$Size$	0.038***	0.037***	0.038***
	(16.04)	(15.55)	(15.64)

---

① 在回归自变量中去掉了 Roa。

续表

	(1)	(2)	(3)
	Roe	*Roe*	*Roe*
Lev	−0.089***	−0.086***	−0.087***
	(−7.77)	(−7.54)	(−7.64)
TobinQ	0.015***	0.015***	0.015***
	(11.68)	(11.61)	(11.79)
Employee	−0.002	−0.001	−0.001
	(−0.93)	(−0.42)	(−0.30)
Age	−0.001***	−0.001***	−0.001***
	(−4.94)	(−4.79)	(−4.90)
Year & Industry	Yes	Yes	Yes
_cons	−0.686***	−0.697***	−0.677***
	(−16.12)	(−16.38)	(−15.80)
adj. R^2	0.127	0.129	0.131
N	6 597	6 597	6 597

注：括号内为 t 值；***、**和*分别代表在1%、5%和10%的水平下显著。

6.5.2 银行借款与债券筹资

银行借款与发行债券均通过增加债务资金，刺激企业过度扩张，进而降低产能利用率，它们存在替代关系吗？为此，本章引入二者的交乘项进行检验。表6.11中列（1）至列（3）显示，银行借款总额（*Tloan*）和债券融资（*Bond*）分别都能降低产能利用率，但它们的交乘项（*Tloan*×*Bond*）不显著，说明同时增加银行借款和发行债券的金额对产能利用率没有影响，二者存在替代效应。进一步的分组检验列（5）、列（6）发现，在金融生态环境较差地区，*Tloan*×*Bond* 显著为正。这可能是因为，在金融生态较差区域，外部金融环境治理缺位，同时使用银行借款和发行债券会增强负债的治理效应，提升企业运营效率。

表 6.11　银行借款、发行债券、金融生态与产能利用率

	（1）	（2）	（3）	（4）	（5）
	Cu_1	Cu_1	Cu_1	Cu_1	Cu_1
	全样本	全样本	全样本	金融生态好	金融生态差
Tloan	−0.654***		−0.739***	−1.171***	−0.470***
	（−14.91）		（−16.57）	（−17.24）	（−8.10）
Bond		−0.853***	−1.296***	−1.216***	−1.257***
		（−7.82）	（−8.03）	（−5.01）	（−5.96）
Tloan×Bond			1.024	−1.341	1.927*
			（1.23）	（−0.93）	（1.90）
Share	0.127***	0.111***	0.120***	0.000	0.164***
	（4.12）	（3.56）	（3.92）	（0.01）	（3.99）
Size	−0.020***	−0.006	−0.008	−0.027***	−0.008
	（−2.86）	（−0.85）	（−1.13）	（−2.70）	（−0.85）
Lev	0.842***	0.537***	0.898***	1.220***	0.689***
	（25.28）	（20.70）	（26.85）	（24.38）	（15.53）
Roa	0.919***	1.003***	0.897***	0.626***	0.955***
	（10.94）	（11.83）	（10.77）	（4.96）	（8.78）
TobinQ	0.008**	0.017***	0.007*	0.013**	0.003
	（2.10）	（4.51）	（1.93）	（2.47）	（0.55）
Employee	0.040***	0.043***	0.041***	0.029***	0.061***
	（6.86）	（7.31）	（7.14）	（3.74）	（7.15）
Age	−0.012***	−0.011***	−0.012***	−0.013***	−0.011***
	（−13.58）	（−12.70）	（−13.74）	（−10.80）	（−9.28）
Year & Industry	Yes	Yes	Yes	Yes	Yes
_cons	0.403***	0.039	0.138	0.656***	−0.020
	（3.25）	（0.30）	（1.09）	（3.61）	（−0.12）
adj. R^2	0.268	0.250	0.280	0.331	0.301
N	6 597	6 597	6 597	3 041	3 556

注：括号内为 t 值；***、** 和 * 分别代表在 1%、5% 和 10% 的水平下显著。

6.6　本章小结

　　有别于从宏观层面研究产能过剩问题，本章从基于规则治理的正式制度环境——金融生态环境视角，利用微观企业层面的实证模型，考察金融资源配置对产能过剩的影响。在我国金融抑制和地区金融生态环境差异化的背景下，本章以 A 股制造业上市公司为样本，研究债务金融资源配置对产能过剩的影响。结果表明，债务金融资源配置越多，企业产能利用率越低，产能过剩发生的概率越大。金融生态环境改善，一方面能提升产能利用率；但另一方面却会通过金融资源配置降低产能利用率。金融生态环境越好的地区，债务金融资源配置导致产能利用率下降更为严重，引发产能过剩的概率更大，但债券融资影响产能利用状况的地域差异性没有得到验证。企业产能扩张的深层动因在于，股东利用金融生态环境优势，进行负债扩张，可以提升净资产收益率。银行借款与发行债券这两种负债融资方式之间，存在替代效应。

第7章 金融关联与企业产能过剩

上一章主要研究了正式的金融抑制背景下，金融生态环境对企业产能过剩的影响，得出的主要研究结论是金融生态环境改善，一方面能提升产能利用率，另一方面却会通过债务资本配置降低企业产能利用率。进一步，当我们将企业债务资本配置效率内嵌于中国经济转轨期特殊的非正式制度背景中来分析时，就会发现，中国特殊的非正式制度背景决定了资本配置效率，进而对企业产能利用率产生影响。王永钦（2006）指出，在中国渐进式改革的背景下，基于规则和基于关系的两种治理模式并存，传统社会中自我实施的关系型合约不仅没有土崩瓦解，反而在正式合约缺位时，起到维持社会经济运行的重要作用。在中国，与社会资本有关的非正式制度在经济发展过程中起到了重要作用（陆铭和李爽，2008）。企业的社会资本包含横向联系和纵向联系，这些联系都是企业获取稀缺资源的重要的关系机制（边燕杰和丘海雄，2000）。其中横向联系的典型代表是企业的金融关联，它能够帮助企业从其他企业（特别是金融机构）获取稀缺的金融资源；纵向联系的典型代表是企业的政治关联，它能够帮助企业从政府获取包括金融资源在内的稀缺资源。因此，从本章开始，本书将在非正式制度框架下，分析企业的横向社会关系——金融关联，以及企业的纵向社会关系——政治关联这两种关系机制在资源配置过程中的作用，以及它们对企业产能利用率的潜在影响机制。就本章而言，我们将具体分析企业的金融关联（包括银行关联和券商关联）对产能利用率的影响，并以资本配置效率为中介桥梁，探究其影响产能过剩的作用机制。

7.1　引　言

2015 年 12 月，中央经济工作会议提出"去产能、去库存、去杠杆、降成本和补短板"这五项 2016 年供给侧结构性改革的重点任务。会议进一步明确我国经济宏观调控的重点由"需求侧"向"供给侧"转移。供给侧结构性改革的首要任务便是化解产能过剩。我国实施了控制增量和优化存量两大类措施，以化解过剩产能，然而产能却陷入"越调控越过剩"的怪圈。究其原因，是因为相关调控措施大多从需求侧出发，忽视了供给侧角度，没能把握准产能过剩的主要成因。从供给侧分析，市场资源错配是导致产能过剩的根源（鞠蕾等，2016）。因此，从资源配置角度探究产能过剩的成因，对于有效化解企业产能过剩具有重要的现实意义。

学术界对产能过剩的成因展开了大量研究。国外学者主要从市场角度进行研究，认为产能过剩是经济运行过程中，各种市场因素自发作用形成的，属于市场经济中的自然现象（Kamien and Schwartz，1972；Esposit，1974；Schmalensee，1981；Stiglitz，1999）。而国内学者结合我国经济转轨时期的特殊背景，提出我国产能过剩是经济周期与经济体制等多种因素的叠加结果，具有鲜明的中国特色（国务院发展研究中心《进一步化解产能过剩的政策研究》课题组等，2015）。林毅夫（2007）、林毅夫等（2010）认为，由于存在后发优势，发展中国家的"投资潮涌"现象会导致产能过剩。此外，众多学者从政府干预的视角，提出政府对经济运行的不当干预，扭曲了企业投资行为，进而引发产能过剩（韩国高等，2011；江飞涛等，2012；王立国和鞠蕾，2012；王文甫等，2014）。也有学者从政府干预动因视角，提出政府官员晋升激励机制导致其有动机干预经济，从而引发企业过度投资，形成产能过剩（周黎安，2004；干春晖等，2015）。

现有文献主要从宏观或行业层面研究产能过剩问题，忽视了企业异质性因素对产能过剩的影响，而且化解产能过剩终究要落实到具体的企业，因此，从微观企业视角进行研究能更精确地揭示供给侧的产能过剩形成机理，可以对已有的宏观研究成果进行有益的补充。目前，从微观层面，特别是上市公司视角实证研究产能过剩问题的文献相对较少。修宗峰和黄健柏（2013）发现微观企业的过度投资导致企业产能过剩，并指出行业产能过剩有别于企业产能过剩，它会影响微观企业的产能利用率，但不必然导致企业的产能过剩。在中国经济渐进式转轨的背景下，各种基于关系的非正式制度在稀缺资源的配置过程中发挥了重要作用。这种关系机制的资源配置效率如何？是否会对企业产能过剩产生"推波助澜"的作用？这些问题都值得我们深入研究。就我们所知，尚未有文献关注企业高管金融关联对企业产能过剩的影响。已有文献对企业金融关联（主要集中于银行关联）经济后果的研究主要集中于对企业融资的影响，并认为金融关联可以给企业债务融资带来便利（Burak et al.，2008；邓建平等，2011a、2011b；苏灵等，2011；祝继高等，2015），但对后续的经济后果，如企业产能过剩，则缺乏深入分析。

本章研究内容的贡献在于：一是利用微观企业层面的产能过剩实证模型，检验高管金融关联对产能过剩的影响，为化解供给侧的产能过剩问题提供证据支持；二是从企业社会资本视角，研究金融关联通过金融资源配置影响企业产能利用率的作用机制，拓展了金融关联经济后果研究的视野；三是发现金融关联中银行关联和券商关联的替代机制，细化了金融关联这种非正式制度内不同关联形式之间的关系，并且提供了高管人力资本因素影响企业产能利用率的经验证据。

7.2　制度背景、理论分析与研究假设

7.2.1　制度背景

改革开放以来，为实现金融业服务工业的战略目标，政府严格控制金融资源的供给，通过长期的低利率管制政策降低重要工业部门的融资成本，以扶植工业体系发展，从而产生金融抑制（卢峰和姚洋，2004）。尽管 2015 年 10 月 24 日央行放开存款利率上限，基本完成了利率市场化改革，但长期利率管制的政策惯性依然存在，尚未实现由市场化的利率形成机制发挥配置金融资源的关键作用。我国的金融抑制不仅扭曲信贷市场的要素价格信号，增强企业产能扩张动力，形成产能过剩风险，而且更为重要的是，导致正规金融体系内的廉价资金供不应求，使得正式制度下的金融资源配置机制失调，为各种非正式制度参与金融资源配置打开了制度缺口。

在中国渐进式改革的背景下，基于关系和基于规则的两种治理模式并存，传统社会中自我实施的关系型合约不仅没有土崩瓦解，反而在正式合约缺位时，起到维持社会经济运行的重要作用（王永钦，2006）。企业经营者的社会交往和联系往往是企业与外界沟通信息的桥梁和建立信任的通道，是获取稀缺资源的非正式机制（边燕杰和丘海雄，2000）。因此，中国工业企业有动机邀请具备金融关联的人士进入管理团队，通过其个人的金融关系网络，搭建与金融机构的横向联系，在争夺稀缺金融资源的非正式机制竞争中占得先机。

金融资源配置失调导致了严重的产能过剩问题。从 2011 年开始，伴随我国经济增速下滑，新一轮的产能过剩矛盾凸显。产能过剩行业已经开始向钢铁、水泥、平板玻璃、电解铝、造船等传统行

业之外的新兴行业蔓延（王立国和鞠蕾，2015）。因此，结合当前我国经济运行特征，从非正式制度视角，探讨金融关联影响企业产能利用率的作用机制具有重要的现实意义。

7.2.2　理论分析与研究假设

1. 金融关联与产能过剩

在中国经济转轨过程中，关系机制和声誉机制起到了替代法律保护和金融发展等正式制度的作用，能够为企业融资提供便利（Allen et al.，2005）。企业聘任具有金融关联的高管，可以利用其在金融体系内的关系网络和良好声誉，通过三种方式影响资源配置。一是金融关联的资源效应。具有银行关联的高管可以直接参与，或者通过自身关系网络间接参与信贷资金配置，协助企业获取更多信贷资金；具有券商关联的高管可以协助企业在与证券公司谈判时，获得更多承销费率、发行方式等方面的优惠，帮助企业争取更多的债券融资。二是金融关联的信息效应。金融关联搭建起企业与银行、证券公司之间信息沟通的非正式渠道，缓解信息不对称，减少逆向选择，同时，金融关联高管自身的声誉也能提高企业的信誉水平。三是金融关联的知识效应。金融关联高管掌握银行信贷和发行债券方面的专业知识，熟悉债权人关注的风险重点，能够帮助企业规避交易风险，减少交易摩擦。通过以上三种方式，金融关联能够引导金融资源向关联企业倾斜。现有研究也证实，金融关联有助于企业融资（Burak et al.，2008；苏灵等，2011；祝继高等，2015）。此外，金融关联强度越大（具有金融关联的高管绝对人数多，相对比例大），企业协调资源的能力越强，获取的负债资金也就越多。

高管金融关联通过影响资源配置，刺激企业投资扩张。这是因为，其一，银行体系和债券市场的资金具有低成本优势，使用这些资金进行产能扩张可以直接降低企业的投资成本，催生企业的投资热情；其二，产能扩张来源资金中的债务资金挤占了企业权益资金，降低权益资金的出资比例，将投资风险转嫁给债权人。这种风险外部化效应，扭曲了企业投资行为，导致企业过度的产能投资（江飞涛等，2012）。产能扩张的同时，如果需求发生结构性突变、总量下降或是总量增长乏力，那么累积产能就无法释放，势必降低企业产能利用率，形成产能过剩。

从微观视角分析，企业过度产能投资会带来固定资产规模的膨胀，增加企业固定成本。高企的固定成本使企业在与同行业竞争对手的博弈中陷入"囚徒困境"：如果竞争对手选择扩张产能，则自己即使亏损也要增加产量。这是因为，只要产品边际贡献为正，增产就能减少固定成本损失，减产则会扩大固定成本损失，停产则承担全部固定成本损失。博弈的纳什均衡状态是每个企业都被迫选择产能扩张策略，以期通过规模优势挤垮竞争对手。当市场需求结构突变或者需求总量下降时，单个企业的扩张策略导致行业供过于求，加剧企业间的价格竞争。在价格竞争和产能扩张的双重挤压下，企业产能利用率必然降低，产能过剩风险也将增加。

综上所述，金融关联（银行关联和券商关联）能够引导金融资源向关联企业倾斜，进而助推企业产能扩张，当需求增长乏力时，势必会降低企业产能利用率。基于此，本章提出如下假设：

H1：金融关联及其强度与企业产能利用率负相关，与产能过剩概率正相关。

2. 产权性质、金融关联与产能利用率

关于金融关联的资源配置效应方面的研究主要集中于民营企业（周雪，2016；邓建平等，2011a，2011b），与国有企业的比较研究较为少见。本章认为国有企业金融关联（银行关联和券商关联）的资源获取能力更强。首先，国有企业历史长、规模大，在行业内的地位更高，相应的高管选聘标准也更高。因此，国企高管一般具有更高的社会地位和更深厚的社会关系网络，其个人社会资本的资源获取能力更强。其次，我国的银行体系和券商体系仍由国有产权主导，基于共同的国有产权纽带，国有银行、券商和国有企业形成体制内共生关系，国企高管利用金融关联获取金融资源的交易摩擦更小。最后，国有企业在规模、抵押资产数量、预算软约束预期等方面的优势，为高管发挥金融关联效用，争取债务资源提供了更好的条件。此外，可以合理推测，金融关联强度越大（金融关联高管人数多，比例大），企业与金融机构的关系网络越稳固，其融资能力也越强。

与此同时，国有企业自身也存在更强的规模扩张冲动（贺京同和何蕾，2016）。从内在因素看，对于国有企业：一是产权性质导致高管难以获得剩余收益索取权；二是普遍存在薪酬管制，出于自利动机，国企高管的"经理帝国主义"倾向更强。通过扩大投资，他们可以掌握更多的资源配置权力，获取更多的租金收入，以及更多的在职消费（陈冬华等，2005）。从外在因素看，大量文献认为政府干预会导致企业过度投资（韩国高等，2011；江飞涛等，2012；王文甫等，2014），而国有企业由于与政府的天然联系以及高管政治晋升激励，会受到政府更多的干预，更容易过度投资。

当国有企业规模扩张动力充足时，其金融关联（银行关联和券商关联）更强的融资能力将带给企业更多的新增产能积累，因此，如果市场需求没有相应增长，国有企业的产能利用率下降势必会更加严重。基于以上理论分析，本章提出如下假设：

H2：相比民营企业，国有企业金融关联及其强度导致的产能利用率下降更为严重。

7.3　研究设计

7.3.1　样本选择和数据来源

因为部分年度金融关联，特别是券商关联样本缺失，本章选取 2010—2014 年 A 股制造业上市公司为初始样本。进一步剔除经营异常的 ST 类公司，并且去除相关数据缺失的样本，最终得到 5 814 个样本。为降低样本中极端值对回归结果的影响，本章对银行关联强度（BC_2、BC_3）、券商关联强度（SC_2、SC_3）、高管人力资本特征（$Female$、Old、$Market$）之外的连续型变量进行了前后 1% 的缩尾处理。本章数据来源于 CSMAR 数据库，其中银行关联、券商关联和高管人力资本特征数据是在上市公司人物特征研究子数据库的基础上，经手工整理而成。

7.3.2 变量设定

1. 产能利用率与产能过剩

产能利用率是衡量产能过剩的通用指标，该指标越低，产能过剩越严重。目前，产能过剩的临界指标还没有定论，国内经常引用的合意产能利用率为 75%（钟春平和潘黎，2014）。国内经济学者主要使用"实物量法""成本函数法""峰值法""要素拥挤度法"等方法计算行业产能利用率，得出的结论也不尽相同，但从微观视角衡量企业产能利用率的指标相对少见。企业产能过剩最终会表现为一系列的财务后果，上市公司披露的财务数据为我们从会计角度研究企业产能过剩提供了新的视角。修宗峰和黄健柏（2013）使用固定资产周转率的倒数（固定资产净值/营业收入）衡量企业产能过剩，但该指标只反映了固定产能的利用效率。从企业产能过剩的财务后果视角分析，制造业企业的超额融资将导致固定资产、无形资产、存货，甚至是货币资金的过度增长，最终体现为资产规模膨胀，当面对容量有限的市场时，竞争导致营业收入增长滞后于资产规模增长，势必降低总资产周转率。因此，本章采用总资产周转率（Cu，等于营业收入/期末总资产）衡量企业产能利用效率，它代表了企业全部生产资源的综合利用效率，能够较为全面地反映企业产能利用情况，数值越低，表示企业产能利用率越低，产能过剩概率越高。此外，借鉴修宗峰和黄健柏（2013）的方法，本章以公司所处行业（制造业 10 个细分行业）总资产周转率（Cu）的 75% 分位数为临界点，设计产能过剩虚拟变量（$Cudummy$），将总资产周转率（Cu）低于临界点的公司视为产能过剩公司，取 1；反之则取 0。

2. 金融关联

目前，对于公司高层管理团队的人员范围还没有统一的界定标准，借鉴姜付秀等（2009）的研究，并结合上市公司人物特征研究数据库的内容，本章将担任管理职位的董事会成员、总经理、副总经理、总裁、副总裁、财务总监、技术总监、总工程师、总经济师、董事会秘书、党委书记等人员列为高层管理团队成员。借鉴邓建平等（2011a）的划分方法，本章将高管金融关联（$Connection$）具体区分为银行关联（BC_i）和券商关联（SC_i）。BC_1 表示是否具有银行关联，取 1 代表高管中有成员具备商业银行工作背景，取 0 则反之；BC_2 表示拥有商业银行工作背景的人数；BC_3 表示拥有商业银行工作背景的人数占高管总人数的比例；BC_2、BC_3 表示银行关联强度，数值越大，强度越高。SC_1 表示是否具有券商关联，取 1 表示高管中有成员具有证券公司工作背景，取 0 则反之；SC_2 表示拥有证券公司工作背景的人数；SC_3 表示拥有证券公司工作背景的人数占高管总人数的比例；SC_2、SC_3 表示券商关联强度，数值越大，强度越高。

3. 金融资源配置

为检验银行关联影响企业产能利用率的作用机制，本章用银行借款总额（$Tloan$）表示信贷资源获取总量，它等于（短期借款＋长期借款＋一年内到期的非流动负债）/期末总资产。因为制造业企业产能建设周期长，长期借款期限与建设周期相匹配，所以本章还用长期借款（$Lloan$）表示长期信贷资源获取量，它等于长期借款/期末总资产。为检验券商关联影响企业产能利用率的作用机制，本章使用 $Bond$ 表示企业债券筹资额，它等于应付债券/期末总资产。

4. 产权性质

为检验国有和民营企业的金融关联在影响企业产能利用状况方面的差别，本章按实际控制人性质，将企业区分为国有企业和民营企业。Soe 取 1 表示国有企业，Soe 取 0 表示民营企业。

5. 控制变量

其他控制变量分别为第一大股东持股比例 $Share$、公司总资产的自然对数 $Size$、公司资产负债率 Lev、公司总资产报酬率 Roa、表示公司前景的变量 *TobinQ*、公司员工人数的自然对数 *Employee*、公司上市年龄 *Age*、行业 *Industry*（按照证监会 2012 年版《上市公司行业分类指引》，取 C 后两位，共 31 个行业）以及年度 *Year*。

7.3.3 模型设定

本章构造如下模型进行假设检验：

$$Cu(Cudummy) = \alpha_0 + \alpha_1 Connection + \alpha_2 Share + \alpha_3 Size$$
$$+ \alpha_L Lev + \alpha_5 Roa + \alpha_6 TobinQ$$
$$+ \alpha_7 Employee + \alpha_8 Age$$
$$+ \sum Industry + \sum Year + \varepsilon \qquad (7.1)$$

模型（7.1）中，当被解释变量是产能利用率（*Cu*）时，采用 OLS 回归；当被解释变量是产能过剩虚拟变量（*Cudummy*）时，采用 Logit 回归。*Connection* 表示企业的金融关联，分别为银行关联（BC_i）和券商关联（SC_i），BC_1 和 SC_1 分别表示是否具有银行关联和券商关联，BC_2、BC_3 和 SC_2、SC_3 分别表示银行关联强度和券商关联强度。

7.4 回归结果分析

7.4.1 本章主要变量的描述性统计

表 7.1 报告了本章主要变量的描述性统计结果。*Cu* 的均值和标准差表明，制造业企业平均产能利用率较低，且波动幅度较大。样本企业中平均 9% 的企业拥有银行关联，平均 8.1% 的企业拥有券商关联。银行借款总额（*Tloan*）的均值为 14.2%，而债券筹资额（*Bond*）的均值仅为 1.8%，说明现阶段我国企业主要依靠银行借款进行负债筹资。

表 7.1　主要变量描述性统计

变量	样本数	均值	中值	标准差	最小值	最大值
Cu	5 814	0.491	0.431	0.362	0.001	1.981
BC_1	5 814	0.090	0	0.286	0	1.000
BC_2	5 814	0.097	0	0.321	0	3.000
BC_3	5 814	0.015	0	0.052	0	0.500
SC_1	5 814	0.081	0	0.273	0	1.000
SC_2	5 814	0.095	0	0.431	0	11.000
SC_3	5 814	0.014	0	0.057	0	1.000
$Tloan$	5 814	0.142	0.104	0.142	0	0.596
$Lloan$	5 814	0.023	0	0.050	0	0.300
$Bond$	5 814	0.018	0	0.051	0	0.240
$Share$	5 814	0.360	0.344	0.146	0.099	0.756
$Size$	5 814	21.520	21.389	1.044	19.368	24.753
Lev	5 814	0.361	0.340	0.209	0.024	0.924
Roa	5 814	0.039	0.035	0.054	-0.219	0.212
$TobinQ$	5 814	1.963	1.566	1.534	0.246	9.988
$Employee$	5 814	7.656	7.609	1.152	4.625	10.643

7.4.2　本章回归结果分析

1. 金融关联、产能利用率与产能过剩

表 7.2 报告了金融关联与产能利用率的回归结果。列（1）中，BC_1 的系数在 1% 的水平下显著为负（-0.091），表明与没有银行关联的企业相比，具有银行关联的企业产能利用率更低。现有研究认为，中国基于关系的非正式制度起到了替代正式制度的积极作用（Allen et al.，2005），银行关联能够帮助企业融资（Burak et al.，2008；苏灵等，2011；祝继高等，2015），然而本章的检验结果证实，银行关联也许是把"双刃剑"——在便利企业融资的同时，也给企业埋下产能过剩隐患。银行关联降低企业产能利用率的作用机制在于，其资源配置效应帮助企业获取更多的低成本信贷资金，低廉的资金成本以及债务资金的风险外部化效应刺激企业产能扩张，进而降低产能利用效率。列（2）、列（3）中 BC_2、BC_3 的系数均在

1%的水平下显著为负（—0.082、—0.476），表明具有银行关联的高管人数越多、所占高管团队的比例越高，产能利用率越低。这一结果进一步证实了银行关联对产能利用率的消极作用，即银行关联强度越高，其信贷资源配置能力越强，对企业产能扩张的外部激励作用越大，产能利用率降幅也就越大。列（4）至列（6）是关于券商关联与产能利用率的检验，可以得到与银行关联类似的结论：SC_1的系数在1%的水平下显著为负（—0.075），表明与无券商关联企业相比，具有券商关联的企业产能利用率更低，即券商关联的资源配置效应便利企业债券融资，进而助推产能扩张，降低产能利用率；SC_2、SC_3的系数在1%的水平下显著为负（—0.048、—0.399），进一步证实券商关联强度越高，其资源配置能力越强，对产能扩张的激励越强，产能利用率下降越严重。

在已有的关于金融关联便利企业融资的研究基础之上（Burak et al.，2008；邓建平等，2011a，2011b；苏灵等，2011；祝继高等，2015），本章进一步证实随着经济的发展，基于关系的治理模式逐渐显现出负面效应：在经济转轨期，金融关联具备融资功效，但是这种基于关系的资源配置机制效率低下，会过度刺激企业产能扩张，进而降低企业产能利用效率，并且金融关联越稳固，融资能力越强，产能利用率降幅也就越大。本章假设 H1 得到支持。

其他控制变量的回归结果表明，企业股权集中度、资产负债率、资产报酬率、员工规模与企业产能利用率正相关，表明企业股权越集中、负债率越高、资产报酬率越高、员工越多企业产能利用率越高；企业规模和上市年龄与产能利用率负相关，表明企业资产规模越大、上市时间越长企业产能利用率越低。

表 7.2　金融关联与产能利用率：OLS

	(1)	(2)	(3)	(4)	(5)	(6)
	Cu	Cu	Cu	Cu	Cu	Cu
BC_1	−0.091***					
	(−6.19)					

续表

	(1)	(2)	(3)	(4)	(5)	(6)
	Cu	Cu	Cu	Cu	Cu	Cu
BC_2		-0.082^{***}				
		(-6.20)				
BC_3			-0.476^{***}			
			(-5.80)			
SC_1				-0.075^{***}		
				(-4.87)		
SC_2					-0.048^{***}	
					(-4.86)	
SC_3						-0.399^{***}
						(-5.40)
$Share$	0.062^{**}	0.060^{**}	0.062^{**}	0.067^{**}	0.064^{**}	0.066^{**}
	(2.04)	(1.98)	(2.04)	(2.20)	(2.10)	(2.16)
$Size$	-0.047^{***}	-0.047^{***}	-0.048^{***}	-0.048^{***}	-0.046^{***}	-0.047^{***}
	(-6.56)	(-6.58)	(-6.66)	(-6.71)	(-6.35)	(-6.48)
Lev	0.569^{***}	0.568^{***}	0.568^{***}	0.561^{***}	0.562^{***}	0.562^{***}
	(22.55)	(22.52)	(22.51)	(22.23)	(22.27)	(22.27)
Roa	1.212^{***}	1.212^{***}	1.213^{***}	1.187^{***}	1.184^{***}	1.184^{***}
	(13.27)	(13.27)	(13.28)	(12.99)	(12.96)	(12.96)
$TobinQ$	0.003	0.003	0.004	0.004	0.004	0.004
	(0.98)	(0.97)	(1.07)	(1.08)	(1.07)	(1.10)
$Employee$	0.046^{***}	0.046^{***}	0.046^{***}	0.048^{***}	0.047^{***}	0.047^{***}
	(7.69)	(7.70)	(7.62)	(7.95)	(7.70)	(7.70)
Age	-0.010^{***}	-0.010^{***}	-0.010^{***}	-0.010^{***}	-0.010^{***}	-0.010^{***}
	(-12.76)	(-12.70)	(-12.55)	(-12.42)	(-12.33)	(-12.29)
$Year$ & $Industry$	Yes	Yes	Yes	Yes	Yes	Yes
_ $cons$	0.944^{***}	0.948^{***}	0.958^{***}	0.952^{***}	0.909^{***}	0.930^{***}
	(7.24)	(7.28)	(7.35)	(7.30)	(6.95)	(7.13)
adj. R^2	0.233	0.233	0.232	0.231	0.231	0.231
N	5 814	5 814	5 814	5 814	5 814	5 814

注：括号内为 t 值；$***$、$**$ 和 $*$ 分别代表在 1%、5% 和 10% 的水平下显著。

表 7.3 报告了金融关联与产能过剩的回归结果。列（1）至列（3）中，BC_1、BC_2、BC_3 的系数均显著为正（0.522、0.497、3.122），表明银行关联可增大企业产能过剩的概率，并且银行关联强度越大，企业产能过剩概率越高。列（4）至列（6）中，SC_1、SC_2、SC_3 的系数均显著为正（0.466、0.398、2.943），说明券商关联可增大企业产能过剩概率，并且券商关联越强，企业产能过剩概率越高。上述研究结论表明，企业金融关联这种横向社会资本能够通过资源效应、信息效应和知识效应这三种渠道发挥资源配置功能，引导债务资金向关联企业倾斜，债务金融资源所具有的低成本特性以及风险外部化功能都会促进企业产能扩张，当市场需求不能与产能扩张协同增长时，必然增加企业产能过剩的风险。至此，本章假设 H1 得到支持。其他控制变量的回归系数与表 7.2 正好相反，但第一大股东持股比例（$Share$）的显著性水平下降。

以上实证检验拓展了金融关联的经济后果相关研究的范围，研究结论表明，金融关联在提高企业获取金融资源能力的同时，也会提高企业产能过剩的风险。上述结论丰富了我们对于中国经济转轨期，金融关联这种关系机制的经济后果的认知，加深了对企业产能过剩形成机理的理解，启示我们在治理产能过剩问题时，应当逐步降低金融关联这种关系机制在金融资源配置过程中的作用，加强利率在信贷资源配置中的基础性作用，着力加强基于规则的正式制度建设，提升正式制度的资源配置效率。

表 7.3　金融关联与产能过剩：Logit

	(1)	(2)	(3)	(4)	(5)	(6)
	Cudummy	*Cudummy*	*Cudummy*	*Cudummy*	*Cudummy*	*Cudummy*
BC_1	0.522***					
	(4.11)					
BC_2		0.497***				
		(4.20)				
BC_3			3.122***			
			(3.93)			

续表

	(1)	(2)	(3)	(4)	(5)	(6)
	Cudummy	*Cudummy*	*Cudummy*	*Cudummy*	*Cudummy*	*Cudummy*
SC_1				0.466***		
				(3.45)		
SC_2					0.398***	
					(3.19)	
SC_3						2.943***
						(3.63)
Share	−0.258	−0.248	−0.256	−0.304	−0.297	−0.304
	(−1.07)	(−1.03)	(−1.06)	(−1.27)	(−1.23)	(−1.26)
Size	0.401***	0.401***	0.403***	0.401***	0.396***	0.398***
	(6.87)	(6.87)	(6.90)	(6.88)	(6.78)	(6.81)
Lev	−3.285***	−3.287***	−3.280***	−3.238***	−3.239***	−3.245***
	(−15.41)	(−15.40)	(−15.39)	(−15.23)	(−15.23)	(−15.25)
Roa	−9.788***	−9.796***	−9.763***	−9.663***	−9.662***	−9.667***
	(−12.41)	(−12.42)	(−12.39)	(−12.30)	(−12.29)	(−12.29)
TobinQ	−0.010	−0.009	−0.011	−0.013	−0.013	−0.013
	(−0.33)	(−0.32)	(−0.38)	(−0.44)	(−0.43)	(−0.45)
Employee	−0.432***	−0.431***	−0.430***	−0.437***	−0.433***	−0.431***
	(−8.45)	(−8.44)	(−8.41)	(−8.55)	(−8.46)	(−8.43)
Age	0.032***	0.032***	0.032***	0.030***	0.030***	0.030***
	(4.91)	(4.91)	(4.84)	(4.67)	(4.64)	(4.62)
Year & Industry	Yes	Yes	Yes	Yes	Yes	Yes
_cons	−2.533**	−2.565**	−2.584**	−2.455**	−2.379**	−2.440**
	(−2.48)	(−2.50)	(−2.53)	(−2.40)	(−2.32)	(−2.38)
pseudo R^2	0.134	0.135	0.134	0.134	0.134	0.134
N	5 814	5 814	5 814	5 814	5 814	5 814

注：括号内为 z 值；***、** 和 * 分别代表在1%、5%和10%的水平下显著。

2. 金融关联影响产能利用率的作用机制研究

前文主要研究结论仅证明金融关联与产能利用率负相关，缺乏对二者作用机制的深入检验。为进一步考察金融关联降低产能利用率的作用机制，借鉴黎文靖和李耀淘（2014）考察作用机制的思路，本章在模型（7.1）的基础上引入金融资源配置变量（$Resource$），构造如下模型进行检验。[①]

$$
\begin{aligned}
Cu = &\ \beta_0 + \beta_1 Resource + \beta_2 Connection \\
&+ \beta_3 Connection \times Resource + \beta_4 Share \\
&+ \beta_5 Size + \beta_6 Lev + \beta_7 Roa \\
&+ \beta_8 TobinQ + \beta_9 Employee + \beta_{10} Age \\
&+ \sum Indusry + \sum Year + \varepsilon
\end{aligned} \tag{7.2}
$$

模型（7.2）中，当金融关联（$Connection$）为银行关联（BC_i）时，$Resource$ 表示银行信贷资金，分别为银行借款总额（$Tloan$）和长期借款（$Lloan$）；当金融关联（$Connection$）为券商关联（SC_i）时，$Resource$ 表示债券筹资额（$Bond$）。模型（7.2）考察的关键对象是 β_3，如果 β_3 显著为负，则表明金融关联企业的金融资源配置越多，企业产能利用率越低，这就证明金融关联通过金融资源配置降低产能利用率。

（1）银行关联影响产能利用率的作用机制。表 7.4 报告了银行关联、银行借款与产能利用率的回归结果。银行借款总额（$Tloan$）在三组回归中均显著为负，表明银行借款越多，企业产能利用率越低。列（1）中关键变量 $BC_1 \times Tloan$ 的系数显著为负（-0.257），表明银行关联企业的银行借款会显著地降低企业产能利用率。列（2）和列（3）中的关键变量 $BC_2 \times Tloan$ 和 $BC_3 \times Tloan$ 的系数均显著为负（-0.187、-1.369），表明银行关联越强的企业获得的银行借款能显著地降低企业产能利用率。以上结果证明，银行关联企业获得的银行借款越多，企业产能力利用率降幅越大，即银行关联通过银行借款渠道降低企业产能利用率。此检验结果进一步证实假设 H1 所

---

① 本章也以产能过剩（$Cudummy$）作为因变量，考察金融关联影响产能过剩的作用机制，主要结论是金融关联通过金融资源配置渠道增加产能过剩风险。

提出的银行关联降低企业产能利用率的作用机制——银行关联引导低成本的信贷资源向关联企业倾斜，信贷资金的低成本特征以及风险外部化效应助推企业产能扩张，进而增加产能过剩风险。

表 7.4　银行关联、银行借款与产能利用率：OLS

	(1)	(2)	(3)
	Cu	Cu	Cu
$Tloan$	-0.296^{***}	-0.297^{***}	-0.299^{***}
	(-6.50)	(-6.52)	(-6.58)
BC_1	-0.058^{***}		
	(-2.85)		
$BC_1 \times Tloan$	-0.257^{**}		
	(-2.36)		
BC_2		-0.054^{***}	
		(-2.88)	
$BC_2 \times Tloan$		-0.187^{**}	
		(-2.02)	
BC_3			-0.312^{***}
			(-2.83)
$BC_3 \times Tloan$			-1.369^{**}
			(-2.21)
$Share$	0.062^{**}	0.060^{**}	0.063^{**}
	(2.05)	(1.99)	(2.07)
$Size$	-0.048^{***}	-0.048^{***}	-0.049^{***}
	(-6.70)	(-6.74)	(-6.80)
Lev	0.711^{***}	0.708^{***}	0.709^{***}
	(22.19)	(22.12)	(22.14)
Roa	1.155^{***}	1.155^{***}	1.159^{***}
	(12.64)	(12.64)	(12.67)
$TobinQ$	-0.001	-0.001	-0.000
	(-0.18)	(-0.16)	(-0.13)
$Employee$	0.044^{***}	0.045^{***}	0.044^{***}
	(7.38)	(7.43)	(7.34)
Age	-0.010^{***}	-0.010^{***}	-0.010^{***}
	(-13.09)	(-13.01)	(-12.88)

续表

	(1)	(2)	(3)
	Cu	*Cu*	*Cu*
Year& Industry	Yes	Yes	Yes
_ *cons*	1.000***	1.008***	1.017***
	(7.70)	(7.75)	(7.83)
adj. R^2	0.240	0.240	0.239
N	5 814	5 814	5 814

注：括号内为 t 值；***、** 和 * 分别代表在1%、5%和10%的水平下显著。

由于制造业企业产能建设周期较长，银行长期借款与产能建设周期相匹配，本章以长期借款（*Lloan*）替代借款总额（*Tloan*）对上述作用机制进行了重复检验。表 7.5 的检验结果表明，银行关联带来的银行长期借款越多，企业产能利用率降幅越大。更为有趣的是，我们发现重复检验中三个关键变量 $BC_i \times Lloan$（$i = 1$，2，3，下同）的系数绝对值均大于表 7.4 中 $BC_i \times Tloan$ 的系数绝对值，这表明银行关联带来的长期信贷资金是降低企业产能利用率的主要因素。这一检验结果与目前我国制造业企业产能扩张资金主要来源于银行长期借款的现实相吻合。

表 7.5　银行关联、长期借款与产能利用率：OLS

	(1)	(2)	(3)
	Cu	*Cu*	*Cu*
Lloan	−0.859***	−0.872***	−0.861***
	(−8.86)	(−9.01)	(−8.93)
BC_1	−0.073***		
	(−4.61)		
$BC_1 \times Lloan$	−0.782***		
	(−2.85)		
BC_2		−0.066***	
		(−4.59)	
$BC_2 \times Lloan$		−0.564**	
		(−2.45)	

续表

	(1)	(2)	(3)
	Cu	Cu	Cu
BC_3			−0.365***
			(−4.15)
$BC_3 \times Lloan$			−4.486***
			(−2.95)
$Share$	0.068**	0.067**	0.070**
	(2.27)	(2.21)	(2.32)
$Size$	−0.037***	−0.038***	−0.038***
	(−5.20)	(−5.26)	(−5.33)
Lev	0.635***	0.634***	0.634***
	(24.60)	(24.55)	(24.54)
Roa	1.200***	1.200***	1.205***
	(13.26)	(13.25)	(13.30)
$TobinQ$	0.001	0.001	0.001
	(0.26)	(0.27)	(0.31)
$Employee$	0.040***	0.041***	0.040***
	(6.68)	(6.77)	(6.63)
Age	−0.010***	−0.010***	−0.009***
	(−12.22)	(−12.15)	(−12.00)
$Year \& Industry$	Yes	Yes	Yes
$\_cons$	0.795***	0.803***	0.815***
	(6.13)	(6.19)	(6.28)
adj. R^2	0.247	0.247	0.246
N	5 814	5 814	5 814

注：括号内为 t 值；***、**和*分别代表在1%、5%和10%的水平下显著。

（2）券商关联影响产能利用率的作用机制。表7.6的三组回归中，关键变量 $SC_i \times Bond$ 系数尽管为负（−0.212、−0.022、−0.359），但未通过显著性检验，表明本章样本中，券商关联通过债券融资渠道降低产能利用率的作用机制不显著。其原因可能是目前我国企业主要依靠银行进行间接债务融资，债券市场的直接债务融资规模尚小，企业产能扩张来源资金中，债券融资比例偏小。这一点在表7.1的变量描述性统计中得到支持。

表7.6 券商关联、债券筹资与产能利用率：OLS

	(1)	(2)	(3)
	Cu	*Cu*	*Cu*
Bond	−0.863***	−0.853***	−0.848***
	(−9.21)	(−9.06)	(−8.97)
SC$_1$	−0.065***		
	(−3.99)		
SC$_1$×*Bond*	−0.212		
	(−0.78)		
SC$_2$		−0.038***	
		(−3.30)	
SC$_2$×*Bond*		−0.022	
		(−0.15)	
SC$_3$			−0.332***
			(−3.73)
SC$_3$×*Bond*			−0.359
			(−0.29)
Share	0.058*	0.042	0.043
	(1.92)	(1.20)	(1.24)
Size	−0.036***	−0.040***	−0.041***
	(−5.02)	(−4.82)	(−4.90)
Lev	0.585***	0.575***	0.575***
	(23.25)	(20.01)	(19.99)
Roa	1.173***	1.064***	1.065***
	(12.94)	(10.41)	(10.43)
TobinQ	0.004	0.003	0.003
	(1.08)	(0.67)	(0.72)
Employee	0.050***	0.053***	0.052***
	(8.30)	(7.49)	(7.46)
Age	−0.010***	−0.010***	−0.010***
	(−12.69)	(−11.39)	(−11.32)
Year&*Industry*	Yes	Yes	Yes

续表

	(1)	(2)	(3)
	Cu	Cu	Cu
_cons	0.682***	0.756***	0.774***
	(5.15)	(4.79)	(4.92)
adj. R^2	0.243	0.235	0.236
N	5 814	4 204	4 204

注：括号内为 t 值；***、** 和 * 分别代表在 1%、5% 和 10% 的水平下显著。

3. 产权性质、金融关联与产能利用率

（1）产权性质、银行关联与产能利用率。表 7.7 报告了银行关联与产能利用率按产权性质分组的回归结果。在列（1）中，国有企业组的银行关联（BC_1）系数显著为负（-0.245）；在列（2）中，民营企业组的银行关联（BC_1）系数也显著为负（-0.051），但绝对值低于国有企业组的系数绝对值；在列（3）中报告了前两组回归中，银行关联（BC_1）系数的差异性检验结果，Chi2 值为 30.59，表明二者在 1% 的水平下存在显著差异。这表明国有企业的银行关联会导致产能利用率更大幅度地下降。列（4）至列（6）是以银行关联强度（BC_2）为自变量的回归结果，可以得到类似结论：国有企业的银行关联强度（BC_2）导致的产能利用率降幅更大。[①] 本章假设 H2 得到支持。

将以上结论结合银行关联降低产能利用率的作用机制进行分析，我们可以发现，国有企业银行关联的信贷资源配置能力更强，对产能扩张的激励作用更大，最终导致产能利用率降幅更大。这启示我们在治理企业产能过剩问题时，应当重视关系机制这种非正式制度在不同所有制企业中的差异化表现，逐步消除国有企业银行关联带来的所有制信贷歧视，强化利率的要素价格信号功能，着力提升正式制度的信贷资源配置效率。

---

① 限于篇幅，这里仅以 BC_2 作为银行关联强度的代表。

表 7.7　产权性质、银行关联与产能利用率：OLS

	(1)	(2)	(3)	(4)	(5)	(6)
	Cu	Cu	$Chi2$	Cu	Cu	$Chi2$
	国有	民营		国有	民营	
BC_1	−0.245***	−0.051***	30.59***			
	(−5.89)	(−3.59)				
BC_2				−0.192***	−0.048***	19.71***
				(−5.53)	(−3.76)	
$Share$	0.000	−0.004		−0.004	−0.006	
	(0.00)	(−0.12)		(−0.06)	(−0.18)	
$Size$	−0.037***	−0.066***		−0.037***	−0.066***	
	(−2.97)	(−7.42)		(−2.97)	(−7.45)	
Lev	0.530***	0.598***		0.528***	0.598***	
	(11.96)	(19.82)		(11.90)	(19.83)	
Roa	1.013***	1.488***		1.009***	1.489***	
	(6.35)	(13.84)		(6.32)	(13.85)	
$TobinQ$	0.001	0.004		0.001	0.004	
	(0.11)	(1.04)		(0.09)	(1.03)	
$Employee$	0.035***	0.050***		0.035***	0.050***	
	(3.09)	(7.27)		(3.08)	(7.28)	
Age	−0.004**	−0.018***		−0.003**	−0.018***	
	(−2.07)	(−17.26)		(−1.99)	(−17.28)	
Year & Industry	Yes	Yes		Yes	Yes	
_cons	0.928***	1.242***		0.935***	1.250***	
	(4.16)	(7.53)		(4.19)	(7.58)	
pseudo R^2	0.263	0.262		0.262	0.263	
N	2 121	3 693		2 121	3 693	

注：括号内为 t 值；***、** 和 * 分别代表在 1%、5% 和 10% 的水平下显著。

（2）产权性质、券商关联与产能利用率。表 7.8 报告了券商关联与产能利用率的分组回归结果。列（1）中，国有企业组的券商关联（SC_1）的系数显著为负（-0.149）；列（2）中，民营企业组的券商关联（SC_1）的系数也显著为负（-0.035），但绝对值低于国有企业组的回归系数绝对值；列（3）报告了前两组回归中券商关联（SC_1）系数的差异性检验结果，Chi2 值为 11.23，表明二者在 1% 的水平下存在显著差异。这意味着国有企业券商关联导致产能利用率降幅更大。列（4）至列（6）的结论类似：国有企业的券商关联强度（SC_3）与产能利用率之间的负相关关系更强。[①] 本章的假设 H2 得到支持。

这一结论表明，在债券融资领域同样存在所有制歧视，国有企业的券商关联具备更强的资源配置能力，进而导致其产能利用率降幅更大。尽管债券融资规模尚小，券商关联却已经成为影响企业产能利用率的因素之一，并且这一现象在国有企业中更为显著。这启示我们，治理产能过剩问题时，应当逐步降低券商关联强度，特别是国有企业券商关联的资源配置功效，加强债券市场的制度建设，努力提升基于规则的正式制度的资源配置效率。

表 7.8　产权性质、券商关联与产能利用率：OLS

	(1)	(2)	(3)	(4)	(5)	(6)
	Cu	Cu	Chi2	Cu	Cu	Chi2
	国有	民营		国有	民营	
SC_1	-0.149^{***}	-0.035^{**}	11.23^{***}			
	(-4.40)	(-2.22)				
SC_3				-0.491^{***}	-0.261^{***}	3.89^{**}
				(-3.98)	(-2.89)	
$Share$	-0.004	0.000		-0.007	0.001	
	(-0.07)	(0.01)		(-0.11)	(0.02)	
$Size$	-0.040^{***}	-0.067^{***}		-0.037^{***}	-0.067^{***}	
	(-3.22)	(-7.51)		(-2.95)	(-7.54)	

---

① 限于篇幅，这里以 SC_3 作为券商关联强度的代表。

续表

	(1)	(2)	(3)	(4)	(5)	(6)
	Cu	Cu	Chi2	Cu	Cu	Chi2
	国有	民营		国有	民营	
Lev	0.523***	0.592***		0.530***	0.592***	
	(11.73)	(19.60)		(11.89)	(19.62)	
Roa	0.996***	1.471***		0.973***	1.474***	
	(6.22)	(13.67)		(6.07)	(13.70)	
$TobinQ$	0.001	0.004		0.001	0.004	
	(0.15)	(1.07)		(0.20)	(1.06)	
$Employee$	0.036***	0.051***		0.035***	0.051***	
	(3.12)	(7.49)		(3.01)	(7.44)	
Age	−0.004**	−0.018***		−0.004**	−0.018***	
	(−2.47)	(−17.10)		(−2.33)	(−16.98)	
Year & Industry	Yes	Yes		Yes	Yes	
_cons	1.012***	1.243***		0.944***	1.253***	
	(4.53)	(7.53)		(4.20)	(7.59)	
adj.R^2	0.258	0.261		0.256	0.262	
N	2 121	3 693		2 121	3 693	

注：括号内为 t 值；***、**和*分别代表在1%、5%和10%的水平下显著。

7.4.3 稳健性检验

1. 控制内生性问题

前文主要结论是金融关联与产能利用率负相关。因为本章样本选择可能是非随机的，即存在样本选择性偏差问题，所以我们采用处理效应模型（treatment effects model）进行稳健性检验。首先，判断哪些因素影响企业建立金融关联（BC_1、SC_1）。借鉴祝继高等（2015）的研究，我们控制了盈利能力（Roa）、企业规模（$Size$）、资产期限结构（AM）、产权性质（Soe）、债务融资水平（$Lloan$）、企业成长前景（$TobinQ$）、企业所在省份人口数的自然对数（$People$）以及金融关联的行业-省份均值（$meanBC$、$meanSC$）等因素。

按照 Fisman and Svensson（2007）、于蔚等（2012）提出的设计变量的分组平均值作为工具变量的思路，以金融关联的行业-省份均值（$meanBC$、$meanSC$）作为工具变量。其次，在控制选择性偏误的基础上，分析金融关联对产能利用率的影响。表 7.9 的结果显示，控制内生性问题后，金融关联（BC_1、SC_1）仍然与产能利用率显著负相关。本书主要结论稳健。

表 7.9　处理效应模型

	（1） BC_1	（2） Cu	（3） SC_1	（4） Cu
BC_1		-0.244^{***} (-8.21)		
SC_1				-0.237^{***} (-8.56)
$meanBC_1$	4.922^{***} (19.88)			
$meanSC_1$			5.349^{***} (21.75)	
$Lloan$	1.012^{*} (1.67)	-0.829^{***} (-8.55)	-0.722 (-1.07)	-0.866^{***} (-8.92)
$Share$	-0.159 (-0.85)	0.136^{***} (4.31)	-0.089 (-0.46)	0.148^{***} (4.67)
$Size$	0.145^{***} (3.32)	-0.023^{***} (-3.16)	0.175^{***} (4.01)	-0.023^{***} (-3.16)
Lev	0.122 (0.73)	0.691^{***} (25.56)	-0.225 (-1.32)	0.672^{***} (24.78)
Roa	0.791 (1.35)	1.073^{***} (11.35)	-1.166^{**} (-2.06)	0.998^{***} (10.56)
$TobinQ$	0.009 (0.44)	-0.002 (-0.48)	0.075^{***} (3.90)	0.000 (0.05)
$Employee$	-0.117^{***} (-3.38)	0.042^{***} (6.91)	-0.057 (-1.63)	0.045^{***} (7.41)
Age	-0.002 (-0.41)	-0.012^{***} (-14.60)	-0.001 (-0.15)	-0.011^{***} (-13.71)

续表

	(1)	(2)	(3)	(4)
	BC_1	Cu	SC_1	Cu
AM	−1.162***		−1.014***	
	(−4.76)		(−4.13)	
Soe	−0.580***		−0.340***	
	(−7.21)		(−4.48)	
People	0.053		0.056	
	(1.12)		(1.25)	
Year&Industry	Yes	Yes	Yes	Yes
_cons	−4.352***	0.449***	−5.563***	0.423***
	(−4.76)	(3.55)	(−6.19)	(3.34)
Pr2	0.194		0.206	
Wald Chi2		1 020.80		1 023.11
N	5 814	5 814	5 814	5 814

注：括号内为 t 值；***、**和*分别代表在1%、5%和10%的水平下显著。

此外，表7.10报告了采用最邻近匹配（一对一匹配）的结果。ATT的 t 值为−4.37，表明在按照企业股权集中度（Share）、规模（Size）、资产负债率（Lev）、总资产报酬率（Roa）、托宾 Q（TobinQ）、员工规模（Employee）、上市年龄（Age）进行倾向得分匹配后，企业是否具有银行关联（ BC_1 ）会导致产能利用率 Cu 的显著差别。同样，本章也对券商关联（ SC_1 ）进行了倾向匹配得分检验，相应ATT的 t 值为−3.23，表明券商关联会导致企业产能利用率的显著差别，限于篇幅，没有报告检验结果。

表7.10　倾向得分匹配检验

变量	样本	处理组	控制组	组间差异	标注误	t 值
Cu	Unmatched	0.403	0.500	−0.097	0.017	−5.85
	ATT	0.403	0.492	−0.089	0.020	−4.37

表7.11报告了倾向得分匹配后，配对样本的回归结果，表明银行关联（ BC_1 ）仍与产能利用率（ Cu ）显著负相关。同样，券商关联（ SC_1 ）的配对样本检验结论类似。限于篇幅，未报告结果。

表 7.11　PSM 后配对样本回归

	(1)
	Cu
BC_1	-0.090^{***}
	(-4.98)
$Share$	-0.015
	(-0.23)
$Size$	-0.079^{***}
	(-5.15)
Lev	0.530^{***}
	(9.90)
Roa	0.956^{***}
	(4.90)
$TobinQ$	0.002
	(0.26)
$Employee$	0.072^{***}
	(6.01)
Age	-0.017^{***}
	(-9.23)
$Year \& Industry$	Yes
$\_cons$	1.418^{***}
	(5.05)
adj. R^2	0.287
N	1 044

注：括号内为 t 值；$***$、$**$ 和 $*$ 分别代表在 1%、5% 和 10% 的水平下显著。

2. 其他替代性检验

本章使用如下方法进行稳健性检验：一是以总资产周转率（Cu）的行业中位数为临界点，设计产能过剩的替代变量（$Cudummy_1$）进行检验；二是将银行关联高管范围由单纯商业银行背景拓展至商业银行和政策性银行背景（*NewBC*），进行替代检验[1]；三是将券商关联高管范围由单纯证券公司背景延伸至证券公司背景和投资银行背景（*NewSC*），进行替代性检验。[2] 四是采用从现金流量表获取的银行借款（*Cloan*，等于（取得借款收到的现金－偿还债务支付的现金）/期末总资产）替代借款总额（*Tloan*）进行替代性检验。

表 7.12 报告了以总资产周转率（*Cu*）的行业中位数为临界点的产能过剩替代变量的回归结果。列（1）至列（3）中银行关联（BC_1 至 BC_3）的回归系数均显著为正，列（4）至列（6）中券商关联（SC_1 至 SC_3）的回归系数也均显著为正。上述结果表明本章研究结论稳健。

表 7.12　产能过剩的变量替代性检验 *Cudummy*₁：Logit

	(1) $Cudummy_1$	(2) $Cudummy_1$	(3) $Cudummy_1$	(4) $Cudummy_1$	(5) $Cudummy_1$	(6) $Cudummy_1$
BC_1	0.557*** (5.21)					
BC_2		0.523*** (5.33)				
BC_3			3.592*** (5.63)			
SC_1				0.505*** (4.51)		
SC_2					0.486*** (4.59)	
SC_3						3.071*** (4.73)

① 现实中政策性银行也会参与商业银行的经营业务。新变量 *NewBC* 取 1 表示企业聘请了具备商业银行或政策性银行工作背景的高管，取 0 则反之。

② 现实中投资银行也会涉及企业债券发行业务。新变量 *NewSC* 取 1 表示企业聘请了具备证券公司或投资银行工作背景的高管，取 0 则反之。

续表

	(1) $Cudummy_1$	(2) $Cudummy_1$	(3) $Cudummy_1$	(4) $Cudummy_1$	(5) $Cudummy_1$	(6) $Cudummy_1$
$Share$	0.140	0.153	0.148	0.113	0.124	0.114
	(0.65)	(0.71)	(0.69)	(0.52)	(0.57)	(0.53)
$Size$	0.540***	0.541***	0.544***	0.545***	0.539***	0.543***
	(10.11)	(10.11)	(10.17)	(10.22)	(10.08)	(10.15)
Lev	−3.653***	−3.654***	−3.654***	−3.608***	−3.608***	−3.614***
	(−18.78)	(−18.77)	(−18.77)	(−18.59)	(−18.58)	(−18.60)
Roa	−9.976***	−9.987***	−9.989***	−9.825***	−9.840***	−9.832***
	(−14.09)	(−14.11)	(−14.11)	(−13.94)	(−13.94)	(−13.94)
$TobinQ$	−0.003	−0.002	−0.005	−0.004	−0.004	−0.004
	(−0.10)	(−0.09)	(−0.19)	(−0.15)	(−0.16)	(−0.16)
$Employee$	−0.526***	−0.526***	−0.523***	−0.534***	−0.530***	−0.529***
	(−11.63)	(−11.62)	(−11.55)	(−11.83)	(−11.71)	(−11.71)
Age	0.081***	0.080***	0.080***	0.079***	0.079***	0.078***
	(13.51)	(13.48)	(13.42)	(13.28)	(13.23)	(13.20)
$Year$ & $Industry$	Yes	Yes	Yes	Yes	Yes	Yes
$\_cons$	−6.552***	−6.591***	−6.649***	−6.587***	−6.501***	−6.593***
	(−6.86)	(−6.90)	(−6.96)	(−6.91)	(−6.79)	(−6.89)
pseudo R^2	0.161	0.162	0.162	0.161	0.161	0.161
N	5 814	5 814	5 814	5 814	5 814	5 814

注：括号内为 z 值；***、**和*分别代表在 1%、5%和 10%的水平下显著。

表 7.13 报告了银行关联和券商关联的变量替代性检验结果。列
（1）中银行关联（NewBC）的回归系数显著为负，列（2）中券商
关联（NewSC）的回归系数也显著为负。这表明扩大银行关联和券
商关联的认定范围后，银行关联和券商关联仍然能够起到帮助企业
获取资源的作用，从而刺激企业过度投资，降低企业产能利用率。
上述结果表明本章主要结论稳健。

表 7.13　银行关联和券商关联的变量替代性检验

	(1)	(2)
	Cu_1	Cu_1
NewBC	−0.090***	
	(−6.14)	
NewSC		−0.074***
		(−4.84)
Share	0.062**	0.067**
	(2.05)	(2.20)
Size	−0.047***	−0.048***
	(−6.57)	(−6.71)
Lev	0.569***	0.561***
	(22.55)	(22.23)
Roa	1.212***	1.187***
	(13.27)	(12.99)
TobinQ	0.003	0.004
	(0.98)	(1.07)
Employee	0.046***	0.048***
	(7.70)	(7.96)
Age	−0.010***	−0.010***
	(−12.75)	(−12.42)
Year&Industry	Yes	Yes
_cons	0.944***	0.952***
	(7.25)	(7.30)
adj. R^2	0.233	0.231
N	5 814	5 814

注：括号内为 t 值；***、** 和 * 分别代表在 1%、5% 和 10% 的水平下显著。

表 7.14 报告采用现金流量表获取的银行借款（Cloan）的变量替代性检验结果。列（1）至列（3）中 Cloan 的回归系数均显著为负，表明在中国金融抑制的制度背景下企业获取的低成本信贷资金越多，产能利用率越低。列（1）中核心变量银行关联与银行借款的交乘项（$BC_1 \times Cloan$）的系数显著为负，说明具有银行关联关系的企业获取的银行借款越多，企业产能利用率下降幅度越大。上述结论表明本章主要结论稳健。

表 7.14　银行关联与产能利用率：银行借款的替代性检验

	(1)	(2)	(3)
	Cu_1	Cu_1	Cu_1
$Cloan$	-0.155**	-0.158***	-0.166***
	(-2.54)	(-2.60)	(-2.74)
BC_1	-0.087***		
	(-5.84)		
$BC_1 \times Cloan$	-0.461**		
	(-2.24)		
BC_2		-0.077***	
		(-5.78)	
$BC_2 \times Cloan$		-0.347**	
		(-2.03)	
BC_3			-0.455***
			(-5.53)
$BC_3 \times Cloan$			-1.941*
			(-1.77)
$Share$	0.062**	0.060**	0.063**
	(2.04)	(1.97)	(2.06)
$Size$	-0.048***	-0.049***	-0.049***
	(-6.73)	(-6.76)	(-6.82)
Lev	0.583***	0.582***	0.581***
	(22.76)	(22.72)	(22.69)
Roa	1.217***	1.216***	1.216***
	(13.33)	(13.33)	(13.32)
$TobinQ$	0.002	0.002	0.003
	(0.63)	(0.62)	(0.73)
$Employee$	0.046***	0.046***	0.046***
	(7.60)	(7.62)	(7.55)
Age	-0.011***	-0.010***	-0.010***
	(-13.25)	(-13.18)	(-13.03)
$Year \& Industry$	Yes	Yes	Yes
_cons	0.973***	0.980***	0.987***
	(7.48)	(7.52)	(7.57)
adj. R^2	0.235	0.235	0.234
N	5 764	5 764	5 764

注：括号内为 t 值；***、**和*分别代表在1%、5%和10%的水平下显著。

7.5 进一步检验

7.5.1 银行关联与券商关联的替代效应

在金融关联这种非正式制度内，银行关联和券商关联影响产能过剩的作用机制类似，都是通过资源效应、信息效应和知识效应发挥资源配置功效，促进企业投资扩张，进而形成产能过剩。因此，两种关联影响产能利用率的机制可能存在替代性。本章引入银行关联和券商关联的交乘项（$BC_1 \times SC_1$）进行检验。从表 7.15 可知，列（1）至列（2）中 BC_1、SC_1 的单独回归系数均显著为负，但列（3）中关键变量 $BC_1 \times SC_1$ 的系数不显著，说明同时拥有银行关联和券商关联的企业产能利用率并没有显著下降，体现出二者的替代效应。

表 7.15 银行关联和券商关联的替代效应

	(1)	(2)	(3)
	Cu	Cu	Cu
BC_1	-0.091^{***}		-0.095^{***}
	(-6.19)		(-5.88)
SC_1		-0.075^{***}	-0.077^{***}
		(-4.87)	(-4.54)
$BC_1 \times SC_1$			0.064
			(1.57)
$Share$	0.062^{**}	0.067^{**}	0.059^{*}
	(2.04)	(2.20)	(1.95)
$Size$	-0.047^{***}	-0.048^{***}	-0.047^{***}
	(-6.56)	(-6.71)	(-6.53)
Lev	0.569^{***}	0.561^{***}	0.567^{***}
	(22.55)	(22.23)	(22.49)

续表

	（1）	（2）	（3）
	Cu	Cu	Cu
Roa	1.212***	1.187***	1.206***
	（13.27）	（12.99）	（13.23）
TobinQ	0.003	0.004	0.004
	（0.98）	（1.08）	（1.18）
Employee	0.046***	0.048***	0.046***
	（7.69）	（7.95）	（7.63）
Age	−0.010***	−0.010***	−0.010***
	（−12.76）	（−12.42）	（−12.83）
Year & Industry	Yes	Yes	Yes
_cons	0.944***	0.952***	0.950***
	（7.24）	（7.30）	（7.30）
adj.R2	0.233	0.231	0.235
N	5 814	5 814	5 814

注：括号内为 t 值；***、** 和 * 分别代表在 1%、5% 和 10% 的水平下显著。

7.5.2　管理团队人力资本因素对产能利用率的影响

"高层梯队理论"认为，企业高层管理人员人力资本特征影响其决策，这些决策又会进一步影响他们所控制的公司的行动（Hambrick and Mason，1984）。因此，除了高管的金融关联这种社会资本，高管的其他人力资本特征也可能影响产能利用率。本章将如下变量引入模型（7.1）进行检验：高管性别（Female），等于女性高管占高管团队总人数的比例；高管年龄（Old），等于高管团队年龄均值；市场背景（Market），等于具有市场销售工作背景高管占高管团队总人数的比例。

表 7.16 报告了管理层人力资本特征变量的描述性统计结果。高管性别（Female）的均值为 0.139，表明样本中女性高管的比例偏低。高管年龄（Old）的均值为 46.177，表明样本企业的高管以中年为主，符合常识判断。市场背景（Market）的均值为 0.229，表

明样本企业中具有市场工作背景的高管占比较多，这也反映出制造业企业高管选聘比较重视其市场销售工作经验。

表 7.16　管理层人力资本特征变量描述性统计

变量	样本数	均值	中值	标准差	最小值	最大值
Female	5 814	0.139	0.125	0.151	0	1.000
Old	5 814	46.177	46.250	3.493	32.143	60.500
Market	5 814	0.229	0.200	0.190	0	1.000

表 7.17 报告了高管人力资本特征与产能利用率的回归结果。*Female* 的系数在列（1）和列（4）中均显著为负（−0.118、−0.114），表明与传统观念里女性谨慎的性格特征相悖，女性高管的投资扩张冲动更强，导致产能利用率下降更为严重。原因可能是能进入高管团队的女性普遍个性鲜明，敢作敢为，脱离了传统女性角色。*Old* 系数在列（2）中不显著（0.002），但在列（4）中在 10% 的水平上显著为正（0.002），表明在一定程度上，高管团队年龄越大，投资决策越谨慎，产能利用率越高。*Market* 系数在列（3）、列（4）中均显著为正（0.143、0.148），说明高管的市场销售经验能够增加企业产品销量，提升产能利用率。

表 7.17　高管人力资本特征与产能利用率

	(1)	(2)	(3)	(4)
	Cu	*Cu*	*Cu*	*Cu*
Female	−0.118***			−0.114***
	(−4.04)			(−3.89)
Old		0.002		0.002*
		(1.41)		(1.66)
Market			0.143***	0.148***
			(6.21)	(6.40)
BC_1	−0.092***	−0.091***	−0.093***	−0.093***
	(−6.24)	(−6.14)	(−6.28)	(−6.29)
Share	0.064**	0.062**	0.060**	0.062**
	(2.12)	(2.04)	(2.00)	(2.06)

续表

	(1)	(2)	(3)	(4)
	Cu	*Cu*	*Cu*	*Cu*
Size	-0.048^{***}	-0.047^{***}	-0.049^{***}	-0.050^{***}
	(-6.64)	(-6.59)	(-6.81)	(-6.93)
Lev	0.567^{***}	0.570^{***}	0.565^{***}	0.566^{***}
	(22.52)	(22.59)	(22.49)	(22.52)
Roa	1.220^{***}	1.214^{***}	1.179^{***}	1.189^{***}
	(13.38)	(13.29)	(12.93)	(13.05)
TobinQ	0.004	0.004	0.004	0.004
	(1.06)	(1.01)	(1.15)	(1.26)
Employee	0.044^{***}	0.046^{***}	0.046^{***}	0.043^{***}
	(7.30)	(7.56)	(7.63)	(7.11)
Age	-0.010^{***}	-0.010^{***}	-0.009^{***}	-0.010^{***}
	(-12.93)	(-12.80)	(-11.55)	(-11.84)
Year&Industry	Yes	Yes	Yes	Yes
_ *cons*	0.986^{***}	0.871^{***}	0.952^{***}	0.908^{***}
	(7.56)	(6.22)	(7.33)	(6.46)
adj. R^2	0.235	0.233	0.238	0.240
N	5 814	5 814	5 814	5 814

注：括号内为 t 值；$***$、$**$ 和 $*$ 分别代表在 1%、5% 和 10% 的水平下显著。

7.6　本章小结

本章从管理层社会资本这一特殊视角，研究金融关联对企业产能利用率的影响，揭示微观企业层面的产能过剩形成机理，为化解供给侧产能过剩提供证据支持。在中国渐进式改革过程中，金融抑制与关系型治理模式并存，使得金融关联这种非正式机制具备资源配置功效，激励企业投资，进而形成产能过剩。本章研究以 2010—2014 年 A 股制造业上市公司为对象进行实证分析。研究结果表明，高管的金融关联会显著降低企业产能利用率，增大发生产能过剩的概率。金融关联影响企业产能利用率的作用机制在于，银行关联通过信贷资源配置渠道降低企业产能利用率，但券商关联通过债券融资影响产能利用率的作用机制没有得到支持。相比民营企业，国有企业金融关联所导致的产能利用率下降更为严重。进一步研究发现，在金融关联内部，银行关联和券商关联之间存在替代效应。此外，高管团队中女性比例越高，企业产能利用率越低；具备市场销售工作背景的人员越多，企业产能利用率越高。

本章的研究结论对于化解企业产能过剩具有以下启示：（1）提高对产能过剩企业的金融资源供给效率，提升利率市场化水平，强化利率在金融资源配置过程中的基础性作用；加强信贷市场、债券市场的制度建设，提高对银行贷款、发行债券过程中违规行为的处罚力度，特别警惕企业利用与金融机构的社会联系这种非正式制度渠道获取资源配置倾斜。（2）从企业金融关联角度入手，着力消除金融资源配置过程中的所有制歧视。本章实证检验发现国有企业金融关联所导致的企业产能过剩比民营企业更为严重，这表明我国金融领域长期存在的所有制歧视部分源于金融关联。因此，从企业社会资本角度，逐步削弱金融关联这种非正式制度的资源配置功能，提升正式制度的资源配置效率，对于消除所有制歧视、化解国有企业的产能过剩具有积极意义。（3）加强企业管理层人力资本建设，特别是加强管理层的市场销售能力建设，通过加大具有市场销售背景高管的选聘力度、加强对管理团队的市场营销知识培训等方式提升企业产品的市场出清效率。

第8章 政治关联与企业产能过剩

上一章主要从企业的横向社会资本（金融关联）这种非正式制度视角，探究企业产能过剩的微观形成机制，主要研究结论是，在中国金融抑制与关系型治理模式并存的背景下，金融关联降低企业产能利用率，增大产能过剩概率，并且金融关联会通过金融资源配置的渠道（主要是银行信贷资金）降低企业产能利用率。然而，经济转轨期，我国企业的社会资本除了横向的社会联系之外，还包括纵向的社会联系（政治关联），企业通过与政府的社会联系能够获取稀缺的资源（边燕杰和丘海雄，2000），进而影响企业的投资行为，最终对企业产能利用率产生影响。因此，本章将从政治关联这种纵向的社会资本入手，分析其对企业产能利用率的影响，并以资本配置效率为中介，探寻政治关联影响企业产能利用率的作用机制。

8.1 引 言

供给侧结构性改革已经成为我国经济改革和

宏观调控的重要战略，实施该战略的重点是推进"三去一降一补"，其中"去产能"居于五大任务之首。从供给侧找准产能过剩的形成原因是有效"去产能"的必要条件。企业是形成产能过剩的主体，更是化解产能过剩的基本单位，因此，从微观的企业层面研究产能过剩成因，对于有效化解过剩产能具有重要意义。

市场因素和政府因素是形成企业产能过剩的主要诱因。基于市场机制的经济学理论从规模经济和信息不对称两个方面展开分析：企业为实现规模经济会理性选择产能过剩（Hilke，1984；Benoit et al.，1987；Nishimori，2004），而且过剩产能形成的行业进入壁垒能够限制竞争对手（Wenders，1971；Dixit，1979）；行业前景信息不对称导致"投资潮涌"，进而引发产能过剩（林毅夫，2007；林毅夫等，2010）。然而，传统的市场经济理论难以解释我国的产能过剩问题。经济转轨背景下，政府干预引起的资源错配、投资扭曲、土地产权模糊、环保体制缺陷等问题导致我国出现产能过剩（鞠蕾等，2016；Jiang et al.，2012；江飞涛等，2012；王文甫等，2014）。此外，官员晋升激励机制增强政府干预动机，进而扭曲投资，引发产能过剩（周黎安，2004；干春晖等，2015；步丹璐等，2017）。

现有文献重点关注宏观经济层面或中观行业层面，较少关注微观企业层面的产能过剩问题。行业产能过剩有别于企业产能过剩，它会影响企业产能利用，但并不必然导致企业产能过剩（修宗峰等，2013）。因此，从微观企业层面出发，挖掘企业异质性因素对企业产能过剩的影响具有研究价值。就我们所知，目前少有文献关注企业的社会资本，特别是纵向社会资本（政治关联），对企业产能过剩的影响。

大量文献研究了政治关联的积极经济后果，认为政治关联可以帮助企业获取稀缺资源（Bai et al.，2006；Leuz et al.，2005；余明桂等，2008；罗党论和刘晓龙，2009；于蔚等，2012）；获得税收减免（Faccio，2006；吴文峰等，2009）；获取政府补助（余明桂等，2010）；提升绩效（罗党论和唐清泉，2009）。同时，也有文献关注政治关联的消极经济后果，认为政治关联导致信贷资源错配（Claessens et al.，2008）；降低信贷资源配置效率（张敏等，2010）；降低企业股票的长期收益率和会计业绩（Fan et al.，2007）；降低国有企业高管薪酬业绩敏感性（刘慧龙等，2010）；降低国有企业未来经营绩效（唐松等，2014）；阻碍企业创新（袁建国等，2015）。对上述研究政治关联经济后果的文献进行梳理后可以发现，政治关联确实在企业资源配置过程中发挥了重要作用，它帮助企业获取稀缺资源的后续影响既包括积极影响，也包括消极影响，但是综观上述文献，政治关联影响企业产能利用情况的研究较为少见，更缺乏相关实证检验支撑。本章研究的贡献，一是利用微观层面的企业产能过剩实证模型，检验政治关联如何影响企业产能利用状况，为从企业社会资本治理角度，制定"去产能"政策提供证据支持；二是从企业纵向社会资本视角，检验政治关联通过信贷资源配置渠道影响产能利用率的作用机制，拓展了政治关联负面经济后果的研究范围；三是发现政治关联对企业产能过剩的影响会因产权性质、外部治理环境差异而不同，同时，政府型关联和代表型关联对产能过剩的影响力度不同；四是发现政治关联（纵向社会资本）和金融关联（横向社会资本）在影响产能过剩方面存在替代效应。

8.2　制度背景、理论分析与研究假设

8.2.1　制度背景

经济运行过程中的微观治理机制可以分为基于关系和基于规则两种模式，前者由交易主体在长期博弈中自我实施，在经济发展初期具有低成本优势；后者由第三方（如法院）监督实施，需要在制度建设方面投入大量建章立制的固定成本，因而在经济发展后期才能体现规模经济（Li，2003）。中国经济渐进式转轨过程中，两种治

理模式并存，共同促进中国经济增长奇迹。在法律体系、金融体系等正式制度缺位时，中国的关系和声誉机制等非正式制度发挥了重要的替代作用（Allen et al.，2005）。

为实现工业的跨越式发展，中国政府长期实施低利率管制政策，以降低政府偏好的工业部门的融资成本，导致银行体系的低成本资金供不应求。虽然从 2015 年 10 月起央行完全放开了利率管制，但是利率的价格信号功能依然薄弱，通过各种关系机制获取稀缺信贷资源依然是中国企业的现实选择。边燕杰等（2000）指出，企业通过"向上"的纵向联系，从政府获取稀缺资源的现象客观存在。此后大量文献证实政治关联有助于企业获取信贷资源（余明桂等，2008；张敏等，2010；于蔚等，2012）。

政治关联便利企业信贷融资客观上加剧了企业过度投资（张敏等，2010），进而加大企业产能过剩风险。目前我国经济处于"三期叠加"的特殊阶段，经济发展进入新常态。在此背景下，产能过剩问题日益突出。第三轮产能过剩的特点，一是持续时间长，受 2008 年金融危机影响，中国和世界主要经济体经济增速下滑，国内 2009 年出现产能过剩（卢峰，2010），2011 年以来经济下行压力持续增大，产能过剩愈演愈烈；二是影响程度深，中国企业家调查系统等（2015）统计表明，企业家认为本行业产能过剩"比较严重"和"非常严重"的比例自 2012 年以来持续增加，2015 年达到峰值，分别为 58.6% 和 16.1%，制造业企业 2015 年平均设备利用率仅有 66.6%；三是波及范围广，除了钢铁、煤炭、水泥等传统产能过剩"重灾区"之外，光伏设备、新材料等新兴行业也出现了产能过剩（王立国等，2015）。因此，从非正式制度视角，研究政治关联便利企业融资的后续经济后果，即产能过剩问题，具有重要的现实意义。

8.2.2　理论分析与研究假设

1. 政治关联与产能过剩

政治关联不仅增加企业的借款金额，而且降低企业的借款成本。

一方面，在我国银行体系仍为国有产权主导的背景下，商业银行难以完全摆脱政府干预（吴军等，2009），拥有政治关联的企业可以通过政府对银行信贷决策施加影响，以谋求更多的银行借款。另一方面，政治关联的获取机制决定，只有业绩优良的企业才有可能建立政治关联（于蔚等，2012），因此，政治关联可以传递企业业绩良好的积极信号，减少银行的逆向选择，降低企业融资成本。同时，银行也会对政治关联企业产生预算软约束预期，增强放贷意愿。在中国企业投资扩张的主要资金来源于银行借款的背景下（张敏等，2010），政治关联的贷款效应会增加企业产能扩张的资金供给，使企业过度投资。

政治关联还是企业持续融资能力的"稳定剂"。只要政治关联没有丧失，企业就能够凭借这种"向上"的纵向联系及时获得政府的"援助"。在政治环境稳定的背景下，政治关联可解除企业投资扩张的后顾之忧，提高企业对自身持续融资能力的认知，进而促进企业过度投资。此外，现有文献证实政治关联企业更易进入管制行业（罗党论和唐清泉，2009），更易进行多元化投资（张敏等，2009），更易获得税收优惠（吴文峰等，2009）。这些文献结论表明政治关联企业更易进入管制行业增加投资，更易在多个非相关行业内进行投资布局，更易享受税收减免，进而加大投资扩张动力，这些政府扶持措施都会促进政治关联企业投资扩张。

因此，政治关联通过"信贷融资"以及"政府扶持"的渠道助推企业产能扩张。同时，可以合理推测，企业政治关联越强（政治关联高管人数多，比例大），贷款获取能力越强，政府扶持力度越大，企业扩张幅度也越大。当宏观经济增速下滑、需求总量增长乏力或者需求结构改变时，过度产能无处释放，势必降低企业产能利用率，提高产能过剩风险。基于此，提出假设：

H1：相比没有政治关联的企业，有政治关联的企业以及政治关联强度更高的企业，产能利用率更低，产能过剩概率更大。

2. 政府治理环境、政治关联与产能过剩

中国的政府治理存在明显的区域差异（刘煜辉等，2011），这种外部治理机制差异深刻影响着企业的融资和投资行为（陈德球等，2012），进而导致政治关联对企业产能利用状况的差异化影响。

政府治理好的地区，财政自给率高，政府主导金融市场的动机弱，其行为目标是更好的制度建设，力求为企业提供公平、有效的制度基础。这样一方面可以规范企业的信息披露，降低信贷市场信息不对称，增强基于可靠信息的市场化信贷交易效率；另一方面，正式制度效率的提升对非正式制度产生挤出效应，弱化政治关联的银行融资功效。王永钦（2006）认为随着经济的发展，关系型合约的治理成本会逐渐凸显，而规则型治理的边际交易成本则逐渐降低。政府治理好的地区集中于经济发达的东部地区（刘煜辉等，2011），因此这些区域的政治关联的银行融资功能较弱。

同时，好的政府治理为企业提供市场化的竞争机制，降低外部环境的不确定性，减少机会主义行为，提高企业投资效率（陈德球等，2012）。政府治理环境越好，企业越关注投资效率，越有动机抵御政府干预，这将减少政治关联带来的过度投资，进而减轻对产能利用状况的消极影响。

综上，政府治理环境改善，能弱化政治关联的银行融资功能，减少过度投资，从而减轻政治关联对产能利用率和产能过剩的负面影响。基于此，提出假设：

H2：政府治理越好的地区，政治关联（包括是否建立关联和关联强度）降低产能利用率的作用越小，增大产能过剩概率的作用也越小。

8.3 研究设计

8.3.1 样本选择和数据来源

考虑到政治关联样本的可得性，本章选择 2005—2014 年制造业上市公司为初始样本，剔除 ST 类公司、数据缺失样本后，得到 8 913 个样本。[①] 本章对政治关联强度（NPC、RPC）之外的连续型变量进行了前后 1% 的缩尾处理，以减少极端值的影响。政府治理数据取自《中国地区金融生态环境评价》系列报告（刘煜辉，2007；李扬等，2009；刘煜辉等，2011；王国刚等，2015）中的政府治理子项目评价得分。[②] 报告分别公布了 2006 年、2008 年、2009 年、2013 年的数据，借鉴邓建平等（2011）的方法，本章对缺失年份数据进行如下替换：用 2006 年和 2008 年的数据均值替代 2007 年数据，2009 年数据替代 2010 年数据，2009 年和 2013 年的数据均值替代 2011 年数据，2013 年数据替代 2012 年数据。其他数据来自 CSMAR 数据库，其中政治关联数据是在上市公司人物特征研究子数据库的基础上，经手工整理而成。

8.3.2　变量设定

1. 产能利用率与产能过剩

国内外学者通常采用产能利用率衡量产能过剩，该指标越低，产能过剩越严重。但产能利用率的计算方法存在争议，国内经济学者采用"实物量法""成本函数法""峰值法""要素拥挤度法"等方法计算行业产能利用率，得出的结论也存在差异。上述方法的共同特点是从宏观或行业层面研究产能过剩问题。产能过剩的形成和化解主体都是微观企业，因此，产能过剩也是一个微观问题。上市公司丰富的会计数据为我们从会计视角探讨微观企业产能过剩提供了新的窗口。修宗峰等（2013）采用固定资产收入比（固定资产净值/营业收入）度量产能过剩，但该指标只考虑了企业固定产能的利用状况，制造业企业全部产能还包括大量原材料、自制半成品等流动资产。因此，本章采用总资产周转率（Cu，即

---

① 按政府治理环境好坏进行分组回归时，采用 2006—2013 年的 6 417 个样本。

② 其中王国刚等（2015）将"政府治理"指标名称改为"地方债务对金融稳定的影响"，但其评价指标中主要仍包含反映政府治理水平的变量。

营业收入/期末总资产）衡量企业全部产能的利用状况，该指标越低，产能过剩越严重。借鉴修宗峰等（2013）的方法，以公司所处行业（制造业 10 个细分行业）总资产周转率（Cu）的 75% 分位数为临界点，设计产能过剩哑变量（DCu），将总资产周转率（Cu）低于临界点的公司视为产能过剩公司，取 1；反之取 0。

2. 政治关联

现有文献将政治关联的研究对象聚焦于董事长或总经理，本章将研究对象扩展至高管团队。借鉴姜付秀等（2009）的研究，并结合上市公司人物特征研究数据库内容，本章将担任管理职位的董事会成员、总经理、副总经理、总裁、副总裁、财务总监、技术总监、总工程师、总经济师、董事会秘书、党委书记等人员列为高管团队成员。设计三个变量衡量政治关联（$Political$）：是否政治关联（PC），高管中有人具有党委、政府、人大、政协工作背景的，PC 取 1，否则取 0；政治关联人数（NPC），等于当年公司具有政治关联高管的总人数；政治关联比例（RPC），等于有政治关联高管占高管团队总人数的比例。NPC 和 RPC 代表政治关联强度。在稳健性检验中，借鉴袁建国等（2015）的方法，将政治关联进一步分为政府型关联（$GovPC$）和代表型关联（$DelPC$），当高管曾任或现任党委、政府职务时 $GovPC$ 取 1，否则取 0；当高管曾任或现任人大代表、政协委员时，$DelPC$ 取 1，否则取 0。

3. 信贷资源

为检验政治关联影响企业产能过剩的作用机制，本章设计如下变量度量信贷资源配置：银行借款总额（$Tloan$），等于（短期借款＋长期借款＋一年内到期的非流动负债）/期末总资产；长期借款（$Lloan$），等于长期借款/期末总资产；在稳健性检验中，使用从现金流量表取得的银行借款（$Cloan$，等于（取得借款收到的现金－偿还债务支付的现金）/期末总资产）替代 $Tloan$；使用长期借款比例（$Rlloan$，等于长期借款/银行借款总额）替代性 $Lloan$，进行替代性检验。

4. 产权性质

为检验产权性质对政治关联和产能过剩关系的差异化影响，本章按实际控制人性质，将企业区分为国有企业（*Soe* 取 1）和民营企业（*Soe* 取 0）。

5. 政府治理环境

政府治理环境评价指数（*Gov*）介于 0 和 1 之间，数值越大表示政府治理越好。本章将大于样本中值的地区赋值为 1，代表政府治理环境好，反之取 0。

6. 控制变量

其他控制变量分别为第一大股东持股比例（*Share*）、总资产的自然对数（*Size*）、资产负债率（*Lev*）、总资产报酬率（*Roa*）、托宾 Q（*TobinQ*）①、员工人数的自然对数（*Employee*）、上市年龄（*Age*）、行业（*Industry*，按证监会 2012 年版《上市公司行业分类指引》，取 C 后两位，共 31 个行业）以及年度（*Year*，2005—2014 年）。

8.3.3　模型选择

本章构造如下模型进行检验：

$$
\begin{aligned}
Cu(DCu) = {} & \alpha_0 + \alpha_1 Political + \alpha_2 Share + \alpha_3 Size \\
& + \alpha_4 Lev + \alpha_5 Roa + \alpha_6 TobinQ \\
& + \alpha_7 Employee + \alpha_8 Age \\
& + \sum Industry + \sum Year + \varepsilon
\end{aligned} \tag{8.1}
$$

模型（8.1）中当被解释变量是产能利用率（*Cu*）时，采用 OLS 回归；当被解释变量是产能过剩虚拟变量（*DCu*）时，采用 Logit 回归。*Political* 表示企业的政治关联，分别为是否政治关联（*PC*）、关联人数（*NPC*）、关联比例（*RPC*）。

---

① 等于股权市值和净债务市值之和除以总资产账面价值。

8.4 实证结果分析

8.4.1 本章主要变量的描述性统计

表 8.1 报告了本章主要变量的描述性统计结果。PC 的均值表明，样本中平均 34.2% 的企业建立了政治关联，NPC、RPC 的均值表明，政治关联的强度不大。

表 8.1 主要变量描述性统计

变量名	样本数	均值	中值	标准差	最小值	最大值
Cu	8 913	0.520	0.449	0.386	0.001	1.981
$Tloan$	8 913	0.172	0.145	0.150	0	0.596
$Lloan$	8 913	0.029	0	0.057	0	0.300
PC	8 913	0.342	0	0.474	0	1.000
NPC	8 913	0.482	0	0.786	0	5.000
RPC	8 913	0.073	0	0.125	0	1.000
$Share$	8 913	0.366	0.352	0.147	0.099	0.756
$Size$	8 913	21.405	21.278	1.042	19.368	24.753
Lev	8 913	0.391	0.383	0.206	0.024	0.924
Roa	8 913	0.035	0.033	0.059	−0.219	0.212
$TobinQ$	8 913	1.902	1.490	1.550	0.246	9.988
$Employee$	8 913	7.672	7.637	1.132	4.625	10.643
Age	8 913	7.682	7.000	5.653	0	24.000

8.4.2 回归结果分析

1. 政治关联、产能利用率与产能过剩

表 8.2 是政治关联和产能利用率的回归结果。观察列（1）至列

（3）的回归结果可知，是否政治关联（PC）、政治关联人数（NPC）、政治关联比例（RPC）的系数均显著为负（-0.050、-0.032、-0.200），说明相比没有政治关联的企业，有政治关联的企业产能利用率降幅更大，政治关联人数越多、政治关联高管所占管理层的人数比例越高，企业产能利用率降幅越大。这表明政治关联具有资源配置功效，在帮助企业获取稀缺资源的同时会对企业产能盲目扩张形成外部激励，在政治关联的刺激效应作用下，企业产能逐步累积，当遭遇经济周围性波动或者外部负面事件冲击时，市场需求无法保持与产能扩张的协同增长，最终降低企业产能利用率。上述发现证实政治关联对企业产能利用状况具有负面影响。

其他控制变量表明，股权集中度、资产负债率、总资产收益率、托宾 Q、雇员规模与产能利用率正相关，即股权越集中、资产负债率越高、总资产收益率越高、发展前景越好、员工越多企业产能利用率越高；企业规模和上市年龄与产能利用率负相关，即企业资产规模越大、上市年限越久企业产能利用率越低。

表 8.2 政治关联与产能利用率：OLS

	(1)	(2)	(3)
	Cu	Cu	Cu
PC	-0.050^{***}		
	(-6.41)		
NPC		-0.032^{***}	
		(-6.75)	
RPC			-0.200^{***}
			(-6.83)
$Share$	0.080^{***}	0.080^{***}	0.083^{***}
	(3.05)	(3.07)	(3.17)
$Size$	-0.022^{***}	-0.021^{***}	-0.022^{***}
	(-3.57)	(-3.46)	(-3.71)

续表

	(1)	(2)	(3)
	Cu	*Cu*	*Cu*
Lev	0.522***	0.521***	0.520***
	(23.96)	(23.90)	(23.87)
Roa	1.135***	1.130***	1.129***
	(15.88)	(15.82)	(15.81)
TobinQ	0.014***	0.014***	0.014***
	(4.52)	(4.49)	(4.47)
Employee	0.044***	0.044***	0.043***
	(8.81)	(8.81)	(8.59)
Age	−0.011***	−0.011***	−0.011***
	(−14.84)	(−14.83)	(−14.74)
Industry & Year	Yes	Yes	Yes
_ *cons*	0.394***	0.378***	0.416***
	(3.69)	(3.54)	(3.91)
adj. R^2	0.244	0.244	0.244
N	8 913	8 913	8 913

注：括号内为 t 值；***、**和*分别代表在1%、5%和10%的水平下显著。

表8.3是政治关联和产能过剩的回归结果。观察列（1）至列（3）的回归结果可知，是否政治关联（PC）、政治关联人数（NPC）、政治关联比例（RPC）的系数均显著为正（0.223、0.086、0.615），表明有政治关联的企业比没有政治关联的企业更容易发生产能过剩；政治关联人数越多、政治关联高管人数占管理层总人数的比例越高，企业越容易发生产能过剩。上述结论进一步证实，政治关联对企业产能利用状况的消极影响，即会增大企业发生产能过剩的概率。至此，本章假设 H1 得到支持。

表 8.3　政治关联与产能过剩：Logit

	(1)	(2)	(3)
	DCu	*DCu*	*DCu*
PC	0.223***		
	(3.81)		
NPC		0.086**	
		(2.42)	
RPC			0.615***
			(2.69)
Share	−0.367*	−0.392**	−0.396**
	(−1.90)	(−2.03)	(−2.06)
Size	0.212***	0.216***	0.220***
	(4.71)	(4.80)	(4.89)
Lev	−2.836***	−2.832***	−2.829***
	(−16.67)	(−16.65)	(−16.63)
Roa	−7.940***	−7.891***	−7.882***
	(−13.70)	(−13.65)	(−13.63)
TobinQ	−0.059**	−0.058**	−0.058**
	(−2.53)	(−2.49)	(−2.49)
Employee	−0.345***	−0.345***	−0.342***
	(−8.83)	(−8.84)	(−8.76)
Age	0.034***	0.033***	0.033***
	(6.07)	(5.80)	(5.81)
Industry & Year	Yes	Yes	Yes
_cons	0.610	0.583	0.486
	(0.79)	(0.76)	(0.63)
pseudo *R*2	0.121	0.120	0.120
N	8 913	8 913	8 913

注：括号内为 z 值；***、**和*分别代表在 1%、5% 和 10% 的水平下显著。

2. 政治关联影响产能利用率的作用机制研究

表 8.2 和表 8.3 的结果表明，政治关联企业的产能利用率更低，产能过剩的概率更高，但是政治关联究竟是通过何种渠道影响企业产能利用率仍是未解的"黑箱"。已有文献表明，政治关联能为企业获取更多的稀缺资源（Leuz et al.，2005；余明桂等，2008；罗党论和刘晓龙，2009；于蔚等，2012；张敏等，2010），同时信贷资源是企业产能扩张的主要资金来源。因此，本章将信贷资源配置作为政治关联影响企业产能利用率的可能渠道。为检验政治关联通过信贷资源配置影响产能利用率的作用机制，借鉴黎文靖和李耀淘（2014）考察作用机制的思路，本章构造如下模型进行检验：

$$
\begin{aligned}
Cu = &\beta_0 + \beta_1 PC + \beta_2 Resource \\
&+ \beta_3 PC \times Resource + \beta_4 Share \\
&+ \beta_5 Size + \beta_6 Lev + \beta_7 Roa \\
&+ \beta_8 TobinQ + \beta_9 Employee + \beta_{10} Age \\
&+ \sum Indusry + \sum Year + \varepsilon
\end{aligned} \tag{8.2}
$$

其中，$Resource$ 是信贷资源，分别用银行借款总额（$Tloan$）和长期借款（$Lloan$）表示。模型主要考察 β_3，如果显著为负，则证明政治关联通过银行借款降低产能利用率。

表 8.4 是相关检验结果。列（1）至列（4）中银行借款总额（$Tloan$）和长期借款（$Lloan$）的系数显著为负（-0.610、-0.622、-0.917、-0.838），表明信贷资源配置越多，产能利用率越低。列（2）中关键变量 $Tloan \times PC$ 不显著，但列（4）中 $Lloan \times PC$ 显著为负（-0.239），上述结论表明银行长期借款显著增强了政治关联与企业产能利用率之间的负相关关系，即政治关联企业获取的银行长期借款越多，企业产能利用率的降幅越大，长期借款是政治关联降低产能利用率的主要渠道。综合上述结论，可以发现，在经济转轨期政府掌握大量资源配置权力的背景下，政治关联企业可以获取更多银行信贷资源，在大量低成本信贷资源的激励下，企业过度扩张产能，当市场需求无法同步增长时，累积产能无法有效市场出清，从而降

低企业产能利用率。

表 8.4　政治关联、银行借款与产能利用率：OLS

	（1）	（2）	（3）	（4）
	Cu	*Cu*	*Cu*	*Cu*
PC	−0.048***	−0.054***	−0.050***	−0.043***
	（−6.29）	（−4.74）	（−6.46）	（−5.00）
Tloan	−0.610***	−0.622***		
	（−16.32）	（−15.10）		
Tloan×PC		0.034		
		（0.68）		
Lloan			−0.917***	−0.838***
			（−13.01）	（−10.08）
Lloan×PC				−0.239*
				（−1.79）
Share	0.083***	0.083***	0.078***	0.079***
	（3.23）	（3.23）	（3.03）	（3.07）
Size	−0.025***	−0.024***	−0.012**	−0.012**
	（−4.11）	（−4.10）	（−1.97）	（−2.02）
Lev	0.811***	0.812***	0.594***	0.595***
	（29.14）	（29.15）	（26.65）	（26.68）
Roa	1.035***	1.034***	1.164***	1.167***
	（14.64）	（14.62）	（16.44）	（16.48）
TobinQ	0.007**	0.007**	0.012***	0.012***
	（2.22）	（2.23）	（3.89）	（3.88）
Employee	0.042***	0.042***	0.041***	0.041***
	（8.55）	（8.55）	（8.22）	（8.20）
Age	−0.011***	−0.011***	−0.011***	−0.011***
	（−15.61）	（−15.62）	（−14.67）	（−14.55）
Industry & Year	Yes	Yes	Yes	Yes

续表

	(1)	(2)	(3)	(4)
	Cu	Cu	Cu	Cu
_cons	0.511***	0.510***	0.226**	0.230**
	(4.85)	(4.85)	(2.12)	(2.16)
adj. R^2	0.266	0.266	0.258	0.258
N	8 913	8 913	8 913	8 913

注：括号内为 t 值；***、**和*分别代表在1%、5%和10%的水平下显著。

3. 政府治理环境、政治关联与产能过剩

表8.5是按政府治理环境分组，对政治关联和产能利用率的回归结果。列（1）中 PC 的系数不显著，列（2）中 PC 的系数显著为负，列（3）的系数差异性检验表明 PC 的系数在前两组回归中存在显著差异（Chi2 值为 13.16，在1%的水平下显著）。以上说明，政府治理好的地区，政治关联对产能利用率的影响不显著；政府治理差的地区，政治关联显著降低产能利用率。列（4）和列（5）中 NPC 的系数均显著为负，但在政府治理环境较差组的系数绝对值更大（0.059＞0.017），并且显著性水平更高，同时列（6）中的系数差异性检验表明列（4）、列（5）中的 NPC 的系数存在显著差异（Chi2 值为 18.38，在1%的水平下显著）。列（4）至列（6）的检验结果表明，政治关联人数与企业产能利用率的负相关关系在政府治理环境较差的地区更为明显，即政府治理环境越好的地区，政治关联对企业产能利用率的不良影响越弱。列（7）、列（8）是以政治关联高管人数占高管总人数的比例（RPC）衡量政治关联强度的检验结果，从中可以得到类似的结论：在政府治理好的地区，政治关联强度与产能利用率的负相关关系弱于政府治理差的地区，即政府治理的改善降低了政治关联对产能利用率的负面影响。

上述检验结论告诉我们，通过改善政府治理环境的方式，可以有效降低政治关联对企业产能利用率的消极影响。这也启示我们通过正式制度建设可以有效地以正式制度（政府治理）效率的提升弥补非正式制度（政治关联）效率的损失。正式制度建设将是政府化解企业产能过剩的有效方式。

表 8.5 政府治理环境、政治关联与产能利用率：OLS

	(1) Cu 政府治理好	(2) Cu 政府治理差	(3) Chi2	(4) Cu 政府治理好	(5) Cu 政府治理差	(6) Chi2	(7) Cu 政府治理好	(8) Cu 政府治理差	(9) Chi2
PC	-0.018 (-1.35)	-0.082^{***} (-6.42)	13.16^{***}						
NPC				-0.017^{**} (-2.20)	-0.059^{***} (-7.36)	18.38^{***}			
RPC							-0.110^{**} (-2.34)	-0.375^{***} (-7.15)	17.83^{***}
Share	0.093^{**} (2.03)	0.099^{**} (2.32)		0.090^{**} (1.96)	0.099^{**} (2.34)		0.092^{**} (2.01)	0.102^{**} (2.41)	
Size	-0.024^{**} (-2.35)	-0.011 (-1.15)		-0.023^{**} (-2.26)	-0.010 (-1.00)		-0.024^{**} (-2.35)	-0.012 (-1.19)	
Lev	0.510^{***} (13.07)	0.558^{***} (16.15)		0.509^{***} (13.06)	0.557^{***} (16.15)		0.509^{***} (13.06)	0.552^{***} (16.00)	
Roa	0.927^{***} (7.26)	1.096^{***} (9.73)		0.929^{***} (7.27)	1.081^{***} (9.62)		0.930^{***} (7.28)	1.071^{***} (9.52)	

续表

	(1)	(2)	(3)	(4)	(5)	(6)	(7)	(8)	(9)
	Cu	Cu	Chi2	Cu	Cu	Chi2	Cu	Cu	Chi2
	政府治理好	政府治理差		政府治理好	政府治理差		政府治理好	政府治理差	
TobinQ	0.021***	0.012**		0.021***	0.011**		0.021***	0.012**	
	(3.86)	(2.32)		(3.92)	(2.25)		(3.89)	(2.32)	
Employee	0.042***	0.041***		0.042***	0.042***		0.042***	0.040***	
	(5.17)	(4.97)		(5.18)	(5.02)		(5.10)	(4.76)	
Age	−0.009***	−0.013***		−0.009***	−0.013***		−0.009***	−0.013***	
	(−6.95)	(−10.91)		(−7.11)	(−11.03)		(−7.10)	(−10.90)	
Industry & Year	Yes	Yes		Yes	Yes		Yes	Yes	
_cons	0.465**	0.199		0.449**	0.168		0.472**	0.227	
	(2.49)	(1.17)		(2.40)	(0.99)		(2.54)	(1.34)	
adj.R^2	0.229	0.279		0.230	0.282		0.230	0.281	
N	3 120	3 297		3 120	3 297		3 120	3 297	

注：括号内为 t 值；***、**和*分别代表在 1%，5%和 10%的水平下显著。

表 8.6 是按政府治理环境分组，对政治关联和产能过剩的回归结果。列（1）中政治关联（PC）的系数虽然为正，但未通过显著性检验；列（2）中政治关联（PC）的系数显著为正，并且其系数绝对值大于列（1）中 PC 系数的绝对值（0.544＞0.043）；列（3）中对前两列 PC 系数的差异性检验表明二者存在显著差异（Chi2 值为 13.25，且在 1％的水平下显著）。列（1）至列（3）的检验结果表明，在政府治理环境好的地区，政治关联不会增大企业产能过剩的概率，而在政府治理环境差的地区，政治关联会显著增大企业产能过剩的概率。即政府治理环境越好，政治关联提高企业产能过剩的概率越小。列（4）中政治关联人数（NPC）的回归系数不显著；列（5）中政治关联人数（NPC）的回归系数显著为正，并且列（6）中 NPC 系数的差异性检验结果表明二者存在显著差异（Chi2 值为 16.62，且在 1％的水平下显著）。列（4）至列（6）的检验结果证明，在政府治理环境好的地区，政治关联高管人数与企业产能过剩之间不存在显著的相关关系；而在政府治理环境差的地区，政治关联高管人数越多，企业发生产能过剩的概率越高。即改善政府治理环境可以有效削弱政治关联强度（人数）与企业产能过剩之间的正相关关系。列（7）至列（9）是以政治关联高管人数占高管总人数的比例（RPC）表示政治关联强度的回归结果。从中我们可以得到类似的结论：政府治理环境越好的地区，政治关联强度（比例）与企业产能过剩之间的正相关关系越弱；而政府治理环境差的地区则相反。

以上结论证明，政府治理环境越好的地区，政治关联获取稀缺资源的能力越弱，进而对企业产能盲目扩张的外部激励越小，企业产能过剩的概率越低。即政府外部治理环境的改善降低了政治关联引发产能过剩的风险。至此，本章假设 H2 得到支持。

表 8.6 政府治理环境、政治关联与产能过剩：Logit

	(1) Cu	(2) Cu	(3) Chi2	(4) Cu	(5) Cu	(6) Chi2	(7) Cu	(8) Cu	(9) Chi2
	政府治理好	政府治理差		政府治理好	政府治理差		政府治理好	政府治理差	
PC	0.043 (0.46)	0.544*** (5.22)	13.25***						
NPC				-0.007 (-0.13)	0.346*** (5.03)	16.62***			
RPC							0.125 (0.38)	2.307*** (4.79)	15.39***
Share	-0.314 (-0.98)	-0.770** (-2.31)		-0.341 (-1.07)	-0.761** (-2.28)		-0.322 (-1.01)	-0.779** (-2.34)	
Size	0.222*** (3.09)	0.158** (2.03)		0.227*** (3.16)	0.156** (2.01)		0.224*** (3.13)	0.168** (2.16)	
Lev	-2.576*** (-9.21)	-3.167*** (-10.83)		-2.576*** (-9.21)	-3.162*** (-10.81)		-2.574*** (-9.20)	-3.132*** (-10.72)	
Roa	-6.643*** (-7.11)	-7.983*** (-8.12)		-6.630*** (-7.10)	-7.909*** (-8.06)		-6.634*** (-7.11)	-7.832*** (-7.99)	

续表

	(1) Cu 政府治理好	(2) Cu 政府治理差	(3) Chi2	(4) Cu 政府治理好	(5) Cu 政府治理差	(6) Chi2	(7) Cu 政府治理好	(8) Cu 政府治理差	(9) Chi2
$TobinQ$	-0.112***	-0.039		-0.110***	-0.039		-0.111***	-0.040	
	(-3.05)	(-0.94)		(-2.99)	(-0.95)		(-3.03)	(-0.97)	
$Employee$	-0.326***	-0.371***		-0.326***	-0.378***		-0.325***	-0.367***	
	(-5.57)	(-5.13)		(-5.58)	(-5.22)		(-5.56)	(-5.07)	
Age	0.019**	0.047***		0.017*	0.047***		0.018**	0.046***	
	(1.99)	(4.77)		(1.86)	(4.78)		(1.97)	(4.71)	
$Industry$ & $Year$	Yes	Yes		Yes	Yes		Yes	Yes	
$\_cons$	0.470	1.902		0.399	2.022		0.438	1.673	
	(0.37)	(1.47)		(0.31)	(1.56)		(0.35)	(1.29)	
pseudo R^2	0.090	0.161		0.090	0.161		0.090	0.160	
N	3 120	3 297		3 120	3 297		3 120	3 297	

注：括号内为 z 值；***，** 和 * 分别代表在 1%，5% 和 10% 的水平下显著。

8.4.3　稳健性检验

1. 政治关联的替代性检验

已有文献显示，在政治关联内部，政府型关联和代表型关联具有不同的经济后果（杜兴强等，2009），因此，我们将进一步区分政治关联内部不同的关联形式对企业产能利用率的差异化影响。借鉴袁建国等（2015）的方法，本书将是否政治关联（PC）进一步区分为政府型关联（GovPC）和代表型关联（DelPC），进行替代性检验。表 8.7 报告了相关结果。列（1）和列（2）中政府型关联（GovPC）的系数显著为负，而代表型关联（DelPC）的系数未通过显著性检验，这表明政府型关联能够降低产能利用率，而代表型关联不具备这种能力。这可能是因为，经济转轨期，我国政府掌握了实质性的资源配置权力，与政府建立的关联关系才能真正参与稀缺资源的配置；而人大、政协等机构的实质性资源配置权力较弱，因此，人大代表、政协委员等代表型关联更具象征意义，对政府的实质性影响有限，其资源配置功能微弱，对企业产能利用率的影响不明显。列（3）和列（4）是对政府型关联影响企业产能利用率作用机制的检验，其中关键变量 $Tloan \times GovPC$、$Lloan \times GovPC$ 均显著为负，表明政府型关联通过信贷资源配置（包括总借款和长期借款）的渠道降低产能利用率。列（5）和列（6）是对代表型关联影响企业产能利用率作用机制的检验，其中关键变量 $Tloan \times DelPC$、$Lloan \times DelPC$ 均不显著，表明本章的样本证据不支持代表型关联通过信贷资源配置的渠道降低产能利用率。上述结论不仅表明前文对政治关联（PC）影响企业产能利用率的研究结论稳健，更表明我国政府型关联比代表型关联更具影响力。

表 8.7　政治关联类型、银行借款与产能利用率：OLS

	(1)	(2)	(3)	(4)	(5)	(6)
	Cu	Cu	Cu	Cu	Cu	Cu
GovPC	-0.082^{***}		-0.046^{*}	-0.061^{***}		
	(-4.54)		(-1.78)	(-3.06)		

续表

	(1)	(2)	(3)	(4)	(5)	(6)
	Cu	Cu	Cu	Cu	Cu	Cu
$DelPC$		−0.000			−0.011	0.008
		(−0.01)			(−0.38)	(0.37)
$Tloan$			−0.602***		−0.616***	
			(−15.91)		(−16.35)	
$Tloan \times GovPC$			−0.219**			
			(−1.97)			
$Lloan$				−0.884***		−0.906***
				(−12.24)		(−12.69)
$Lloan \times GovPC$				−0.473*		
				(−1.74)		
$Tloan \times DelPC$					0.092	
					(0.64)	
$Lloan \times DelPC$						−0.438
						(−1.08)
$Share$	0.093***	0.095***	0.096***	0.092***	0.098***	0.094***
	(3.56)	(3.65)	(3.75)	(3.57)	(3.83)	(3.65)
$Size$	−0.024***	−0.025***	−0.027***	−0.015**	−0.028***	−0.015**
	(−4.04)	(−4.11)	(−4.57)	(−2.48)	(−4.65)	(−2.54)
Lev	0.522***	0.523***	0.812***	0.594***	0.814***	0.595***
	(23.93)	(23.95)	(29.14)	(26.60)	(29.17)	(26.64)
Roa	1.124***	1.124***	1.023***	1.155***	1.022***	1.156***
	(15.72)	(15.69)	(14.47)	(16.30)	(14.42)	(16.27)
$TobinQ$	0.014***	0.013***	0.006**	0.012***	0.006**	0.011***
	(4.42)	(4.34)	(2.11)	(3.78)	(2.04)	(3.69)
$Employee$	0.044***	0.044***	0.042***	0.041***	0.043***	0.041***
	(8.88)	(8.90)	(8.62)	(8.29)	(8.66)	(8.31)
Age	−0.010***	−0.010***	−0.011***	−0.010***	−0.011***	−0.010***
	(−14.03)	(−13.91)	(−14.83)	(−13.79)	(−14.71)	(−13.71)

续表

	(1)	(2)	(3)	(4)	(5)	(6)
	Cu	Cu	Cu	Cu	Cu	Cu
Industry & Year	Yes	Yes	Yes	Yes	Yes	Yes
_cons	0.421***	0.423***	0.535***	0.255**	0.539***	0.257**
	(3.95)	(3.96)	(5.08)	(2.40)	(5.12)	(2.42)
adj.R^2	0.242	0.240	0.264	0.256	0.262	0.254
N	8 913	8 913	8 913	8 913	8 913	8 913

注：括号内为 t 值；***、**和*分别代表在 1%、5% 和 10% 的水平下显著。

2. 控制内生性问题

前文主要结论是政治关联会降低企业产能利用率，为避免政治关联的内生性问题，借鉴于蔚等（2012）的方法，构造政治关联及其强度的行业-省份均值（*meanPC*、*meanNPC*、*meanRPC*）作为工具变量，对是否政治关联（*PC*）采用处理效应模型（treatment effects model）回归，对政治关联强度（*NPC*、*RPC*）采用 2SLS 回归。表 8.8 中，列（1）的政治关联（*PC*）系数仍然显著为负。该处理效应模型回归结果表明，控制内生性问题之后，是否政治关联（*PC*）仍然与产能利用率显著负相关。前文研究结论稳健。

表 8.8　政治关联的处理效应模型

	(1)	(2)
	Cu	PC
PC	−0.084***	
	(−3.37)	
Share	0.069**	−0.707***
	(−2.53)	(−6.72)
Size	−0.019***	0.205***
	(−3.13)	−9.09
Lev	0.522***	−0.12
	(−23.97)	(−1.37)

续表

	（1）	（2）
	Cu	*PC*
Roa	1. 143***	0. 041
	（−15. 98）	−0. 13
TobinQ	0. 014***	0. 030***
	（−4. 61）	−2. 64
Employee	0. 043***	−0. 047**
	（−8. 69）	（−2. 40）
Age	−0. 011***	−0. 032***
	（−14. 11）	（−10. 61）
meanPC		3. 052***
		（−32. 87）
Soe		0. 076***
		（−5. 1）
Industry & Year	Yes	Yes
_ *cons*	0. 375***	−5. 200***
	−3. 5	（−12. 84）
N	8 913	8 913
Wald Chi2/LR Chi2	2 913. 184	1 752. 000

注：括号内为 z 值；***、** 和 * 分别代表在 1%、5% 和 10% 的水平下显著。

表 8.9 的 2SLS 回归结果显示，列（2）和列（4）中的政治关联人数（NPC）和政治关联高管人数占高管总人数的比例（RPC）的系数均显著为负。这表明控制内生性问题后，政治关联强度（NPC、RPC）仍与产能利用率负相关，本书主要结论未发生改变。

表 8.9　政治关联强度与产能利用率：2SLS

	（1）	（2）	（3）	（4）
	NPC	*Cu*	*RPC*	*Cu*
meanNPC	0. 951***			
	（36. 05）			
NPC		−0. 036***		
		（−2. 75）		

续表

	(1)	(2)	(3)	(4)
	NPC	*Cu*	*RPC*	*Cu*
meanRPC			0.963***	
			(38.60)	
RPC				−0.268***
				(−3.48)
Share	−0.368***	0.078***	−0.044***	0.078***
	(−6.67)	(2.93)	(−5.01)	(2.97)
Size	0.109***	−0.020***	0.011***	−0.022***
	(8.56)	(−3.28)	(5.61)	(−3.54)
Lev	−0.076	0.521***	−0.015**	0.519***
	(−1.64)	(23.95)	(−2.08)	(23.87)
Roa	−0.021	1.130***	−0.007	1.131***
	(−0.14)	(15.87)	(−0.30)	(15.88)
TobinQ	0.016**	0.014***	0.002**	0.014***
	(2.50)	(4.52)	(2.18)	(4.52)
Employee	−0.012	0.044***	−0.006***	0.042***
	(−1.16)	(8.81)	(−3.69)	(8.45)
Age	−0.019***	−0.011***	−0.002***	−0.011***
	(−12.05)	(−13.99)	(−9.98)	(−14.40)
Industry & Year	Yes	Yes	Yes	Yes
_cons	−1.915***	0.372***	−0.144***	0.414***
	(−8.47)	(3.46)	(−4.00)	(3.90)
adj. R^2	0.179	0.244	0.186	0.244
N	8 913	8 913	8 913	8 913

注：列（1）、列（3）括号内为 t 值，列（2）、列（4）括号内为 z 值；***、** 和 * 分别代表在 1%、5% 和 10% 的水平下显著。

3. 其他替代性检验

以总资产周转率（*Cu*）的行业中位数为临界点，设计产能过剩的替代变量进行检验；使用现金流量表的银行借款（*Cloan*）替代资产负债表的银行借款总额（*Tloan*）；使用长期借款比例（*Rlloan*）替代长期借款（*Lloan*）。替代性检验结论保持不变。

8.5　进一步检验

8.5.1　产权性质、政治关联与产能利用率

国有企业和民营企业在政治关联的建立动机和经济后果方面存在差异。国企高管和政府官员的职业生涯界限重合，国企高管获任政府高层实职的案例屡见不鲜，因此，国企高管建立政治关联的政治晋升动机更强（田利辉等，2013）；民营企业高管的政治晋升通道狭窄，多以代表或委员的方式参政议政，因此，民营企业高管建立政治关联的动机主要在于弥补制度歧视，寻求非正式制度保障（杨星等，2016）。动机差异导致经济后果差别。国企高管更有动机迎合政府，在政府多重目标驱动下，盲目扩张。这是因为，在政府追责机制不完善的环境中，即使投资项目的长期收益为负，只要任期内获得政治晋升，国企高管的私人收益就能实现，投资损失由社会承担。民营企业高管在迎合政府的同时，更注重投资项目的长期收益，投资扩张更为谨慎。这是因为，在政治晋升补偿受限的情况下，民营企业高管的私人收益更多依靠剩余收益索取权质量。田利辉等（2013）证实，民营企业政治关联对企业长期回报有正向影响，而国企的影响不显著。综上，国企政治关联的产能扩张后果更为严重。

此外，国企政治关联的信贷资源获取能力更强。首先，国有企业往往是关系国计民生的重要企业，其政治关联高管多由"自上而下"的委派制产生，高管个人的纵向关系网络更为深厚，资源协调能力更强；民营企业政治关联高管多由"自下而上"的选举制产生，而且多以代表或委员形式参政议政，其个人纵向关系网络的资源调动能力相对薄弱。其次，我国银行体系仍由国有产权主导，国有企业和国有银行基于国有产权纽带形成体制内共生关系，国企政治关联获取信贷资源的交易摩擦更小。最后，国有企业具有规模、抵押

品、预算软约束预期等方面的客观优势，为政治关联发挥贷款效应提供了更好的保障。

除了政治晋升激励，国企高管为谋求更大的资源配置权力、更多的租金收入和在职消费，也倾向于过度投资，建立"经理帝国"，以弥补薪酬管制损失（陈冬华等，2005）。当国有企业扩张动力充足时，政治关联带来的充裕资金势必增加企业产能积累。如果需求没有同步增长，或者结构突变，则国有企业的产能利用率降幅更大，产能过剩风险更高。

表 8.10 是按产权性质分组的回归结果。列（1）和列（2）中 PC 的系数显著为负，并且列（1）中国有企业组的系数绝对值更大（0.089＞0.017）；同时，列（3）中的系数差异性检验表明，前两组回归中 PC 系数在 1% 的水平下存在显著差异（Chi2 值为 21.07）。这说明国有企业政治关联导致的产能利用率降幅更大。列（4）中政治关联强度（NPC）的系数显著为负，列（5）中政治关联强度（NPC）的系数不显著，并且列（6）中对前两组回归中的系数差异性检验表明，二者存在显著差异（Chi2 值为 56.38，在 1% 的水平下显著）。上述结论表明国有企业政治关联强度带来的企业产能利用率降幅更大。列（7）至列（9）的结果同样表明，国有企业的政治关联强度与企业产能利用率之间负相关关系更强。综上可知，在由计划经济向市场经济的渐进式转轨过程中，政府仍然具有强大的资源配置能力，国有企业凭借与政府天然的产权纽带，在资源配置过程中享受了更多实惠，从而对产能扩张形成外部激励，降低企业的产能利用率。

表 8.11 是按产权性质分组，对政治关联与产能过剩的回归结果。列（1）中 PC 的系数显著为正；列（2）中 PC 的系数不显著；列（3）的系数差异性检验表明，PC 的系数在前两组回归中存在显著差异。以上结果说明，政治关联提高产能过剩概率的现象只在国有企业中出现。与此类似，列（4）至列（9）中 NPC 和 RPC 的回归结果表明，政治关联越强产能过剩概率越高的现象只在国有企业中出现。

表 8.10　产权性质、政治关联与产能利用率：OLS

	(1)	(2)	(3)	(4)	(5)	(6)	(7)	(8)	(9)
	Cu	Cu	Chi2	Cu	Cu	Chi2	Cu	Cu	Chi2
	国有企业	民营企业		国有企业	民营企业		国有企业	民营企业	
PC	-0.089*** (-6.30)	-0.017** (-1.97)	21.07***						
NPC				-0.072*** (-8.29)	-0.005 (-0.97)	56.38***			
RPC							-0.491*** (-8.26)	-0.049 (-1.60)	53.21***
Share	0.025 (0.57)	0.014 (0.43)		0.016 (0.36)	0.015 (0.48)		0.025 (0.58)	0.015 (0.47)	
Size	-0.003 (-0.32)	-0.061*** (-7.62)		-0.000 (-0.04)	-0.061*** (-7.64)		-0.003 (-0.37)	-0.061*** (-7.64)	
Lev	0.495*** (14.34)	0.586*** (21.07)		0.489*** (14.21)	0.586*** (21.07)		0.492*** (14.32)	0.585*** (21.04)	
Roa	1.022*** (9.32)	1.351*** (14.73)		0.996*** (9.11)	1.348*** (14.69)		0.994*** (9.09)	1.349*** (14.71)	

续表

	(1)	(2)	(3)	(4)	(5)	(6)	(7)	(8)	(9)
	Cu	Cu	Chi2	Cu	Cu	Chi2	Cu	Cu	Chi2
	国有企业	民营企业		国有企业	民营企业		国有企业	民营企业	
$TobinQ$	0.015***	0.011***		0.016***	0.011***		0.016***	0.011***	
	(2.83)	(3.24)		(2.98)	(3.22)		(3.01)	(3.21)	
$Employee$	0.036***	0.050***		0.038***	0.050***		0.036***	0.050***	
	(4.44)	(8.36)		(4.66)	(8.33)		(4.38)	(8.28)	
Age	−0.006***	−0.019***		−0.006***	−0.019***		−0.006***	−0.019***	
	(−4.33)	(−19.32)		(−4.45)	(−19.22)		(−4.21)	(−19.28)	
$Industry\ \&\ Year$	Yes	Yes		Yes	Yes		Yes	Yes	
$\_cons$	0.195	1.016***		0.139	1.015***		0.217	1.021***	
	(1.20)	(7.05)		(0.86)	(7.03)		(1.34)	(7.07)	
adj. R^2	0.265	0.263		0.270	0.262		0.270	0.263	
N	4 058	4 855		4 058	4 855		4 058	4 855	

注：括号内为 t 值；***、**和*分别代表在1%、5%和10%的水平下显著。

表 8.11　产权性质、政治关联与产能过剩：Logit

	(1) 国有企业 Cu	(2) 民营企业 Cu	(3) Chi2	(4) 国有企业 Cu	(5) 民营企业 Cu	(6) Chi2	(7) 国有企业 Cu	(8) 民营企业 Cu	(9) Chi2
PC	0.391*** (4.17)	0.077 (0.97)	6.90***						
NPC				0.257*** (4.23)	−0.034 (−0.74)	15.25***			
RPC							1.865*** (4.34)	−0.043 (−0.15)	15.28***
$Share$	−0.267 (−0.94)	0.316 (1.08)		−0.243 (−0.85)	0.288 (0.98)		−0.278 (−0.98)	0.297 (1.02)	
$Size$	0.067 (1.12)	0.506*** (6.63)		0.065 (1.09)	0.512*** (6.71)		0.072 (1.21)	0.509*** (6.68)	
Lev	−2.362*** (−10.19)	−3.768*** (−13.50)		−2.348*** (−10.13)	−3.765*** (−13.50)		−2.356*** (−10.16)	−3.766*** (−13.50)	
Roa	−5.518*** (−7.43)	−12.612*** (−12.53)		−5.435*** (−7.32)	−12.546*** (−12.49)		−5.403*** (−7.28)	−12.567*** (−12.51)	

续表

	(1)	(2)	(3)	(4)	(5)	(6)	(7)	(8)	(9)
	国有企业 Cu	民营企业 Cu	Chi2	国有企业 Cu	民营企业 Cu	Chi2	国有企业 Cu	民营企业 Cu	Chi2
TobinQ	-0.063*	-0.042		-0.063*	-0.042		-0.064*	-0.042	
	(-1.74)	(-1.24)		(-1.76)	(-1.25)		(-1.76)	(-1.25)	
Employee	-0.216***	-0.517***		-0.220***	-0.517***		-0.211***	-0.517***	
	(-3.97)	(-8.64)		(-4.03)	(-8.65)		(-3.87)	(-8.64)	
Age	0.007	0.108***		0.007	0.106***		0.006	0.106***	
	(0.75)	(10.35)		(0.76)	(10.20)		(0.65)	(10.28)	
Industry & Year	Yes	Yes		Yes	Yes		Yes	Yes	
_cons	1.877*	-3.017**		1.958*	-3.058**		1.742*	-3.026**	
	(1.84)	(-2.25)		(1.91)	(-2.28)		(1.71)	(-2.26)	
adj. R^2	0.120	0.161		0.120	0.161		0.120	0.161	
N	4 058	4 855		4 058	4 855		4 058	4 855	

注：括号内为 z 值；***、**和*分别代表在1%、5%和10%的水平下显著。

8.5.2　政治关联与金融关联的替代效应

前文结论表明，政治关联（$Political$）这种纵向社会资本通过信贷资源配置降低产能利用率。而本书第 5 章的研究表明，金融关联（包括银行关联（BC）、券商关联（SC））①作为一种横向社会资本，也会影响企业金融资源获取，进而影响产能利用率。二者均通过资源配置机制影响企业资源获取，进而对企业产能利用状况产生影响。它们影响企业产能过剩的作用机制类似，可能存在替代效应。表 8.12 报告了回归结果。列（1）至列（3）中是否政治关联（PC）、银行关联（BC）、券商关联（SC）的系数均显著为负，但列（4）、列（5）中关键变量 $PC \times BC$、$PC \times SC$ 却不显著，此结果证实是否政治关联（PC）与金融关联（BC、SC）对产能利用率的影响存在替代效应。

表 8.12　政治关联、金融关联与产能利用率：OLS

	(1)	(2)	(3)	(4)	(5)
	Cu	Cu	Cu	Cu	Cu
PC	−0.050*** (−6.41)			−0.046*** (−5.59)	−0.048*** (−5.87)
BC		−0.099*** (−7.52)		−0.090*** (−5.02)	
SC			−0.085*** (−6.24)		−0.080*** (−4.49)
$PC \times BC$				−0.010 (−0.38)	
$PC \times SC$					−0.003 (−0.12)
$Share$	0.080*** (3.05)	0.087*** (3.34)	0.093*** (3.58)	0.073*** (2.80)	0.078*** (3.00)
$Size$	−0.022*** (−3.57)	−0.023*** (−3.88)	−0.024*** (−4.03)	−0.020*** (−3.40)	−0.021*** (−3.51)

①　公司高管具有商业银行工作背景的，BC 取 1，否则取 0；具有证券公司工作背景的，SC 取 1，否则取 0。

续表

	(1)	(2)	(3)	(4)	(5)
	Cu	*Cu*	*Cu*	*Cu*	*Cu*
Lev	0.522***	0.528***	0.521***	0.527***	0.520***
	(23.96)	(24.22)	(23.88)	(24.21)	(23.89)
Roa	1.135***	1.134***	1.116***	1.143***	1.127***
	(15.88)	(15.88)	(15.62)	(16.04)	(15.80)
TobinQ	0.014***	0.014***	0.014***	0.014***	0.015***
	(4.52)	(4.47)	(4.62)	(4.63)	(4.79)
Employee	0.044***	0.043***	0.044***	0.042***	0.043***
	(8.81)	(8.53)	(8.75)	(8.46)	(8.66)
Age	−0.011***	−0.011***	−0.010***	−0.011***	−0.011***
	(−14.84)	(−14.45)	(−14.04)	(−15.25)	(−14.87)
Industry & Year	Yes	Yes	Yes	Yes	Yes
_cons	0.394***	0.420***	0.430***	0.394***	0.402***
	(3.69)	(3.95)	(4.04)	(3.71)	(3.78)
adj.R^2	0.244	0.245	0.243	0.248	0.246
N	8 913	8 913	8 913	8 913	8 913

注：括号内为 t 值；***、**和*分别代表在1%、5%和10%的水平下显著。

　　本书也以产能过剩（*DCu*）替代产能利用率（*Cu*），进行了 Logit 回归。表 8.13 报告了回归结果。列（1）至列（3）中是否政治关联 *PC*、银行关联 *BC*、券商关联 *SC* 的系数均显著为正，但列（4）、列（5）中关键变量 *PC*×*BC*、*PC*×*SC* 却不显著，此结果证实是否政治关联（*PC*）与金融关联（*BC*、*SC*）在影响企业产能过剩方面存在替代效应。

表 8.13　政治关联、金融关联与产能过剩：Logit

	(1)	(2)	(3)	(4)	(5)
	DCu	*DCu*	*DCu*	*DCu*	*DCu*
PC	0.223***			0.187***	0.213***
	(3.81)			(3.05)	(3.52)
BC		0.523***		0.392***	
		(4.92)		(2.84)	

续表

	(1)	(2)	(3)	(4)	(5)
	DCu	DCu	DCu	DCu	DCu
SC			0.451***		0.431***
			(3.99)		(2.95)
PC×BC				0.267	
				(1.23)	
PC×SC					0.014
					(0.06)
Share	−0.367*	−0.390**	−0.435**	−0.330*	−0.361*
	(−1.90)	(−2.03)	(−2.27)	(−1.70)	(−1.87)
Size	0.212***	0.227***	0.228***	0.214***	0.213***
	(4.71)	(5.05)	(5.06)	(4.73)	(4.70)
Lev	−2.836***	−2.874***	−2.829***	−2.873***	−2.827***
	(−16.67)	(−16.85)	(−16.62)	(−16.82)	(−16.59)
Roa	−7.940***	−7.969***	−7.881***	−8.036***	−7.949***
	(−13.70)	(−13.74)	(−13.62)	(−13.81)	(−13.69)
TobinQ	−0.059**	−0.057**	−0.060***	−0.058**	−0.062***
	(−2.53)	(−2.45)	(−2.59)	(−2.50)	(−2.68)
Employee	−0.345***	−0.340***	−0.344***	−0.340***	−0.344***
	(−8.83)	(−8.70)	(−8.81)	(−8.68)	(−8.78)
Age	0.034***	0.033***	0.031***	0.036***	0.035***
	(6.07)	(5.83)	(5.53)	(6.34)	(6.09)
Industry & Year	Yes	Yes	Yes	Yes	Yes
_cons	0.610	0.354	0.387	0.485	0.554
	(0.79)	(0.46)	(0.50)	(0.63)	(0.72)
adj. R^2					
N	8 906	8 906	8 906	8 906	8 906

注：括号内为 t 值；***、** 和 * 分别代表在 1%、5% 和 10% 的水平下显著。

8.6　本章小结

　　本章从微观层面，研究企业政治关联这种纵向的社会资本影响企业产能过剩的作用机理，为化解供给侧的过剩产能提供证据支持。在中国经济渐进式转轨的背景下，基于关系和基于规则的两种治理模式并存，为企业的政治关联发挥资源配置功效提供了制度基础。企业政治关联帮助企业获取信贷资源的同时，也会过度刺激企业进行产能扩张，形成产能过剩风险。本章的实证检验结论表明：（1）企业的政治关联能够显著降低企业产能利用率，增大产能过剩的发生概率。（2）基于政府治理环境的分组检验发现，政府治理好的地区，政治关联降低产能利用率的作用更小，引发产能过剩的可能性更低。（3）对政治关联影响产能利用率的作用机制检验发现，政治关联通过企业长期借款的渠道降低产能利用率。（4）在控制内生性问题以及进行一系列替代性检验之后，本章的主要研究结论仍然成立，特别是对政治关联的替代性检验发现，在政治关联内部，政府型关联降低产能利用率的作用比代表型关联更大，通过银行借款降低产能利用率的作用机制也更显著。（5）进一步的检验发现，国有企业政治关联导致的产能利用率降幅更大、产能过剩概率更高；政治关联和金融关联在影响产能利用率方面，存在替代效应。

以上研究结论对于推进供给侧结构性改革，有效化解企业产能过剩具有一定的启示。首先，应当提高信贷资源配置的效率。本章的主要结论发现政治关联通过信贷资源配置渠道降低企业产能利用率、增大产能过剩概率，这启示我们在治理产能过剩问题时应当警惕企业利用政治关联过度融资，进而过度刺激产能扩张。应当逐步削弱政治关联这种基于关系的资源配置机制的作用，进一步强化利率的要素价格信号功能，发挥市场在信贷资源配置中的基础性作用。其次，着力提升政府治理水平。基于政府治理环境的分组检验结论启示我们，政府应当减少对信贷市场的干预，将主要精力投入制度建设，通过规范企业信息披露、加大对信贷违规行为的处罚力度等方式，为企业投融资行为提供良好的外部治理环境，减少政治关联对企业产能利用状况的消极影响。最后，重点加强国有企业的产能过剩治理。本章进一步检验发现政治关联对企业产能利用状况的消极影响在国有企业中更为突出，因此，国有企业应是治理的重点对象。

第9章 企业产能过剩
与企业创新

　　前面分析了我国经济转轨期正式的金融制度背景下资本配置效率对企业产能过剩的影响机制，以及非正式制度背景下企业的横向社会关系——金融关联和企业的纵向社会关系——政治关联影响企业产能过剩的机制，并得出初步的检验结论：低效率的资本配置导致企业产能过剩，企业利用金融关联和政治关联这两种关系机制的资源配置功效，获取了更多的金融资源，从而加剧了企业的产能过剩。上述研究结论对于我们认清微观层面的企业产能过剩形成机制具有一定积极意义。产能过剩作为一种颇具中国特色的现象，也一定会对中国的经济运行产生深刻影响。耿强等（2011）、程俊杰和刘志彪（2015）发现，产能过剩会引起经济波动。陆远权与朱小会（2016）发现，产能过剩会造成环境污染。实际上，产能过剩的宏观经济后果必定由其微观后果汇聚而来，加深对于产能过剩微观经济后果的认知，对正确处理其宏观经济后果具有重要意义。然而，现有文献集中于讨论产能过剩的形成原因，对上述问题关注不足。任何现象的经济后果都有可能是多元化的，因此，本章将利用企业层面的实证模型，探究产能过剩或积极、或消极的微观经济后果，为政府正确处理产能过剩的宏观经济后果提供微观证据。

目前我国经济正面临结构性调整，产业结构迫切需要从资源型、能耗型产业向知识型、智力型产业升级，而企业的创新行为是支撑产业结构升级的核心要素（付东和王天依，2016）。潘越等（2015）也指出，持续创新是提高企业竞争力的重要途径，也是实现地区经济可持续增长的重要源泉。自2006年我国政府提出创新型国家发展战略以来，创新已经成为提高我国综合国力的重要战略支撑。因此，深刻理解影响企业创新的因素对于促进企业创新、推进创新型国家建设具有重要意义。本章将产能过剩的微观经济后果与企业创新的影响因素两个重要的研究内容结合，探索产能过剩对企业创新的影响具有一定的理论和现实意义。

9.1 引　言

2016年5月，中共中央、国务院印发了《国家创新驱动发展战略纲要》，强调科技创新是提高社会生产力和综合国力的战略支撑，必须摆在国家发展全局的核心位置。其中提出了三步走的战略目标：第一步，到2020年进入创新型国家行列[①]；第二步，到2030年跻身创新型国家前列[②]；第三步，到2050年建成世界科技创新强国。企业是各类创新主体中最具活力和潜力的，要真正激发企业创新的积极性，除了打造适于创新的制度环境、市场环境和文化环境等外部环境之外，更需要探索企业内部异质性因素对创新的影响。只有深刻认识企业内部因素对创新驱动的影响，才能建设更加适合企业创新的外部环境。内外兼修才能鼓励创新。

[①] 在第一步战略目标中，要求到2020年研发（R&D）支出占GDP的比例提高至2.5%。

[②] 进一步地，到2030年研发（R&D）支出占GDP的比例要提高至2.8%。

关于企业创新的驱动因素，学术界展开了大量研究。熊彼特（Schumpeter，1942）认为企业规模越大、市场集中度越高，越有利于企业创新。此后，西方学者围绕企业规模、市场集中度与企业创新之间的关系，进行了大量实证研究，得出了不尽相同的结论。比如，市场规模方面，Urraca（1997）认为企业规模越大，越有能力支持企业创新以及分散创新的风险，其观点支持"熊彼特假说"；而Raider（1998）则认为，企业规模越小，越具有灵活性，越有利于创新，而规模越大，则制度刚性越强，创新激励越弱。此外，Lin et al.（2011）认为对经理人的激励也会影响企业创新；Hsu et al.（2014）认为金融发展水平会对创新产生影响；Hirshleifer et al.（2012）认为经理人过度自信也会影响企业创新。

近年来，中国的创新驱动因素成为国内学者的研究热点。潘越等（2015）、高洁等（2015）发现，区域法律环境会影响企业创新。张杰等（2015）、赵晶和孟维烜（2016）认为，政府及官员行为会影响企业创新。党力等（2015）、李后建和张剑（2015）指出腐败会影响企业创新。鞠晓生等（2013）研究发现，企业的融资约束越严重，营运资本对企业创新的平滑作用越大。解维敏和方红星（2011）发现，银行市场化改革和地区金融发展促进了企业研发投入。李文贵与余明桂（2015）、钟昀珈等（2016）发现，混合所有制改革会对企业创新产生影响。曾萍等（2013）、杨战胜与俞峰（2014）、严成樑（2012）探讨了社会资本对创新的影响。戴魁早与刘友金（2016）发现要素市场扭曲抑制创新。易靖韬等（2015）研究发现，高管过度自信程度越高，企业的创新投入和产出越大，并且这种关系因企业规模和债务水平不同而存在差异。王亚妮与程新生（2014）证实，当企业沉淀性冗余资源较少时，其与企业创新呈负相关关系；当沉淀性冗余资源较多时，其与企业创新呈正相关关系。毛其淋与许家云（2014）研究证实，中国企业的对外直接投资显著地增进了企业创新。付明卫等（2015）以风电制造业企业为样本的研究显示，国产化率保护提高风电发明技术的专利申请数量，即国产化率保护有利于企业创新。李春涛与宋敏（2010）发现，国有企业的创新投入和创新产出更高，经理层的激励能够促进企业创新，但这种促进作用受国有产权的削弱。潘越等（2016）发现，专利侵权诉讼既能激励原告创新也能激励被告创新；审判时长不会影响被告的创新，但会损害原告和行业追随者的创新。潘红波和陈世来（2017）发现，总经理或董事长的亲缘关系能促进企业创新，但非家族总经理或董事长的持股比例以及劳动合同法的实施会减弱这种促进作用。王文忠与曹雅丽（2017）发现，主政官员更替形成的政治冲击促进企业创新，而较高的市场化和法制化水平能加强这种促进作用。

纵观上述文献，学者们分别从宏观层面（制度环境、法制环境、金融发展、政府治理）、中观层面（市场集中度、要素市场扭曲等）、微观层面（管理者过度自信、企业融资约束）以及外生事件（腐败、混合所有制改革、官员视察）角度研究了企业创新的影响因素，但尚未关注企业产能过剩对创新的影响。产能过剩作为中国经济运行过程中特有的重要经济现象，会对企业创新产生影响：既可能因业绩下滑而损害创新投入，也可能因竞争压力或政府扶持而促进创新。因此，揭示产能过剩影响企业创新的机理，有助于加深对企业创新驱动因素的理解，有利于国家创新驱动发展战略的实施。

本章以2006—2015年我国制造业上市公司为样本，对产能过剩影响企业创新的促进观和抑制观的竞争性假设进行检验，并按照产权性质和市场竞争进行分组检验，以验证政府扶持效应和市场竞争效应。研究结果表明，产能利用率与企业创新负相关，产能过剩与企业创新正相关，即产能过剩影响企业创新的促进观得到支持；产能过剩促进企业创新是因为政府扶持而非市场竞争，即产能过剩促进创新的政府扶持效应存在。进一步的检验表明，产能过剩企业会通过增加银行借款的渠道增加创新投入。

本章的研究贡献在于：一是拓展了企业创新驱动因素研究的视角。现有文献较少关注企业产能利用状况对企业创新的影响，本章对该问题的研究增添了企业创新驱动因素研究的文献积累。二是加深了对于企业产能过剩微观经济后果的认知。现有研究主要关注产能过剩的宏观经济后果，但宏观经济后果必定由微观经济后果汇聚而来，本章的研究有利于我们深刻认识产能过剩宏观经济后果的微观基础。此外，一般而言，我们会认为产能过剩会有消极的经济后果，但任何经济现象都不会只产生单一性的后果。本章检验证实，产能过剩会因为政府扶持而促进创新，这有利于我们全面认识产能过剩的经济后果。

9.2　理论分析与研究假设

1. 产能过剩对企业创新的抑制观

创新有别于企业常规经营活动，具有投入高、风险高、周期长的特征（Hirshleifer et al.，2012），常常受制于企业的资源基础和经营战略导向（Munoz and Sanchez，2011）。这种对高强度、持续性的财力、人力资源的依赖（潘越等，2015），会使得企业因产能过剩丧失对创新的资源供给能力，进而抑制创新。第一，产能过剩表现为企业资产运营效率下降（修宗峰和黄健柏，2013；钱爱民和付东，2017），进而损害企业的毛利率、核心利润率等使其持续盈利能力下降（张新民，2017），企业留存收益降低将减少对企业创新的内源性资金支持能力。鞠晓生等（2013）指出企业创新需要充足的内部资金支持，而产能过剩对企业留存收益能力的损害将阻断这一创新支撑渠道。第二，企业资产运营效率、盈利能力下降等产能过剩的财务后果会向资本市场传递出关于企业的负面信号，从而减小企业获取外源性融资的成功概率，进而减少对企业创新的资金支持力度。虽然银行可能出于短期利益与企业合谋，对产能过剩企业恶性增资，共同促成"僵尸企业"，但银行的短期信贷通常仅用于维持企业日常运营，鲜有支持产能过剩企业高风险创新活动的情况；企业进行债券融资、股权融资需要满足一系列严格的财务指标，企业产能过剩的财务后果增加了企业融资难度。Hall（2002）认为创新活动本身就面临严重的外部融资约束，而上述产能过剩糟糕的财务后果无疑会加剧企业外部融资约束，制约企业创新。第三，创新过程产生的"新知识"依附于研发人员，难以有效"存储"，并且商业化周期长（Hall，2002）。因此，创新活动高度依赖研发团队的稳定性，一旦研发人员流失，创新的成果——"新知识"也将脱离企业，损害企业创新（鞠晓生等，2013）。产能过剩企业资产综合运营效率、盈利能力的下降会加大企业经营的不确定性，在人力资本市场日趋成熟的背景下，企业核心技术骨干人员的离职风险加大，企业研发团队的稳定性下降会损害企业创新。基于以上分析，本章提出假设：

H1：产能过剩降低企业支持创新的能力，抑制企业创新。

2. 产能过剩对企业创新的促进观

企业创新是高风险的探索活动，受企业投入创新的主观意愿以及外部资源支持力度影响较大。一定程度的产能过剩可能会因为市场竞争压力而增强投入创新的动机，或者因为受到政府扶持而获得更大的外部资源支持力度，从而促进企业创新。即产能过剩可能因为市场竞争效应或政府扶持效应而增进创新。

在市场竞争效应方面，Arrow（1962a）曾指出在竞争性的行业中，创新者能够得到低成本曲线所带来的全部收益，因而有更强的激励从事创新；而在垄断性行业中，低成本所带来的收益不再全部由创新者享有，因而对创新的激励较弱。即竞争越激烈，企业越有意愿从事创新。Tirole（1988）也提出类似观点——竞争性企业比垄断性企业更有动力创新，以期通过创新使自己成为垄断者。产能过剩企业通常面临激烈的市场竞争，市场竞争程度的提高，将对企业创新提供更强的激励。为了提升企业的可持续竞争能力，企业将加大研发支出——在激烈的市场竞争条件下，以及在轻度产能过剩还未实质性损害企业支持创新的能力时，企业有较强的动机加大研发投入，期待以更高技术含量的新产品开拓新市场，从而在激烈的竞争中胜出。此时，企业的研发支出通常不但不会降低，反而会增加。

在政府扶持效应方面，由于市场结构的内在缺陷以及创新活动的溢出效应，社会研发投入水平低下（Dasgupta and Stiglitz，1980；Spence，1984），因此，需要政府的政策支持来修正市场机制对创新活动的刺激失灵（郑绪涛和柳剑平，2008）。在创新型国家建设过程中，政府应当发挥推动企业创新的积极作用（曾萍和邬绮虹，

2014)。此外，Arrow（1962b）指出技术创新的溢出效应需要政府纠正技术溢出对创新激励的损害。具体而言，技术创新一方面可能出现"价格溢出"，即创新者无法实现创新的价格增值；另一方面可能出现"知识溢出"，即知识产权保护不足导致创新者的知识产出外溢，使未创新者"搭便车"。这时就需要政府干预，通过制度建设和政策支持，减少创新活动的外部性，保障创新企业的合理收益，进而鼓励创新。因此，为加速淘汰过剩产能，实现产业结构的转型升级，政府会对产能过剩企业伸出"扶持之手"，在融资便利政策、知识产权保护政策、科技政策、税收政策、土地政策等方面给予产能过剩企业（特别是产能过剩的国有企业）优惠。比如，《关于化解产能严重过剩矛盾的指导意见》（国发〔2013〕41 号）明确提出，"中央财政加大对产能严重过剩行业实施结构调整和产业升级的支持力度，各地财政结合实际安排专项资金予以支持"。

综上所述，产能过剩企业可能会因为市场竞争压力或政府扶持而增强进行创新活动的动机，进而促进企业创新。基于以上分析，本章提出假设：

H2：产能过剩增强企业投入创新的动机，促进企业创新。

以上是两个竞争性假设，如果产能利用率与企业创新正相关，产能过剩与企业创新负相关，则支持产能过剩的抑制观；如果产能利用率与企业创新负相关，产能过剩与企业创新正相关，则支持产能过剩的促进观。

9.3 研究设计

9.3.1 样本选择和数据来源

2006 年我国会计准则对企业研发支出处理做出了重大调整[①]，

---

① 2006 年以后我国会计准则将企业研发支出分为研究阶段支出和开发阶段支出，后者符合条件的可以资本化。

并且 Wind 数据库从 2006 年开始采集企业研发支出数据，所以本章
选取 2006—2015 年制造业上市公司（产能过剩问题主要发生在制造
业）为初始样本，剔除 ST 公司、数据缺失公司后，得到 7 602 个样
本。企业研发支出数据来自 Wind 数据库，其他数据来自 CSMAR
数据库。

9.3.2 变量设定

1. 企业创新

本章主要从研发投入的角度衡量企业创新，用企业的研发支
出表示创新水平，为消除规模效应的影响，参考潘越等（2015）
的方法，将企业研发支出除以营业收入，表示企业创新投入强度
（R_D）。R_D 越大，企业创新投入力度越大。考虑到企业产能
过剩对企业创新的影响可能存在时滞效应，本书在稳健性检验部分
构建 $T+1$、$T+2$ 期的企业创新变量 R_D_{t+1}、R_D_{t+2} 进行替代
性检验。

2. 产能利用率和产能过剩

目前我国尚缺乏系统、连续的企业产能利用率统计体系，准确
获取微观层面的企业产能利用率数据存在困难（高越青，2015）。已
有的微观产能过剩问题研究主要利用世界银行间断性的统计调查数
据（步丹璐等；2017），缺乏连续、系统、客观的数据支持。财务报
表作为企业经营财务后果的主要体现方式，产能过剩问题必定也会
反映于其中。因此，从产能过剩的财务后果视角分析，一方面企业
追加固定要素和可变要素投入的扩张行为，在财务上体现为固定资
产、存货等价值的超常规增长，最终体现为总资产规模过度膨胀；
另一方面，当市场需求没有与产能扩张协同增长时，产能过剩企业
将面临激烈的市场价格竞争，这将导致企业营业收入增长滞后于资
产规模增长，势必降低企业资产周转效率。修宗峰和黄健柏（2013）
使用固定资产周转率的倒数（固定资产收入比）衡量企业产能利用
率，为我们从财务会计视角解读企业产能过剩提供了新的思路。同

时，企业完整生产能力的形成除了固定要素投入之外，还包括可变要素投入（Kirkley et al.，2002），因此，本章使用总资产周转率（Cu_1，营业收入/期末总资产）和固定资产周转率（Cu_2，营业收入/固定资产净值）两个指标表示企业产能利用率。前者越低，表示一定产能总规模下，企业实际产出价值越低；后者越低，表示一定固定产能规模下，企业实际产出价值越低。二者均与产能利用率正相关。此外，借鉴修宗峰和黄健柏（2013）的方法，本章以公司所处行业（制造业 10 个细分行业）总资产周转率（Cu_1）和固定资产周转率（Cu_2）的 75% 分位数为临界点，设计产能过剩哑变量（$Cudummy_i$），将 Cu_1、Cu_2 小于临界点的公司赋值为 1，表示产能过剩，反之则赋值为 0。在稳健性检验部分，采用存货周转率（Cu_3）替代总资产周转率（Cu_1）和固定资产周转率（Cu_2），并按各产能利用率指标的行业中位数为临界点，设计产能过剩的替代变量（DCu_1、DCu_2）进行检验。

3. 市场竞争

为检验产能过剩影响企业创新的市场竞争效应，本章借鉴黄继承和姜付秀（2015）的研究，采用赫芬达尔-赫希曼指数（HHI）衡量市场竞争程度。HHI 指数越小，表示行业内相同规模的企业越多，市场竞争也就越激烈。借鉴谢德仁和陈运森（2009）区分金融生态环境的方法，本书以样本 HHI 指数的中值为临界点，将样本公司分为市场竞争激烈的公司（HHI 小于临界点）和市场竞争不激烈的公司（HHI 大于临界点）。

4. 产权性质

为检验产能过剩影响企业创新的政府扶持效应，本章按实际控制人的性质，将样本企业区分为国有企业（Soe 取 1）和民营企业（Soe 取 0）。

5. 银行借款

为检验产能过剩影响企业创新的作用机制，本章采用银行借款总额（$Tloan$）表示信贷资源获取总量，它等于（短期借款＋长期借

款＋一年内到期的非流动负债)/期末总资产；采用长期借款额
(*Lloan*) 表示长期信贷资源获取量，它等于长期借款/期末总资产。

6. 其他控制变量

参考钟昀珈等 (2016) 的研究，本章采用如下控制变量：股权
集中度 (*Share*)，等于第一大股东持股比例；公司规模 (*Size*)，等
于公司总资产的自然对数；资产负债率 (*Lev*)，等于负债总额/资产
总额；总资产收益率 (*Roa*)，等于净利润/平均总资产；托宾 Q
(*TobinQ*)，等于 (股权市值＋净债务市值)/总资产账面价值；上市
年龄 (*Age*)；固定资产占比 (*Tangibility*)，等于固定资产/总
资产。

9.3.3 模型设定

为检验企业创新和产能过剩的关系，借鉴钟昀珈等 (2016) 的
研究，本章构建如下模型进行检验：

$$
\begin{aligned}
Innovation = {} & \alpha_0 + \alpha_1 C_u (Cudummy) + \alpha_2 Share + \alpha_3 Size \\
& + \alpha_4 Lev + \alpha_5 Roa + \alpha_6 TobinQ + \alpha_7 Age \\
& + \alpha_8 Tangibility + \sum Industry \\
& + \sum Year + \varepsilon
\end{aligned} \tag{9.1}
$$

模型 (9.1) 中核心自变量为产能利用率 (*Cu*) 时，若 α_1 显著
为正，则支持产能过剩的抑制观；若 α_1 若显著为负，则支持产能过
剩的促进观。核心自变量为产能过剩 (*Cudummy*) 时，若 α_1 显著
为负，则支持产能过剩的抑制观；若 α_1 若显著为正，则支持产能过
剩的促进观。

9.4 实证结果分析

9.4.1 本章主要变量描述性统计

表 9.1 是本章主要变量描述性统计结果。R_D 的均值为

0.569，表明样本企业平均研发支出占营业收入的 56.9%；标准差为
3.444，表明样本企业的创新投入强度存在较大波动。Cu_1 和 Cu_2 的
均值分别为 0.498 和 4.933，标准差分别为 0.355 和 4.296，表明不
同企业之间的产能利用率存在较大差别，并且固定资产的利用效率
波动幅度大于总资产的利用效率。

表 9.1　主要变量描述性统计

变量名称	样本数	均值	中值	标准差	最小值	最大值
R_D	7 602	0.569	0.043	3.444	0	30.918
Cu_1	7 602	0.498	0.436	0.355	0.001	1.981
Cu_2	7 602	4.933	3.289	4.296	0.804	14.535
$Cudummy_1$	7 602	0.746	1.000	0.441	0	1.000
$Cudummy_2$	7 602	0.750	1.000	0.430	0	1.000
$Share$	7 602	0.360	0.345	0.143	0.099	0.756
$Size$	7 602	21.523	21.391	1.022	19.368	24.753
Lev	7 602	0.355	0.336	0.200	0.024	0.924
Roa	7 602	0.040	0.036	0.053	−0.219	0.212
$TobinQ$	7 602	2.301	1.768	1.847	0.246	9.988
Age	7 602	7.354	5.000	6.046	0	25.000
$Tangibility$	7 602	0.157	0.127	0.129	0	0.803

此外，我们还按照行业竞争激烈与否对主要变量进行了分组描
述性统计。结果表明，行业竞争激烈的样本企业的产能利用率
（Cu_1、Cu_2）均较低，即行业竞争越激烈，企业产能利用率越低，
但是两组企业的创新投入（R_D）没有明显区别。限于篇幅，没有
报告分组统计结果。

9.4.2　回归结果分析

1. 产能过剩与企业创新：抑制还是促进

表 9.2 报告了企业产能利用率与创新投入之间的回归结果。列
（1）的单变量回归显示总资产利用效率（Cu_1）的系数在 1% 的显著

性水平下为负，表明企业产能利用率下降反而会使其增加创新投入。列（2）加入控制变量的回归结果显示，Cu_1 的系数绝对值虽然变小，但仍然显著为负，即企业产能利用率与其创新投入具有较强的负相关关系。列（3）和列（4）是以固定资产利用效率（Cu_2）衡量产能利用率进行的单变量回归和多变量回归。可以得到相同的结论：企业产能利用率与其创新投入显著负相关。上述结论说明，产能利用率的降低，会使企业增加研发投入强度，而不是相反。这就支持了本书的促进观假设。

表9.2   企业产能利用率与企业创新投入

	(1)	(2)	(3)	(4)
	R_D	R_D	R_D	R_D
Cu_1	−2.067***	−1.727***		
	(−19.02)	(−13.67)		
Cu_2			−0.073***	−0.207***
			(−7.96)	(−18.72)
Share		−0.400		−0.265
		(−1.44)		(−0.96)
Size		0.256***		0.274***
		(4.94)		(5.35)
Lev		−1.952***		−1.951***
		(−7.84)		(−8.03)
Roa		1.345		0.622
		(1.56)		(0.74)
TobinQ		−0.041		−0.038
		(−1.40)		(−1.31)
Age		0.110***		0.109***
		(14.57)		(14.50)
Tangibility		−2.570***		−7.841***
		(−7.73)		(−20.13)
Industry	No	Yes	No	Yes
Year	No	Yes	No	Yes
_cons	1.598***	−2.808**	0.929***	−2.230**
	(24.05)	(−2.52)	(15.51)	(−2.02)

续表

	(1)	(2)	(3)	(4)
	R_D	R_D	R_D	R_D
adj. R^2	0.045	0.107	0.008	0.126
N	7 602	7 602	7 602	7 602

注：括号内为 t 值；＊＊＊、＊＊和＊分别代表在 1%、5%和 10%的水平下显著。

其他控制变量的回归结果表明，企业规模越大，其创新投入力度越强；负债水平越高，企业受制于资金压力，其创新投入力度越低；企业上市时间越长，其创新投入强度越大；企业总资产中固定资产比重越高，其创新投入强度越低；而股权集中度和总资产收益率则无显著相关性。

表 9.3 报告了企业产能过剩与创新投入的回归结果。列（1）的单变量回归中，产能过剩（$Cudummy_1$）的系数显著为正；列（2）的多变量回归中，产能过剩（$Cudummy_1$）的系数仍然显著为正。这表明与未发生产能过剩的企业相比，产能过剩企业的创新投入强度更高。列（3）和列（4）是以 $Cudummy_2$ 衡量的产能过剩变量进行的回归，可以得到相同的结论：产能过剩的企业会进行更高强度的创新投入。以上结论再次支持了产能过剩对企业创新投入的促进观假设。

表 9.3　企业产能过剩与创新投入

	(1)	(2)	(3)	(4)
	R_D	R_D	R_D	R_D
$Cudummy_1$	0.727＊＊＊	0.422＊＊＊		
	(8.15)	(4.53)		
$Cudummy_2$			0.436＊＊＊	1.198＊＊＊
			(4.76)	(11.68)
$Share$		－0.554＊＊		－0.467＊
		（－1.97）		（－1.67）
$Size$		0.260＊＊＊		0.271＊＊＊
		(4.96)		(5.22)

续表

	(1)	(2)	(3)	(4)
	R_D	R_D	R_D	R_D
Lev		-2.590^{***}		-2.382^{***}
		(-10.44)		(-9.74)
Roa		-0.328		-0.339
		(-0.38)		(-0.40)
TobinQ		-0.051^{*}		-0.043
		(-1.74)		(-1.48)
Age		0.120^{***}		0.115^{***}
		(15.80)		(15.12)
Tangibility		-3.410^{***}		-5.770^{***}
		(-10.30)		(-15.57)
Industry	No	Yes	No	Yes
Year	No	Yes	No	Yes
_cons	0.034	-3.639^{***}	0.240^{***}	-3.964^{***}
	(0.44)	(-3.22)	(3.01)	(-3.54)
adj. R^2	0.009	0.088	0.003	0.101
N	7 602	7 602	7 602	7 602

注：括号内为 t 值；$***$、$**$ 和 $*$ 分别代表在 1%、5% 和 10% 的水平下显著。

2. 产能过剩促进企业创新：政府扶持还是市场竞争

前文无论是以产能利用率（Cu_1、Cu_2）还是产能过剩（$Cudummy_1$、$Cudummy_2$）进行的实证检验都表明产能过剩会促进企业创新投入，然而产能过剩如何促进企业创新投入仍然未得到证实。本书在产能过剩对企业创新投入的促进观的论证过程中提出了两种可能的方式：政府扶持和市场竞争。政府扶持效应认为政府为化解产能过剩企业的过剩产能，会通过给予其融资便利、专项资金支持、税收优惠等政策，鼓励企业创新，从而推动产能过剩企业进行结构调整和产品升级。如果政府扶植效应存在，那么与政府存在天然联系的国有企业一定会因为政府的"父爱主义"关怀而获得更多政府政策支持，从而具备比民营企业更强的创新研发投入强度。因此，如果国有企业的产能过剩促进了其更高强度的创新投入，则可以间接证明政府扶植效应的存在。市场竞争效应认为，产能过剩企业面临更为激烈的市场竞争，竞争压力促使其有更强烈的研发投入意愿，期望通过产品创新在市场竞争中胜出，从而导致企业更高强度的创新研发投入。如果市场竞争效应存在，那么面临市场竞争更为激烈的企业的研发投入强度应该更高。因此，如果市场竞争激烈的企业的产能过剩促进了其更高强度的创新投入，则可以间接验证市场竞争效应的存在。

（1）政府扶持效应。表 9.4 报告了按产权性质分组，产能利用率（Cu_i）对创新投入（R_D）的检验结果。列（1）中产能利用率（Cu_1）的系数显著为负，表明国有企业产能利用率下降会促进其创新投入；列（2）中产能利用率（Cu_1）的系数也显著为负，表明民营企业的产能利用率下降也增加企业的创新投入强度。更为关键的是，列（1）中产能利用率（Cu_1）的系数绝对值明显大于列（2）中产能利用率（Cu_1）的系数绝对值（2.868＞0.842），并且列（3）中对前两组回归中 Cu_1 系数的差异性检验表明，二者存在显著差异（Chi2 值为 43.15，并且在 1％的水平下显著）。上述结果证实，与民营企业相比，国有企业产能利用率下降会使其创新投入强度更大幅度地增加。列（4）和列（5）中产能利用率（Cu_2）的系数也显著为负，并且国有企业组的回归系数更小；列（6）中对前两组回归中 Cu_2 系数的差异性检验结果表明二者存在显著差异（Chi2 值为 36.58，并且在 1％的水平下显著）。上述检验结果证实，国有企业的产能利用率下降会促使其更高强度的创新投入，即受惠于政府的"父爱主义"关怀，国有企业获得了更多的鼓励创新的政策倾斜，进而形成了更高强度的研发投入。产能过剩促进企业创新投入的政府扶持效应得到间接证实。

表 9.4　产权性质、产能利用率与创新投入

	(1)	(2)	(3)	(4)	(5)	(6)
	R_D	R_D	Chi2	R_D	R_D	Chi2
	国有企业	民营企业		国有企业	民营企业	
Cu_1	−2.868*** (−11.30)	−0.842*** (−7.22)	43.15***			

续表

	(1)	(2)	(3)	(4)	(5)	(6)
	R_D	R_D	Chi2	R_D	R_D	Chi2
	国有企业	民营企业		国有企业	民营企业	
Cu_2				-0.374^{***}	-0.108^{***}	36.58^{***}
				(-14.06)	(-12.09)	
$Share$	-1.919^{***}	-0.142		-1.711^{**}	-0.016	
	(-2.85)	(-0.63)		(-2.57)	(-0.07)	
$Size$	0.288^{***}	0.120^{**}		0.299^{***}	0.135^{***}	
	(2.76)	(2.45)		(2.89)	(2.80)	
Lev	-3.497^{***}	-0.509^{**}		-3.547^{***}	-0.489^{**}	
	(-6.64)	(-2.33)		(-6.87)	(-2.33)	
Roa	2.569	-0.146		1.419	-0.291	
	(1.40)	(-0.20)		(0.79)	(-0.41)	
$TobinQ$	-0.102	-0.015		-0.111	-0.013	
	(-1.32)	(-0.65)		(-1.46)	(-0.57)	
Age	0.128^{***}	0.053^{***}		0.125^{***}	0.055^{***}	
	(6.63)	(6.86)		(6.57)	(7.38)	
$Tangibility$	-2.823^{***}	-1.421^{***}		-10.555^{***}	-4.516^{***}	
	(-3.83)	(-4.92)		(-13.32)	(-12.54)	
$Industry$	Yes	Yes		Yes	Yes	
$Year$	Yes	Yes		Yes	Yes	
$\_cons$	-1.228	-1.143		-0.228	-0.913	
	(-0.54)	(-1.07)		(-0.10)	(-0.87)	
adj. R^2	0.158	0.053		0.178	0.071	
N	2 771	4 831		2 771	4 831	

注：括号内为 t 值；＊＊＊、＊＊和＊分别代表在1%、5%和10%的水平下显著。

　　表9.5报告了按产权性质分组，产能过剩（$Cudummy_i$）对创新投入（R_D）的回归结果。列（1）中产能过剩（$Cudummy_1$）的系数显著为正，表明在国有企业中，产能过剩企业比非产能过剩

企业的创新投入强度更高；列（2）中产能过剩（$Cudummy_1$）的系数也显著为正，表明在民营企业中，产能过剩也能增加企业创新投入；更为关键的是，列（1）中产能过剩（$Cudummy_1$）的系数大于列（2）中产能过剩（$Cudummy_1$）的系数，并且两组回归中的系数差异性检验结果表明二者存在显著差异（Chi2 值为 39.48，并且在 1%的水平下显著）。以上检验结果证实，国有企业产能过剩促使其比民营企业更多地增加创新投入。列（4）和列（5）中产能过剩（$Cudummy_2$）的系数均显著为正，并且国有企业组的回归系数更大，同时两组回归系数存在显著差别（Chi2 值为 23.30，并且在 1%的水平下显著）。这表明以 $Cudummy_2$ 替代 $Cudummy_1$ 可以得到相同的结论：国有企业的产能过剩能够比民营企业带来更多的创新投入。产能过剩促进企业创新投入的政府扶持效应结论稳健。

表 9.5　产权性质、产能过剩与创新投入

	(1)	(2)	(3)	(4)	(5)	(6)
	R_D	R_D	Chi2	R_D	R_D	Chi2
	国有企业	民营企业		国有企业	民营企业	
$Cudummy_1$	1.013***	0.125*	39.48***			
	(4.78)	(1.65)				
$Cudummy_2$				2.088***	0.648***	23.30***
				(8.25)	(8.10)	
$Share$	−1.970***	−0.193		−1.912***	−0.123	
	(−2.87)	(−0.85)		(−2.81)	(−0.55)	
$Size$	0.282***	0.136***		0.289***	0.145***	
	(2.65)	(2.77)		(2.73)	(2.97)	
Lev	−4.277***	−0.924***		−4.061***	−0.760***	
	(−8.04)	(−4.33)		(−7.70)	(−3.63)	
Roa	0.416	−1.250*		0.131	−1.000	
	(0.22)	(−1.70)		(0.07)	(−1.40)	
$TobinQ$	−0.129	−0.017		−0.110	−0.014	
	(−1.64)	(−0.77)		(−1.40)	(−0.60)	

续表

	(1)	(2)	(3)	(4)	(5)	(6)
	R_D	R_D	Chi2	R_D	R_D	Chi2
	国有企业	民营企业		国有企业	民营企业	
Age	0.132***	0.064***		0.124***	0.060***	
	(6.71)	(8.39)		(6.35)	(7.92)	
$Tangibility$	−4.412***	−1.748***		−7.969***	−3.178***	
	(−5.97)	(−6.07)		(−10.14)	(−9.61)	
$Industry$	Yes	Yes		Yes	Yes	
$Year$	Yes	Yes		Yes	Yes	
$\_cons$	−2.756	−1.699		−3.130	−1.999*	
	(−1.18)	(−1.59)		(−1.36)	(−1.88)	
adj.R^2	0.126	0.043		0.140	0.055	
N	2 771	4 831		2 771	4 831	

注：括号内为 t 值；***、** 和 * 分别代表在 1%、5% 和 10% 的水平下显著。

（2）市场竞争效应。表 9.6 报告了按市场竞争激烈与否分组，产能利用率对创新投入的回归结果。列（1）中产能利用率（Cu_1）的系数显著为负，表明市场竞争激烈的企业的产能利用率下降会带来更多的创新投入；列（2）中产能利用率（Cu_1）的系数也显著为负，表明市场竞争相对缓和的企业的产能利用率下降也会带来更多的创新投入；更为关键的是，两组回归中产能利用率（Cu_1）的系数不存在明显差别，并且系数差异性检验结果表明二者的确没有显著差异（Chi2 值为 0.48，并且不显著）。以上结果证实，企业面临的市场竞争激烈与否并不会对产能利用率和创新投入之间的关系造成明显影响。即企业不会因为市场竞争激烈与否而投入更多或更少的创新支出。列（4）和列（5）中 Cu_2 的回归系数虽然都显著为负，但并不存在显著差别；列（6）的系数差异性检验也表明前两组回归中 Cu_2 的系数无显著差异（Chi2 值为 0.62，并且不显著）。这再次证实，企业产能利用率下降虽然会增加企业创新投入支出，但并不会因为市场竞争差异而存在明显差别。至此，本书样本并不支持产能过剩促进企业创新的市场竞争假设。对于这样的检验结果，可能的解释是，市场竞争虽然会增强企业支持创新的主观动机，但增加创新投入需要足够资源供给能力，产能过剩企业会因为业绩下滑等原因而失去对创新活动的资源供给能力。即意愿虽然强烈，但能力不足。

表 9.6　市场竞争、产能利用率与创新投入

	(1)	(2)	(3)	(4)	(5)	(6)
	R_D	R_D	Chi2	R_D	R_D	Chi2
	竞争激烈	竞争不激烈		竞争激烈	竞争不激烈	
Cu_1	-1.903^{***}	-1.699^{***}	0.48			
	(-8.69)	(-10.96)				
Cu_2				-0.226^{***}	-0.197^{***}	0.62
				(-13.66)	(-13.17)	
$Share$	-1.017^{**}	0.117		-0.996^{**}	0.316	
	(-2.53)	(0.30)		(-2.51)	(0.82)	
$Size$	0.107	0.345^{***}		0.118	0.374^{***}	
	(1.33)	(5.05)		(1.49)	(5.52)	
Lev	-2.139^{***}	-1.688^{***}		-1.928^{***}	-1.903^{***}	
	(-6.04)	(-4.78)		(-5.60)	(-5.53)	
Roa	0.526	2.401^{**}		0.073	1.250	
	(0.41)	(2.07)		(0.06)	(1.10)	
$TobinQ$	-0.069	-0.022		-0.052	-0.030	
	(-1.59)	(-0.55)		(-1.21)	(-0.76)	
Age	0.126^{***}	0.098^{***}		0.125^{***}	0.096^{***}	
	(11.75)	(9.10)		(11.80)	(9.01)	
$Tangibility$	-2.872^{***}	-2.266^{***}		-8.408^{***}	-7.517^{***}	
	(-6.14)	(-4.77)		(-15.22)	(-13.58)	
$Industry$	Yes	Yes		Yes	Yes	
$Year$	Yes	Yes		Yes	Yes	

续表

	(1)	(2)	(3)	(4)	(5)	(6)
	R _ D	R _ D	Chi2	R _ D	R _ D	Chi2
	竞争激烈	竞争不激烈		竞争激烈	竞争不激烈	
_cons	0.993	−5.066***		1.735	−4.679***	
	(0.58)	(−3.47)		(1.03)	(−3.23)	
adj.R^2	0.113	0.104		0.139	0.116	
N	3 665	3 937		3 665	3 937	

注：括号内为 t 值；***、**和*分别代表在 1%、5% 和 10% 的水平下显著。

表 9.7 报告了按市场竞争程度分组，产能过剩对企业创新投入的回归结果。[①] 列（1）和列（2）中产能过剩（$Cudummy_2$）的系数均显著为正，表明产能过剩会增加企业的创新投入强度，但两组回归中产能过剩（$Cudummy_2$）的系数并不存在明显差别，并且列（3）的系数差异性检验结果证实，二者的确无显著差异（Chi2 值为 0.38，并且不显著）。上述检验结果再次证实，产能过剩促进企业创新的效果并不会因为市场竞争程度差异而不同，即本书样本不支持市场竞争效应的存在。

表 9.7　市场竞争、产能过剩与创新投入

	(1)	(2)	(3)
	R _ D	R _ D	Chi2
	竞争激烈	竞争不激烈	
$Cudummy_2$	1.291***	1.147***	0.38
	(8.27)	(8.39)	
Share	−1.077***	0.025	
	(−2.67)	(0.06)	
Size	0.153*	0.348***	
	(1.91)	(5.06)	
Lev	−2.442***	−2.275***	
	(−7.04)	(−6.56)	

---

① 这里仅以 $Cudummy_2$ 作为产能过剩的代表变量。

续表

	(1)	(2)	(3)
	R_D	R_D	Chi2
	竞争激烈	竞争不激烈	
Roa	−1.456	0.691	
	(−1.16)	(0.60)	
$TobinQ$	−0.051	−0.038	
	(−1.18)	(−0.96)	
Age	0.128***	0.104***	
	(11.87)	(9.73)	
$Tangibility$	−6.095***	−5.568***	
	(−11.67)	(−10.51)	
$Industry$	Yes	Yes	
$Year$	Yes	Yes	
$\_cons$	−0.779	−5.846***	
	(−0.46)	(−3.97)	
adj. R^2	0.111	0.093	
N	3 665	3 937	

注：括号内为 t 值；***、** 和 * 分别代表在 1%、5% 和 10% 的水平下显著。

　　纵观上述研究结论可以发现，产能过剩会促进企业创新投入，但这种促进效应的原因是政府扶持，而非市场竞争压力。面临激烈市场竞争的企业虽然可能会有意愿增加创新投入，但产能过剩损害了其支持创新的资源供给能力。因此，产能过剩企业增加创新投入主要还是依靠政府的政策扶持。

9.4.3　稳健性检验

1. 控制内生性问题

　　本章前述的核心结论是产能过剩会促进企业创新投入，具体分为两个方面：一是产能过剩变量（$Cudummy_i$）与创新投入（R_D）正相关，二是产能利用率变量（Cu_i）与创新投入（R_D）负相关。为了控制可能的内生性问题，本章对产能过剩哑变量（$Cudummy_i$）采用倾向匹配得分法（PSM）进行稳健性检验；对产能利用率连续变量（Cu_i），本章采用 Fisman and Svensson（2007）提出的构造分组平均值作为工具变量的思路，以产能利用率的行业-省份均值（$meanCu_i$）作为工具变量，进行 2SLS 回归检验。

（1）倾向匹配得分估计。

表 9.8 报告了采用最邻近匹配（一对一匹配）的结果。ATT 的估计值为 0.352，对应的 t 值为 5.47，大于 2.56 的临界值，显著。这表明，按照股权集中度（$Share$）、公司规模（$Size$）、资产负债率（Lev）、总资产报酬率（Roa）、托宾 Q（$TobinQ$）、上市年龄（Age）以及固定资产比例（$Tangibility$）进行倾向匹配得分之后，产能过剩企业（处理组）的创新投入强度（R_D）会显著地高于非产能过剩企业（控制组）。即产能过剩会导致企业创新投入强度显著提高。本书结论稳健。

表 9.8　倾向匹配得分检验

变量	样本	处理组	控制组	组间差异	标准误	t 值
R_D	Unmatched	0.761	0.034	0.727	0.089	8.15
	ATT	0.386	0.034	0.352	0.064	5.47

表 9.9 报告了对 $Cudummy_2$ 进行倾向匹配得分检验的结果。ATT 的估计值为 1.645，对应的 t 值为 10.63，超过 2.56 的临界值，显著。即企业产能过剩会导致其创新投入强度显著增强。

表 9.9　倾向匹配得分检验

变量	样本	处理组	控制组	组间差异	标准误	t 值
R_D	Unmatched	0.676	0.240	0.436	0.092	4.76
	ATT	1.885	0.240	1.645	0.155	10.63

（2）2SLS 回归。

表 9.10 报告了以产能利用率（Cu_1、Cu_2）的行业-省份均值（$meanCu_1$、$meanCu_2$）作为工具变量的两阶段回归的第二阶段结果。列（2）中 Cu_1 的系数仍然显著为负，列（4）中 Cu_2 的系数也显著为负。这表明在采用工具变量控制内生性问题之后，产能利用率仍然与创新投入显著负相关。即企业产能过剩对企业创新的促进观成立。本章结论稳健。

表 9.10　产能利用率与创新：2SLS

	(1)	(2)	(3)	(4)
	Cu_1	R_D	Cu_2	R_D
$meanCu_1$	0.784***			
	(37.11)			
Cu_1		−2.084***		
		(−6.51)		
$meanCu_2$			0.617***	
			(28.61)	
Cu_2				−0.182***
				(−5.18)
$Share$	0.113***	−0.363	1.395***	−0.303
	(4.86)	(−1.30)	(5.12)	(−1.08)
$Size$	−0.006	0.254***	0.072	0.273***
	(−1.49)	(4.91)	(1.41)	(5.34)
Lev	0.432***	−1.777***	3.764***	−2.052***
	(21.26)	(−6.20)	(15.93)	(−7.39)
Roa	1.248***	1.854*	7.902***	0.414
	(17.66)	(1.94)	(9.60)	(0.47)
$TobinQ$	0.005**	−0.039	0.029	−0.039
	(2.11)	(−1.34)	(1.00)	(−1.36)
Age	−0.004***	0.108***	−0.050***	0.110***
	(−6.98)	(13.91)	(−6.79)	(14.23)
$Tangibility$	0.501***	−2.343***	−17.485***	−7.343***
	(18.36)	(−6.16)	(−53.11)	(−9.44)
$Industry$	Yes	Yes	Yes	Yes
$Year$	Yes	Yes	Yes	Yes
$\_cons$	−0.056	−2.713**	0.866	−2.354**
	(−0.59)	(−2.43)	(0.79)	(−2.11)
adj. R^2	0.409	0.106	0.451	0.125
N	7 602	7 602	7 602	7 602

注：括号内为 z 值；＊＊＊、＊＊和＊分别代表在 1%、5%和 10%的水平下显著。

2. 变量替代性检验

为了控制产能过剩影响企业创新的时滞问题，本章借鉴 Tan et

al.（2015）、钟昀珈等（2016）的研究方法，采用企业创新滞后 1
期、2 期的数据 R_D_{t+1}、R_D_{t+2} 进行替代性检验。同时，借鉴
修宗峰和黄健柏（2013）的方法，对企业产能利用率采用存货周转
率（Cu_3）进行替代性检验，对产能过剩采用行业中位数为临界点划
分的产能过剩变量（DCu_1、DCu_2）进行替代性检验。

表 9.11 报告了企业创新投入的替代性检验结果。列（1）、列
（2）中产能利用率（Cu_1、Cu_2）的系数均显著为负。列（3）、列
（4）中产能过剩（$Cudummy_1$、$Cudummy_2$）的系数均显著为正。
上述结论表明考虑时滞效应之后，本书结论依然稳健。①

表 9.11　企业创新的替代性检验

	(1) R_D_{t+1}	(2) R_D_{t+1}	(3) R_D_{t+1}	(4) R_D_{t+1}
Cu_1	−1.484*** (−10.45)			
Cu_2		−0.167*** (−12.96)		
$Cudummy_1$			0.311*** (2.96)	
$Cudummy_2$				0.908*** (7.77)
$Share$	−0.427 (−1.36)	−0.335 (−1.07)	−0.572* (−1.80)	−0.513 (−1.62)
$Size$	0.316*** (5.41)	0.334*** (5.75)	0.321*** (5.46)	0.331*** (5.65)
Lev	−2.335*** (−8.18)	−2.330*** (−8.29)	−2.924*** (−10.32)	−2.739*** (−9.75)
Roa	−0.840 (−0.83)	−1.514 (−1.53)	−2.464** (−2.43)	−2.436** (−2.45)

① 采用 $t+2$ 期的创新投入变量进行替代性检验结论依然稳健，本章不再报告结果。

续表

	(1)	(2)	(3)	(4)
	R_D_{t+1}	R_D_{t+1}	R_D_{t+1}	R_D_{t+1}
$TobinQ$	0.020	0.026	0.013	0.021
	(0.50)	(0.66)	(0.31)	(0.53)
Age	0.116***	0.114***	0.125***	0.120***
	(13.36)	(13.14)	(14.39)	(13.74)
$Tangibility$	−2.570***	−6.893***	−3.337***	−5.144***
	(−6.81)	(−15.40)	(−8.92)	(−12.17)
$Industry$	Yes	Yes	Yes	Yes
$Year$	Yes	Yes	Yes	Yes
$\_cons$	−3.901***	−3.559***	−4.592***	−4.871***
	(−3.10)	(−2.84)	(−3.61)	(−3.85)
adj.R^2	0.101	0.110	0.086	0.094
N	6 011	6 011	6 011	6 011

注：括号内为 t 值；***、** 和 * 分别代表在 1%、5% 和 10% 的水平下显著。

表 9.12 报告了采用存货周转率（Cu_3）以及产能过剩（DCu_1、DCu_2）进行替代性检验的结果。列（1）中 Cu_3 的系数显著为负，列（2）、列（3）中 DCu_1、DCu_2 的系数显著为正。这证明本章研究结论稳健。

表 9.12　产能利用率、产能过剩的替代性检验

	(1)	(2)	(3)
	R_D	R_D	R_D
Cu_3	−0.018***		
	(−4.13)		
DCu_1		0.703***	
		(8.34)	
DCu_2			1.591***
			(17.43)

续表

	（1）	（2）	（3）
	R _ D	*R _ D*	*R _ D*
Share	0.080	−0.507*	−0.379
	（0.64）	（−1.81）	（−1.37）
Size	0.044*	0.247***	0.276***
	（1.83）	（4.73）	（5.37）
Lev	−0.645***	−2.324***	−2.087***
	（−5.84）	（−9.31）	（−8.59）
Roa	−1.183***	0.472	1.095
	（−3.04）	（0.54）	（1.30）
TobinQ	−0.012	−0.047	−0.035
	（−0.87）	（−1.60）	（−1.22）
Age	0.029***	0.114***	0.107***
	（8.09）	（14.92）	（14.27）
Tangibility	−1.049***	−2.987***	−7.055***
	（−7.13）	（−8.91）	（−18.83）
Industry	Yes	Yes	Yes
Year	Yes	Yes	Yes
_ cons	−0.418	−3.554***	−3.655***
	（−0.81）	（−3.16）	（−3.30）
adj. R^2	0.028	0.094	0.121
N	7 286	7 602	7 602

注：括号内为 *t* 值；***、**和*分别代表在 1%、5%和10%的水平下显著。

9.5　进一步检验

9.5.1　产能过剩影响企业创新的作用机制检验

前面的研究结论表明产能过剩会促进企业创新，特别是国有企业在政府扶持之下，增加创新投入的力度更大。那么，产能过剩究竟会通过什么渠道支撑企业创新是值得检验的命题。众所周知，企业创新离不开资金支持，在我国以银行为中介的间接融资仍然是企业融资主要来源的背景下，银行借款可能是产能过剩促进企业创新的中介渠道。在这一部分，我们将对此问题进行实证检验。

1. 以银行借款总额为中介变量的检验

表 9.13 报告了以银行借款总额为中介变量的检验结果。列（1）中产能过剩（$Cudummy_1$）的回归系数显著为正，这与表 9.3 中列（2）的结果一致，表明产能过剩会增加企业创新投入。列（2）中产能过剩（$Cudummy_1$）的系数显著为正，表明产能过剩企业反而会获得更多的银行借款总额（$Tloan$）。这可能是因为在政府扶持政策激励下，产能过剩企业获得更多的银行融资优惠。这一结果也在一定程度上解释了我国"僵尸企业"大量出现的原因。列（3）中产能过剩（$Cudummy_1$）的回归系数依然为正，但其数值和 t 值均有不同程度的下降（0.360＜0.422；3.83＜4.53），并且列（4）针对列（1）、列（3）中 $Cudummy_1$ 系数的差异性检验结果表明二者存在显著差别（Chi2 值为 15.94，在 1％ 的水平下显著）。以上结论证实了部分中介效应的存在，即产能过剩企业部分地通过银行借款的渠道增加企业创新投入。此外，列（3）中银行借款总额（$Tloan$）的系数显著为正，表明银行借款越多，企业创新投入强度越大。

表 9.13　产能过剩影响创新投入的中介效应检验：以银行借款总额为中介

	(1)	(2)	(3)	(4)
	R_D	$Tloan$	R_D	Chi2：(1)(3)
$Cudummy_1$	0.422***	0.030***	0.360***	15.94***
	(4.53)	(12.36)	(3.83)	
$Tloan$			2.068***	
			(4.71)	
$Share$	−0.554**	−0.007	−0.539*	
	(−1.97)	(−0.99)	(−1.92)	

续表

	(1)	(2)	(3)	(4)
	R_D	$Tloan$	R_D	Chi2：(1)(3)
Size	0.260***	−0.005***	0.270***	
	(4.96)	(−3.59)	(5.16)	
Lev	−2.590***	0.460***	−3.542***	
	(−10.44)	(70.83)	(−11.08)	
Roa	−0.328	−0.158***	−0.001	
	(−0.38)	(−6.95)	(−0.00)	
TobinQ	−0.051*	−0.006***	−0.039	
	(−1.74)	(−7.95)	(−1.31)	
Age	0.120***	−0.001***	0.122***	
	(15.80)	(−3.47)	(16.00)	
Tangibility	−3.410***	0.103***	−3.623***	
	(−10.30)	(11.85)	(−10.86)	
Industry	Yes	Yes	Yes	
Year	Yes	Yes	Yes	
_cons	−3.639***	0.123***	−3.894***	
	(−3.22)	(4.16)	(−3.44)	
adj.R^2	0.088	0.604	0.090	
N	7 602	7 602	7 602	

注：括号内为 t 值；***、**和*分别代表在1%、5%和10%的水平下显著。

2. 以银行长期借款为中介变量的检验

企业创新是一项长期的、高风险的探索活动，需要持续的资金供给，为避免短期融资带来的财务风险，企业可能更倾向于利用长期借款投入创新研发。因此，我们又以银行长期借款（$Lloan$）作为中介变量，进行中介效应检验。表9.14报告了相关检验结果。列（1）中 $Cudummy_1$ 的系数显著为正，列（2）中 $Cudummy_1$ 的系数显著为正，表明产能过剩企业获得了更多的银行长期借款，这可能是政府扶持政策干预的结果。列（3）中 $Cudummy_1$ 的系数虽然依旧显著为正，但其数值和 t 值均有所下降（0.393＜0.422；4.20＜4.53），并且列（4）针对列（1）、列（3）中 $Cudummy_1$ 系数的差异性检验结果表明二者存在显著差别（Chi2 值为 5.27，在 5％ 的水平下显著）。这一结论支持了银行长期借款的部分中介效应，即产能过剩企业部分地通过银行长期借款加强企业创新。此外，列（3）中 $Lloan$ 的系数显著为正，表明企业银行长期借款越多，其创新投入强度越大。

表 9.14　产能过剩影响创新投入的中介效应检验：以银行长期借款为中介

	（1）	（2）	（3）	（4）
	R_D	$Lloan$	R_D	Chi2：（1）（3）
$Cudummy_1$	0.422***	0.010***	0.393***	5.27**
	(4.53)	(8.13)	(4.20)	
$Lloan$			3.072***	
			(3.38)	
$Share$	−0.554**	0.002	−0.561**	
	(−1.97)	(0.64)	(−1.99)	
$Size$	0.260***	0.007***	0.238***	
	(4.96)	(10.81)	(4.51)	
Lev	−2.590***	0.070***	−2.804***	
	(−10.44)	(22.14)	(−10.96)	
Roa	−0.328	0.000	−0.329	
	(−0.38)	(0.01)	(−0.38)	
$TobinQ$	−0.051*	−0.000	−0.050*	
	(−1.74)	(−1.16)	(−1.70)	
Age	0.120***	0.000***	0.119***	
	(15.80)	(3.32)	(15.67)	
$Tangibility$	−3.410***	0.054***	−3.575***	
	(−10.30)	(12.75)	(−10.69)	
$Industry$	Yes	Yes	Yes	
$Year$	Yes	Yes	Yes	

续表

	(1)	(2)	(3)	(4)
	R_D	$Lloan$	R_D	Chi2：(1)(3)
$\_cons$	−3.639***	−0.145***	−3.193***	
	(−3.22)	(−10.10)	(−2.81)	
adj.R^2	0.088	0.238	0.089	
N	7 602	7 602	7 602	

注：括号内为 t 值；***、** 和 * 分别代表在1%、5%和10%的水平下显著。

3. 产能过剩的替代性检验

为保证前文中介效应检验的稳健性，本章采用产能利用率（Cu_1）替代产能过剩（$Cudummy_1$）变量进行替代性检验。表9.15报告相关检验结果。列（1）中产能利用率（Cu_1）的系数显著为负，表明企业产能利用率越低，其创新投入力度越大。这与本章表9.2列（2）的检验结论一致。列（2）中产能利用率（Cu_1）的系数也显著为负，表明企业产能利用率越低，其获得的银行借款越多。这可能是政府扶持政策干预的结果。列（3）中产能利用率（Cu_1）的系数虽然还是显著为负，但与列（1）相比，其绝对值和 t 值的绝对值均有所下降（1.658＜1.727；12.9＜13.67），并且列（4）针对列（1）、列（3）中 Cu_1 系数的差异性检验结果表明二者存在显著差别（Chi2 值为 6.94，在1%的水平下显著）。此结果证实了银行借款的部分中介效应，即产能利用率下降的企业部分地通过银行借款渠道增加企业创新投入。

表9.15　产能利用率与企业创新的中介效应：以银行借款总额为中介

	(1)	(2)	(3)	(4)
	R_D	$Tloan$	R_D	Chi2：(1)(3)
Cu_1	−1.727***	−0.056***	−1.658***	6.94***
	(−13.67)	(−16.75)	(−12.90)	
$Tloan$			1.234***	
			(2.81)	

续表

	(1)	(2)	(3)	(4)
	R_D	$Tloan$	R_D	Chi2：(1)(3)
$Share$	−0.400	−0.004	−0.396	
	(−1.44)	(−0.48)	(−1.42)	
$Size$	0.256***	−0.005***	0.262***	
	(4.94)	(−3.58)	(5.05)	
Lev	−1.952***	0.473***	−2.535***	
	(−7.84)	(72.28)	(−7.83)	
Roa	1.345	−0.135***	1.512*	
	(1.56)	(−5.98)	(1.75)	
$TobinQ$	−0.041	−0.006***	−0.034	
	(−1.40)	(−7.53)	(−1.16)	
Age	0.110***	−0.001***	0.112***	
	(14.57)	(−4.92)	(14.71)	
$Tangibility$	−2.570***	0.120***	−2.718***	
	(−7.73)	(13.71)	(−8.08)	
$Industry$	Yes	Yes	Yes	
$Year$	Yes	Yes	Yes	
$\_cons$	−2.808**	0.165***	−3.012***	
	(−2.52)	(5.61)	(−2.69)	
adj.R^2	0.107	0.611	0.108	
N	7 602	7 602	7 602	

注：括号内为 t 值；***、**和*分别代表在1%、5%和10%的水平下显著。

同样因为企业创新需要持续资金支持，我们又以银行长期借款为中介变量，进行了中介效应检验。表 9.16 报告了相关检验结果。列（3）中 Cu_1 的系数绝对值和 t 值与列（1）相比，均出现了下降，但遗憾的是二者的差异性检验结果不显著（Chi2 值为 1.63，不显著），即本章样本不支持银行长期借款在产能利用率（Cu_1）和企业创新（R_D）之间的部分中介效应。这可能是样本选择的问题。

表 9.16　产能利用率影响创新投入的中介效应检验：以银行长期借款为中介

	(1)	(2)	(3)	(4)
	R_D	$Lloan$	R_D	Chi2：(1) (3)
Cu_1	−1.727***	−0.022***	−1.692***	1.63
	(−13.67)	(−13.43)	(−13.25)	
$Lloan$			1.593*	
			(1.76)	
$Share$	−0.400	0.004	−0.407	
	(−1.44)	(1.10)	(−1.46)	
$Size$	0.256***	0.007***	0.244***	
	(4.94)	(10.89)	(4.68)	
Lev	−1.952***	0.076***	−2.072***	
	(−7.84)	(23.84)	(−8.02)	
Roa	1.345	0.013	1.324	
	(1.56)	(1.19)	(1.54)	
$TobinQ$	−0.041	−0.000	−0.041	
	(−1.40)	(−0.79)	(−1.39)	
Age	0.110***	0.000**	0.110***	
	(14.57)	(2.13)	(14.53)	
$Tangibility$	−2.570***	0.061***	−2.668***	
	(−7.73)	(14.52)	(−7.91)	
$Industry$	Yes	Yes	Yes	
$Year$	Yes	Yes	Yes	
$\_cons$	−2.808**	−0.131***	−2.600**	
	(−2.52)	(−9.20)	(−2.32)	
adj. R^2	0.107	0.249	0.108	
N	7 602	7 602	7 602	

注：括号内为 t 值；***、**和*分别代表在 1%、5%和 10%的水平下显著。

综上所述，虽然表 9.16 的检验结果略显遗憾，但总体上本章的检验还是支持产能过剩通过银行借款渠道增强企业创新的结论。

9.6　本章小结

　　本章将企业产能过剩的微观经济后果与企业创新的驱动因素两个关键研究主题结合，探究了企业产能过剩对其创新投入强度的影响及其作用机制。以 2006—2015 年制造业上市公司为样本的实证检验表明，企业产能利用率越低，其创新投入强度越大；与非产能过剩企业相比，产能过剩企业的创新投入更多。即产能过剩影响企业创新的促进观假设得到支持——产能过剩促进了企业创新。进一步的实证检验发现，与民营企业相比，产能过剩增进企业创新的现象在国有企业中更为显著，这间接印证国有企业凭借与政府的天然联系，获得了政府更多的鼓励创新的政策支持，从而提高了创新投入的资源供给能力；与面临市场竞争较为缓和的企业相比，面临市场竞争更加激烈的企业并没有更强的创新投入，即产能过剩增进企业创新的现象，并不会因为市场竞争程度差异而出现明显不同。这可能是因为竞争压力虽然会增强企业创新的主观意愿，但产能过剩损害了企业支持创新的资源供给能力。上述检验支持了产能过剩促进企业创新的政府扶持效应，而非市场竞争效应。更进一步的对于产能过剩促进企业创新的作用机制检验发现，银行借款在企业产能利用率与企业创新投入强度的负相关关系之中起到了部分中介效应，在产能过剩与创新投入的正相关关系之中也起到了部分中介效应。即产能过剩企业通过增加银行借款的方式投入创新。

　　本章的研究结论对于政府有效化解产能过剩存在一定启示。实际上，本章检验表明企业产能过剩存在一套"自愈系统"——产能过剩企业为摆脱困境，有动机进行创新投入，但受制于自身资源供给能力不足，并不会因市场竞争压力而增加实质性的创新投入，此时，只要政府制定行之有效的创新鼓励政策、进行适当的创新资源倾斜，就能有效推动企业创新。夏晓华等（2016）的研究证实，创新能够改善企业产品结构和市场竞争力，从而有效化解企业产能过剩。因此，政府只要当好企业创新的"催化剂"，就能通过增进创新，启动"产能过剩—政府扶持—促进创新—化解产能过剩"的产能过剩"自愈系统"。政府应当从加强金融资源支持企业创新的力度，调动科研单位、科研人员积极性，加强创新成果保护等方面制定鼓励创新的政策，建设有利于企业创新的体制机制，营造鼓励创新的社会氛围。

第 10 章　研究结论、政策建议与研究展望

10.1　研究结论

张新民（2017）指出，产能过剩首先是一个微观概念，是指单一企业的产品供给超过市场需求。行业内众多企业的产品供过于求才会汇聚为行业层面的产能过剩，多数行业或重要行业的产品供过于求才会形成宏观经济层面的产能过剩。因此，基于产能过剩的形成和化解主体均是企业的事实，以及中国产能过剩周期性爆发的历史进程，本书从财务质量分析角度研究了中国企业周期性产能过剩爆发的内在机制（动力机制和路径选择）和外在财务后果（资产质量分析、资本结构质量分析、利润质量分析和现金流量质量分析），并构建了企业产能过剩的财务质量评价体系，为企业监测、预测和预警产能过剩提供了理论基础。更进一步，本书基于中国经济从计划经济向市场经济转轨期的正式制度和非正式制度背景特征，研究了正式制度背景下企业资本配置效

率影响企业产能过剩的机制、非正式制度背景下金融关联和政治关联影响企业产能过剩的机制以及企业产能过剩影响企业创新的微观经济后果，得出了如下主要研究结论。

10.1.1　企业产能过剩的内在机理与财务后果

1. 内在机理

企业的资本引入战略决定了其产能扩张的动力机制，企业的资源配置战略决定了其产能扩张的实现路径。企业以何种方式引入资本不仅形成了企业产能扩张的资源基础，更决定了企业的治理结构，这种治理结构使得企业背负回报资本提供者的责任，而这些回报责任构成了企业经营扩张的动力机制。经营性负债、金融性负债、股东入资和留存收益构成了企业发展的四大动力：经营性负债主要指企业在商品和劳务交易中利用商业信用形成的对外负债，它反映了企业在上下游关系中的竞争力，经营性负债越高，企业占用上下游企业的金融资源进行产能扩张的动机和能力也就越强；金融性负债是企业从金融机构获取的债务融资，它与企业产能扩张的需求成正比，即金融性负债规模越大，企业管理层的利益攫取动机越强，企业过度投资的产能扩张行为越严重；股东入资是股东投入企业的资本，它决定了企业的股权结构，进而决定了企业的控制权分布以及由此形成的企业扩张战略，即股东入资是企业实施扩张战略的根本动力源泉；留存收益是以盈余公积和未分配利润形式留存于企业的剩余利润，最终归属于企业股东，留存收益不改变企业的股权结构和控制权分布，与股东入资一样是企业贯彻扩张战略的基本动力。

企业将引入的资本以何种方式进行配置体现了企业的资源配置战略，代表了企业实施产能扩张的实现路径。企业战略的实施需要通过资产的有机整合与合理配置来实现，因此资产结构能够反映企业的资源配置战略，体现企业产能扩张的路径选择。企业资产可以分为经营性资产和投资性资产，前者是布局于生产经营领域的资产（固定资产、存货等），体现企业通过生产经营活动进行扩张的战略意图；后者是布局于投资领域的资产（长期股权投资、对子公司投资形成的其他应收款等），体现企业通过投资活动进行扩张的战略意图。按照两种资产的配置比例可以将企业产能扩张的实现路径分为三种情形：一是经营主导型，即企业将资源主要配置于生产经营性资产，通过生产活动进行产能扩张；二是投资主导型，即企业将资源主要配置于投资性资产，通过投资活动进行对外扩张；三是经营与投资并重型，即企业将资源相对平均地配置于经营性资产和投资性资产，既通过经营活动进行扩张，也通过投资活动进行扩张。

概括来讲，企业的资本引入战略（经营性负债、金融性负债、股东入资和留存收益）决定了其产能扩张的动力机制，企业的资源配置战略（经营主导型、投资主导型以及经营与投资并重型）决定了其产能扩张的实现路径。

2. 财务后果

企业生产经营活动的经济后果会转化为财务会计数据，综合体现在财务报表当中。我们通过财务报表分析企业财务状况质量，就能找到企业产能过剩的蛛丝马迹：首先，企业扩张产能表现为固定资产、存货等资产增加，引起资产质量变化；其次，企业增加产能投资需要通过债务渠道或权益渠道引入新增资本，这必然引起企业债务规模和权益规模比例的变化，导致资本结构质量变化；再次，企业增加产能的结果是商品产量增加，当市场需求没有随产量增加而协同增长时，必然导致产品供过于求，营业收入增幅放缓或下降，进而引起企业利润质量的变化；最后，产品销售困难必然导致企业销售（赊销或赊购）、筹资和投资等一系列行为的变化，进而引起企业经营活动、筹资活动和投资活动产生的现金流量发生变化。因此，企业产能过剩的财务后果会体现在企业资产质量、资本结构质量、利润质量和现金流量质量的变化当中。

资产方面表现为资产的盈利性、周转性和保值性全方位的下降。资本结构方面表现为企业经营性债务资本和金融性债务资本规模增加；股东投入资本规模在产能过剩初期不变，在产能过剩严重时增加，进而导致企业股权结构、治理结构的变革；留存收益规模下降。利润质量方面表现为包含核心利润含金量和投资收益含金量在内的利润含金量下降；包含营业收入增长率和毛利率在内的利润持续性下降；企业的资产结构与利润结构之间的差异性增加，导致利润战略吻合性下降。现金流量质量方面表现为经营活动现金净流量下降，以及经营活动现金流量结构失衡，即核心经营活动产生的现金流入量和流出量占比下降；投资活动现金流量在产能过剩的前期累积阶段表现为现金流出量大于现金流入量，在产能过剩的后期爆发阶段表现为现金流出量小于现金流入量，并且投资活动产生的现金流入量的盈利性持续下降；筹资活动现金流量满足企业生产经营和投资活动现金需求的适应性下降，筹资方式的多样性增加，筹资活动现金流量的"僵尸化"倾向增加、恰当性下降。

概括来讲，企业可以依据自身所处的行业状况和企业特征，从资产质量、资本结构质量、利润质量和现金流量质量四个方面建立起产能过剩财务质量评价体系，选取定量指标，运用主成分分析、因子分析等方法计算企业产能过剩财务指数，用以定量判断企业产能过剩状况；选取定性指标，结合企业实际生产经营状况定性判断企业产能过剩状况。通过定量分析与定性分析结合的方式，及时检测、预测和预警企业产能过剩，为有效化解企业自身及行业产能过剩提供基础性支撑。

10.1.2　资本配置与企业产能过剩

在金融服务工业发展的战略指导下，我国信贷市场的利率低于供求均衡利率，信贷资源的要素价格信号功能失调。低成本的信贷资金成为企业产能盲目扩张的"助推剂"。企业获得的信贷资源配置量越多，产能利用率越低，产能过剩概率越高。这一实证结论回应了刘西顺（2006）通过理论分析所得出的结论——"信贷集中"导致了我国严重的产能过剩问题。市场化的信贷资源配置机制失调，为政府干预稀缺信贷资源配置提供了现实条件。在政府干预下，国有企业比民营企业获得了更多的信贷资源倾斜，从而导致国有企业信贷资源配置引起的产能利用率下降现象更为严重。这一实证结论回应了刘西顺（2006）通过理论分析所得出的结论——"信贷歧视"

导致了我国严重的产能过剩问题。此外，对国有企业中产权控制层级的分组检验表明，在财政分权、地方官员晋升压力以及预算软约束的共同作用下，与中央国有企业相比，地方国有企业因信贷资源配置导致的产能利用率下降现象更为严重。更进一步的实证检验发现，在中国债券市场高速发展的背景下，债券融资的低成本以及风险外部化效应也会降低企业产能利用率，增大产能过剩概率。

10.1.3　金融生态与企业产能过剩

在我国经济转轨期基于规则治理而形成的金融生态环境具有资源配置功能，能够影响企业行为。本书采用我国 A 股制造业上市公司为研究样本，考察在金融抑制和地区金融生态环境差异化的背景下，金融资源配置对企业产能过剩的影响。研究发现，企业获取的债务资本数额与企业产能利用率负相关，与企业产能过剩的概率正相关；改善金融生态环境一方面能够提升企业的产能利用率，另一方面却可能通过债务资本配置渠道降低企业产能利用率；在金融生态环境更好的地区，债务金融资源配置导致产能利用率下降更为严重，引发产能过剩的概率更大，但债券融资影响产能利用状况的地域差异性没有得到验证；企业产能扩张的深层动因在于，股东利用金融生态环境优势，进行负债扩张，可以提升净资产收益率；此外，银行借款与发行债券这两种负债融资方式之间，存在替代效应。

10.1.4　金融关联与企业产能过剩

在中国经济渐进式转轨的背景下，各种基于关系的非正式制度在经济运行过程中扮演了重要角色（陆铭和李爽，2008），它们往往在基于规则的正式制度缺位时，起到了维持社会经济运行的作用（王永钦，2006）。企业各种横向的和纵向的社会关系就构成了企业的社会资本（边燕杰和丘海雄，2000）。在中国金融抑制的背景下，低成本的债务资金成为企业产能扩张过程中竞相争夺的稀缺资源。企业的金融关联这种横向社会资本能够帮助企业获取更多的债务金融资源配置优惠，从而对企业产能扩张起到"推波助澜"的作用。

本书以 A 股制造业上市公司为对象进行的实证检验表明，企业的金融关联与其产能利用率显著负相关，与其发生产能过剩的概率显著正相关。金融关联（包括银行关联和券商关联）影响企业产能利用率的机理是，具有银行关联的企业获得的银行借款越多，企业产能利用率降幅越大，产能过剩概率越高，即银行关联通过银行借款的渠道降低企业产能利用率；但是具有券商关联的企业通过债券融资渠道降低企业产能利用率的作用机制并未得到支持，这可能与目前我国债券融资规模尚小有关。按企业产权性质分组检验结果表明，相比民营企业，国有企业金融关联及其强度导致的产能利用率下降更为严重。进一步的检验发现，在影响企业产能利用率方面，金融关联内部的银行关联和券商关联之间存在替代效应；企业管理层中女性比例与产能利用显著负相关，具备市场销售经验的管理层人员比例与企业产能利用率显著正相关。

10.1.5 政治关联与企业产能过剩

从企业的纵向社会关系——政治关联角度分析，在中国经济转轨期，基于关系和基于规则的两种治理模式并存的背景下，政治关联能够发挥资源配置功效，帮助企业在获取稀缺金融资源的非正式机制竞争中获得先机。然而，政治关联的这种资源配置功能却过度刺激企业产能扩张，在市场需求无法与企业产能扩张协同增长（甚至是下降）时，政治关联必然会损害企业产能利用效率，增大企业产能过剩概率。

本书以制造业上市公司为样本的实证检验表明：（1）具有政治关联的企业比没有政治关联的企业的产能利用率更低，产能过剩概率更高；企业的政治关联强度同样与企业产能利用率显著负相关，与产能过剩概率显著正相关。（2）基于政府治理环境的分组检验发现，与政府治理环境差的地区相比，政府治理好的地区政治关联降低产能利用率的作用更小，引发产能过剩的可能性更低。即政府治理环境的改善能够减轻政治关联对企业产能利用状况的负面影响。（3）对于政治关联降低企业产能利用率的作用机制检验发现，政治关联企业主要利用获取的长期借款投入产能扩张，从而降低企业产能利用率。（4）在控制内生性问题以及进行一系列替代性检验之后，政治关联仍然与企业产能过利用率显著负相关，与企业产能过剩概率显著正相关。特别是将政治关联细分为政府型关联和代表型关联进行替代性检验后发现，政府型关联比代表型关联更能降低企业产能利用率，通过银行借款渠道降低产能利用率的作用机制也更显著。即政府型关联比代表型关联的资源配置功效更强，对政府的实质性影响也更大。（5）进一步的拓展性检验发现，国有企业比非国有企业由政治关联导致的产能利用率降幅更大，产能过剩概率更高；政治关联和金融关联在影响产能利用率方面，存在替代效应；与非产能过剩行业相比，在产能过剩行业中，政治关联对产能利用状况的负面影响更强。

10.1.6　企业产能过剩与企业创新

本书将企业产能过剩的微观经济后果与企业创新的驱动因素两个现实经济生活中的热点问题进行关联，探究企业产能过剩对企业创新的影响，以及其中的作用机理。

以制造业上市公司为样本的实证检验表明：（1）企业产能过剩非但没有抑制企业创新，反而促进了创新——企业产能利用率越低，企业创新投入强度越高；与非产能过剩企业相比，产能过剩企业的创新投入更多。这一结论支持了产能过剩对企业创新的促进观假设。（2）按企业产权性质的分组检验结果表明，与民营企业相比，国有企业的产能过剩增加企业创新投入的现象更为突出，即国有企业受惠于政府"父爱主义"关怀，获得了更强的创新资源供给能力，从而表现出更多的创新投入。这一结论间接支持了产能过剩促进企业创新的政府扶持效应。（3）按市场竞争程度的分组检验表明，与面临市场竞争较为缓和的企业相比，面临市场竞争更加激烈的企业并没有表现出更多的创新投入，即产能过剩增进企业创新的现象，并不会因为市场竞争程度差异而出现明显不同。这可能是因为竞争压力虽然会增强企业创新的主观意愿，但产能过剩损害了企业支持创新的资源供给能力。这一结论没有支持产能过剩促进企业创新的市场竞争效应。（4）更进一步的对于产能过剩促进企业创新的作用机制的检验发现，银行借款在企业产能利用率与企业创新投入强度的负相关关系之中起到了部分中介效应，在产能过剩与创新投入的正相关关系之中也起到了部分中介效应。即产能过剩促进企业创新的中介渠道是银行借款。

10.2　政策建议

　　本书结合中国经济转轨期的正式制度和非正式制度环境，以企业财务质量分析理论为基础，探索了企业产能扩张的内在机理和外在财务后果，以资产质量、资本结构质量、利润质量和现金流量质量构建了企业产能过剩财务评价体系，并进一步考察了金融抑制的背景下资本配置效率、金融生态环境、企业的横向社会关系（金融关联）和纵向社会关系（政治关联）对企业产能过剩的影响机制，以及企业产能过剩对企业创新的影响机制。得出的主要结论是，信贷资源配置的低效率降低企业产能利用率，提高产能过剩概率；改善金融生态环境提升企业产能利用率的同时会通过降低债务资本配置效率降低企业产能利用率；企业社会资本（金融关联和政治关联）的资源配置功效帮助企业获取了更多低成本的稀缺金融资源，但对企业产能扩张起到了"推波助澜"的作用，最终降低企业产能利用率，增大产能过剩概率；产能过剩会对企业创新起到促进作用，但这种促进作用发挥功效需要政府鼓励创新的政策扶持，单纯依靠企业自身面临的市场竞争压力难以解决企业支持创新的资源供给能力不足问题。因此，依据以上主要研究结论，相关的产能过剩化解对策应当主要从加强企业财务数据的预警功能、提高资本配置效率、加强金融生态环境建设、抑制企业社会资本的消极影响以及政府鼓励企业创新五个方面提出。

10.2.1　加强企业财务数据的预警功能

从企业产能扩张的财务动因角度分析，企业的资本引入战略（经营性债务资本、金融性债务资本、股东投入资本和留存收益资本）不仅形成企业产能扩张的资源基础，更是企业产能扩张的动力源泉；企业的资源配置战略（经营主导型、投资主导型和经营与投资并重型）是企业落实扩张战略的具体实现路径。

从企业产能过剩的财务后果角度分析，产能过剩的财务后果会包含于财务报表当中，表现为资产质量、资本结构质量、利润质量和现金流量质量的变化。在我国普遍缺乏系统、连续、及时的企业产能利用率统计体系的情况下，企业财务数据具有系统（包括了资产负债表、利润表、现金流量表、所有者权益变动表以及报表附注）、连续（财务报表分季度、半年度、年度连续披露）、低成本（企业财务制度健全，所有企业均需加工、生成财务报表，无须进行专门的统计调查）的特点，涵盖了企业产能过剩的财务后果，是我们考察企业产能利用状况的可行选择之一。本书构建的企业产能过剩财务质量评价体系能够从定量和定性两个方面，反映出企业的产能过剩在资产质量、资本结构质量、利润质量和现金流量质量四个方面的变化结果。因此，我们应当鼓励企业利用成熟的企业财务信息披露机制，分析企业财务数据以监测、预测、预警产能过剩，把产能过剩化解在企业层面，从而有效抑制行业产能过剩。

10.2.2　提升资本配置效率方面

本书实证检验结论表明在中国金融抑制背景下，大量低成本的信贷资金和债券资金供给，以及信贷歧视等低效率的资本配置方式，导致企业产能过剩。因此，化解企业产能过剩首先应当着力提升资本配置效率。具体来讲，可行的政策措施包括：

第一，继续深入推进利率市场化改革。信贷融资以及债券融资能够刺激企业产能盲目扩张的根本原因在于这两类债务资金的成本低廉。我国为实现金融服务工业发展的目标，长期实施低利率管制政策，这导致利率的要素价格信号功能丧失，"便宜"的资金供给使企业出现"资金幻觉"，为"富余资金"寻求出路，自然会产生过度产能扩张。尽管 2015 年 10 月 24 日央行放开存款利率上限，标志着我国基本完成了利率市场化改革任务，但长期利率管制的政策惯性依然存在，尚未实现由完全市场化的利率形成机制起到配置金融资源的关键性作用。因此，金融监管部门应当继续放松对利率的有形或无形的管制，给予各微观金融部门更大的利率浮动空间和定价权力，让利率依据资金的供求关系进行市场化的调节。这样一来，出现投资过热苗头的行业会因为对资金需求量猛增而利率水平提高，增加后续企业的投资成本，进而依靠市场的力量自发抑制部分行业的过度扩张。

第二，深入研究企业产能过剩的财务后果，适时建立行业性的产能过剩预警机制。本书的研究结论表明，产能过剩的经济后果一定会蕴含在企业财务报表信息当中，存货周转率、固定资产周转率以及总资产周转率下降就是制造业企业产能过剩的典型财务后果特征。深入挖掘、全面归纳企业产能过剩的财务后果特征，对于银行等金融供给部门及时发现借款企业的产能过剩倾向，尽早切断对产能过剩企业的无效资金供给，防范"僵尸企业"的出现，都具有重要意义。金融监管部门可以在深入调研、分析的基础上总结企业产能过剩的财务后果，建立金融系统的产能过剩财务预警机制，提示、指导各个金融机构提高资本供给效率。

第三，从多个维度减少政府对金融资源配置的干预。本书的检验结论表明，政府干预下的信贷集中、信贷歧视等低效率资本配置方式加剧了企业（特别是国有企业）的产能过剩。因此，减少政府干预是提高经济转轨期资本配置效率的重要途径。可能的方法包括：一是从产权角度考虑，应当继续推进混合所有制改革，特别是金融部门的混合所有制改革。适度降低国有产权在金融机构的持股比例。只有适度降低政府在金融体系的国有产权控制力度，才能让金融机构真正摆脱政府显性的或隐性的干预，否则在国有产权控制力的影响下，金融部门很难真正摆脱政府干预。当然，"适度"降低国有产权持股比例的关键在于"度"的把握，理想的状态是既保持金融体系的安全和稳定，又能最大限度地发挥金融机构的市场化决策效率。二是从制度建设角度考虑，应当加强信贷市场、债券市场的制度化建设，逐步规范企业的贷前信息披露行为，并且加强贷后跟踪监管措施，以强化负债的治理效应，同时加大对债务违约的惩处力度，加强债务合约的预算约束效力，逐步消除金融机构对于企业（特别是国有企业）的预算软约束预期，降低政府利用隐性担保干预资本配置的能力。三是从政府行为目标考虑，应当弱化对 GDP 增长目标的要求，增加政府行为的多元化考核目标。大量文献证实，政府的经济增长压力迫使地方政府有强烈动机干预经济，力图通过为当地企业争取更多融资、土地、补贴以及税收等方面优惠的方式，增加辖区内企业投资，实现区域 GDP 的高速增长。因此，实现政府的多元化考核目标是降低政府干预的重要手段。比如，增加政府的环境保护、改善民生等方面的考核目标，将政府行为由单纯地追求经济增长，转向追求保护环境、改善地区医疗教育水平等多元化目标。

10.2.3　加强金融生态环境建设

基于规则治理的正式制度在助推中国经济增长奇迹的过程中发挥了重要作用。金融生态环境是涵盖了政府治理、经济基础、金融发展、制度与诚信文化等一系列规则约束的制度结晶，是影响企业行为效率的重要外部制度环境。本书的研究结论表明，改善金融生态环境能够为企业经营提供良好的外部制度保障，提升企业经营效率，提高企业产能利用率，减小企业产能过剩的概率。因此，应当着力加强金融生态环境建设，可能的方面包括：提高政府治理质量，比如深化"放管服"改革，降低企业与政府打交道的制度成本；增强经济基础，比如完善基础设施建设，促进产业升级，提高科技创新能力等；深化金融发展，比如完善资本市场，推进利率市场化改革，提高金融机构效率等；打造诚信文化，增强地区社会信任程度，提升公民道德修养，加大对违规行为的法律制裁力度等。当然，本书的研究结论表明，金融生态环境也许是把双刃剑：好的金融生态环境在提升企业经营效率、增加产能利用率的同时，也会因为增加对企业低成本的债务资本配置而刺激企业过度投资，从而也起到降低产能利用率的作用。但这种负面作用发生的原因是低效率的债务资本供给，而债务资本供给低效率是由于长期的金融抑制政策导致正规金融系统内的资金成本过低。因此，我们改善金融生态环境的政策着力点应当是持续推进已经实施的利率市场化改革，打破正规金融系统和非正规金融系统之间的利率差异，让市场机制成为决定金融体系内资本价格的决定性因素。

10.2.4 抑制非正式制度的消极影响方面

本书的实证检验表明，在中国经济转轨期，基于关系治理的非正式制度在资源配置过程中起到了替代基于规则治理的正式制度的作用，但是企业的纵向社会资本（政治关联）以及横向社会资本（金融关联）这两种关系机制均在企业产能过剩方面起到了消极影响。因此，抑制这种消极影响对于有效化解产能过剩具有积极意义。可行的措施包括直接措施和间接措施两类。

直接措施包括直接限制企业建立政治关联或金融关联。比如政治关联方面，禁止政府公职人员进入企业任职，限制具有一定级别的政府退休人员及其亲属担任企业管理人员、企业顾问或企业独立董事。在这方面我国政府已经做出了实际行动。比如 2013 年 10 月经中共中央批准，中央组织部发出通知，印发《关于进一步规范党政领导干部在企业兼职（任职）问题的意见》。该意见以《中华人民共和国公务员法》《中国共产党党员领导干部廉洁从政若干准则》等法律法规和党规党纪为依据，在以往政策规定的基础上，对党政领导干部在企业兼职（任职），进一步规范完善管理制度，体现从严管理干部的要求。在金融关联方面，金融监管当局应当适时研究制定、完善金融机构，特别是国有金融机构管理人员在外兼职、任职的行为规范。适度限制金融机构人员的兼职行为能有效避免企业利用金融关联优势争夺稀缺金融资源，进而抑制金融关联对产能过剩的消极影响。当然，直接限制企业建立政治关联、金融关联的管制措施并非治本之策。因为中国社会的乡土氛围浓郁，各类主体间的各种显性的或隐性的关系网络错综复杂，直接的限制措施难以杜绝各种隐性的关系网络发挥作用。因此，治本之策应当是加强基于规则的正式制度建设，以正式制度效率的提升弥补基于关系的非正式制度的效率损失。

随着中国经济的高速发展，扩展的经济交易范围越来越需要规则型治理，关系型治理模式的边际效率递减，而规则型治理模式的边际效率递增（王永钦，2006）。政府应当大力加强法治建设、深入推进市场化改革、努力提升政府治理水平，通过各种正式制度建设，以显性的制度规范约束企业行为，降低各种基于关系的隐性规范的效率损失，从而提升整个社会的治理效率，创造有利于企业产能合理利用的制度环境。

10.2.5　鼓励企业创新方面

本书的实证研究支持了产能过剩促进企业创新的政府扶持效应，因此，政府应当制定切实可行的鼓励企业创新的政策措施，当好企业创新的"助推器"，以企业创新自发地化解其过剩产能。可能鼓励企业创新政策如下：

（1）在政府职责范围内，加强金融资源支撑企业创新的力度。中央财政加大对产能过剩行业内重点企业实施技术创新、调整产品结构的支持力度，地方财政结合地方实际安排专项资金支持企业创新。税务部门适度调整针对企业创新支出的税收政策，通过调整税前费用扣除标准、给予适当税收返还等政策，鼓励企业创新。金融监管部门在不违反市场化运作原则的前提下，倡导、鼓励金融部门加大对企业创新的融资支持力度，在职责范围内，给予大力支持企业创新的金融机构一定的监管政策优惠。运用财税政策，支持风险投资、私募股权投资等机构的发展，拓宽企业创新的融资渠道。按照政府引导、市场化运作、专业化管理的原则，加快设立国家中小企业发展基金和国家新兴产业创业投资引导基金，带动社会资本共同加大对中小企业创新的投入。

（2）综合运用科技管理政策、人事管理政策，调动企业、科研单位的创新积极性。科技管理部门增加创新型科研项目的立项比例，加大对中标科研项目的奖励力度，适度放松对科研创新过程的细致监管，以增强企业、科研单位的创新热情，适度提高科研创新活动的自由空间。加大对科技成果转化的支持力度，鼓励科研单位以转让、许可或者作价投资等方式，向企业转移科技成果，简化对科技成果转化过程的监管，促进科技转化，保障科研单位和科研人员在成果转化过程中合理的私人收益。高等院校以及科研院所适度放松对科研人员的人事管理方式，允许、鼓励科研人员在完成岗位职责的情况下，到企业兼职从事科研活动，从事科技成果转化活动，保障科研人员兼职期间合理的私人收益。

（3）加大知识产权保护力度。政府应着力提高对企业各类专利技术申请的服务效率，简化专利申请流程，提高专利受理服务效率。加大对侵犯知识产权案件的惩处力度，保障专利申请人的合法权利不受侵犯，营造尊重知识、保护创新的社会氛围，建设有利于创新的制度环境，鼓励各级、各类科研主体投入创新。

10.3　研究局限与展望

本书的研究存在以下局限：

首先，本书在企业产能过剩的财务后果方面的研究还有待继续深入。实际上，企业产能过剩会表现在财务报表的各个方面——企业的资产负债表、利润表、现金流量表、所有者权益变动表，甚至企业的报表附注都会因为产能过剩而出现特有的变化。本书主要基于前三张报表的结构性分解，从资产质量（资产负债表左边）、资本结构质量（资产负债表右边）、利润质量（资产负债表右边和部分利润表项目）、现金流量质量（现金流量表）进行分析，尚未深入分析所有者权益变动表和报表附注的变化特征。此外，本书只是以张新民等（2019）提出的财务质量分析理论为基础，从理论上构建了企业产能过剩的财务质量评价体系，尚未对这一体系进行大样本的实证检验，并且为了保证实证检验具有可靠的文献支撑，本书只在已有文献的基础上（Kirkley et al.，2002；修宗峰和黄健柏，2013），采用产能过剩在资产方面的典型表现（各类资产周转效率下降）进行大样本检验。

其次，对各项作用机制的研究还有待丰富。本书关于正式的金融生态环境以及非正式的企业社会关系（与金融机构之间的横向金融关系和与政府机构之间的纵向政治关系）对企业产能过剩影响机制的研究，以及产能过剩对企业创新影响机制的研究，都是在资本配置效率的基础上展开的。实际上各类因素之间的相互作用机制是多条渠道共同作用的结果，是一个复杂的社会化过程，资本配置效率可能只是其中的一种作用渠道。即本书的实证检验只揭开了部分"黑箱"，而无法相对全面地揭示各种因素之间的相互作用机制。

再次，研究样本的覆盖面有待扩展。出于数据严谨性、丰富性和可得性的考虑，本书只选择了上市公司为研究对象进行实证检验。虽然上市公司属于各个行业内的重要企业，能够在一定程度上代表行业发展趋势，但是无法代表众多非上市的中小企业。因此，仅以上市公司为样本的检验在样本覆盖面上具有一定局限性。

最后，本书提出的产能过剩化解对策缺乏案例研究和实地企业调研支撑。受时间、财力等因素限制，本书的主要研究是建立在大样本实证研究基础之上。虽然大样本实证研究有助于发现一般规律，但产能过剩化解政策要真正"落地"并发挥效力，需要考虑不同区域、不同行业企业的特殊性，因此，本书提出的产能过剩化解对策来源于实证检验和文献阅读，属于"空对空"的研究，缺乏"从地到空"经验和根基。

对应本书的研究局限，未来可能的研究方向包括：

一是继续深入挖掘企业产能过剩的财务后果。从企业利润表的项目构成和比例关系、所有者权益变动表的项目构成和比例关系、典型的报表附注变化等方面继续探索企业产能过剩的财务后果，丰富本书所构建的企业产能过剩财务质量评价体系，并展开相应的实证检验。在理论分析的基础上，结合具体内容进行案例研究或者大样本的实证研究，力图从理论、案例、实证角度突破财务视角的企业产能过剩识别问题。

二是深入、全面研究各类相关要素之间的作用机制。比如在金融制度环境和企业社会关系影响产能利用率的机制研究方面，除了本书选取的债务资本配置效率途径，还可以考虑包括权益资本配置效率、企业投资效率、政府干预行为等在内的其他可能作用渠道；在产能过剩影响企业创新的机制研究方面，还可以考虑土地资源配置、科技项目立项、纵向或横向到账科技经费、相关税收优惠等其他可能的中介机制。

三是尝试以包括非上市公司在内的更广范围的企业作为研究样本，进行实证检验。比如使用"全部国有及规模以上非国有工业企业数据库"，挖掘该数据库中的企业数据，进行实证检验，以佐证本书的主要研究结论。

四是政策建议类的应用性研究应当重视实地调研和案例分析。大样本实证检验只能证实相对普遍的一般性规律，但要使政策有效应用，必须考虑不同行业和地区企业的特殊性。因此，未来可以结合本书的大样本实证检验结论，采用典型案例研究、实地调研的方式，总结、提炼更加贴近不同行业和地区企业实际的产能过剩化解对策。

参考文献

［1］边燕杰，丘海雄. 企业的社会资本及其功效. 中国社会学，2000（2）：87-99.

［2］步丹璐，石翔燕，狄灵瑜. 晋升压力、资本市场效率与产能过剩. 北京工商大学学报（社会科学版），2017（1）：8-18.

［3］陈超，李镕伊. 债券融资成本与债券契约条款设计. 金融研究，2014（1）：44-57.

［4］陈德球，李思飞，钟昀珈. 政府质量、投资与资本配置效率. 世界经济，2012（3）：89-110.

［5］陈德球，刘经纬，董志勇. 社会破产成本、企业债务违约与信贷资金配置效率. 金融研究，2013（11）：68-81.

［6］陈德球，魏刚，肖泽忠. 法律制度效率、金融深化与家族控制权偏好. 经济研究，2013（10）：55-68.

［7］陈冬华，陈信元，万华林. 国有企业中的薪酬管制与在职消费. 经济研究，2005（2）：92-101.

［8］陈强. 高级计量经济学及 Stata 应用. 2 版. 北京：高等教育出版社，2014.

［9］陈志勇，陈思霞. 制度环境，地方政府投资冲动与财政预算软约束. 经济研究，2014（3）：76-873.

［10］程俊杰. 中国转型时期产业政策与产能过剩：基于制造业面板数据的实证研究. 财经研究，2015（8）：131-144.

[11] 程俊杰，刘志彪. 产能过剩，要素扭曲与经济波动：来自制造业的经验证据. 经济学家，2015（11）：59-69.

[12] 戴魁早，刘友金. 要素市场扭曲与创新效率：对中国高技术产业发展的经验分析. 经济研究，2016（7）：72-86.

[13] 党力，杨瑞龙，杨继东. 反腐败与企业创新：基于政治关联的解释. 中国工业经济，2015（7）：146-160.

[14] 邓建平，曾勇. 金融关联能否缓解民营企业的融资约束. 金融研究，2011a（8）：78-92.

[15] 邓建平，曾勇. 金融生态环境、银行关联与债务融资：基于我国民营企业的实证研究. 会计研究，2011b（12）：33-40，96-97.

[16] 邓建平，陈爱华. 金融关联能否影响民营企业的薪酬契约?. 会计研究. 2015（9）：52-58，97.

[17] 翟胜宝，张胜，谢露，等. 银行关联与企业风险：基于我国上市公司的经验证据. 管理世界，2014（4）：53-59.

[18] 董敏杰，梁泳梅，张其仔. 中国工业产能利用率：行业比较、地区差距及影响因素. 经济研究，2015（1）：84-98.

[19] 董志强，魏下海，汤灿晴. 制度软环境与经济发展：基于30个大城市营商环境的经验研究. 管理世界，2012（4）：9-20.

[20] 杜兴强，郭剑花，雷宇. 政治联系方式与民营企业捐赠：度量方法与经验证据. 财贸研究，2010（1）：89-99.

[21] 杜兴强，郭剑花，雷宇. 政治联系方式与民营上市公司业绩："政府干预"抑或"关系"?. 金融研究，2009（11）：158-173.

[22] 范林凯，李晓萍，应珊珊. 渐进式改革背景下产能过剩的现实基础与形成机理. 中国工业经济，2015（1）：19-31.

[23] 范子英，李欣. 部长的政治关联效应与财政转移支付分配. 经济研究，2014（6）：129-141.

[24] 方军雄. 所有制、制度环境与信贷资金配置. 经济研究，2007（12）：82-92.

[25] 冯梦黎，唐志勇. 制造业上市公司独立董事特征与公司绩效关系研究：来自我国轻工制造业上市公司的经验. 南京财经大学

学报，2014（3）：27-33.

　　[26] 冯俏彬，贾康. 投资决策、价格信号与制度供给：观察体制性产能过剩. 改革，2014（1）：17-24.

　　[27] 冯延超. 中国民营企业政治关联与税收负担关系的研究. 管理评论，2012（6）：167-176.

　　[28] 付东，王天依. 心理资本与企业创新行为关系研究. 国际商务财会，2016（8）：10-14.

　　[29] 付雷鸣，万迪昉，张雅慧. 中国上市公司公司债发行公告效应的实证研究. 金融研究，2010（3）：130-143.

　　[30] 付明卫，叶静怡，孟误希，等. 国产化率保护对自主创新的影响：来自中国风电制造业的证据. 经济研究，2015（2）：118-131.

　　[31] 干春晖，邹俊，王健. 地方官员任期、企业资源获取与产能过剩. 中国工业经济，2015（3）：44-56.

　　[32] 高洁，徐茗丽，孔东民. 地区法律保护与企业创新. 科研管理，2015（3）：92-102.

　　[33] 高越青. "中国式"产能过剩问题研究：基于供给端视角. 大连：东北财经大学，2015.

　　[34] 耿强，江飞涛，傅坦. 政策性补贴、产能过剩与中国的经济波动：引入产能利用率 RBC 模型的实证检验. 中国工业经济，2011（5）：27-36.

　　[35] 郭剑花. 制度环境、政治联系与政策性负担：基于民营上市公司的经验证据. 山西财经大学学报，2011（7）：33-40.

　　[36] 国务院发展研究中心《进一步化解产能过剩的政策研究》课题组，赵昌文，许召元，等. 当前我国产能过剩的特征、风险及对策研究：基于实地调研及微观数据的分析. 管理世界，2015（4）：1-10.

　　[37] 韩国高，等. 中国制造业产能过剩的测度、波动及成因研究. 经济研究，2011（12）：18-31.

　　[38] 贺京同，何蕾. 国有企业扩张、信贷扭曲与产能过剩：基于行业面板数据的实证研究. 当代经济科学，2016（1）：58-67.

[39] 黄继承，姜付秀. 产品市场竞争与资本结构调整速度. 世界经济，2015（7）：99-119.

[40] 江飞涛，曹建海. 市场失灵还是体制扭曲：重复建设形成机理研究中的争论、缺陷与新进展. 中国工业经济，2009（1）：53-64.

[41] 江飞涛，耿强，吕大国. 地区竞争、体制扭曲与产能过剩的形成机理. 中国工业经济，2012（6）：44-56.

[42] 姜付秀，黄继承. 经理激励、负债与企业价值. 经济研究，2011（5）：46-60.

[43] 姜付秀，等. 管理者背景特征与企业过度投资行为. 管理世界，2009（1）：130-139.

[44] 解维敏，方红星. 金融发展、融资约束与企业研发投入. 金融研究，2011（5）：171-183.

[45] 金鹏辉. 公司债券市场发展与社会融资成本. 金融研究，2010（3）：16-23.

[46] 鞠蕾，高越青，王立国. 供给侧视角下的产能过剩治理：要素市场扭曲与产能过剩. 宏观经济研究，2016（5）：3-15，127.

[47] 鞠晓生，卢荻，虞义华. 融资约束、营运资本管理与企业创新可持续性. 经济研究，2013（1）：4-16.

[48] 科尔奈. 社会主义体制：共产主义政治经济学. 北京：中央编译出版社，1992.

[49] 孔东民，季绵绵，周妍. 固定资产加速折旧政策与企业产能过剩. 财贸经济，2021（9）：50-65.

[50] 朗培兆. 有效供给论. 北京：经济科学出版社，2004.

[51] 黎文靖，李耀淘. 产业政策激励了公司投资吗?. 中国工业经济，2014（5）：122-134.

[52] 李春涛，宋敏. 中国制造业企业的创新活动：所有制和 CEO 激励的作用. 经济研究，2010（5）：55-67.

[53] 李后建，张剑. 腐败与企业创新：润滑剂抑或绊脚石. 南开经济研究，2015（2）：24-58.

［54］李胜兰，周林杉，汪耿东. 我国民营企业产权法律保护实证研究：以广东民营企业产权纠纷案件为例. 北京：中国人民大学出版社，2010.

［55］李维安，王鹏程，徐业坤. 慈善捐赠、政治关联与债务融资：民营企业与政府的资源交换行为. 南开管理评论，2015（1）：4-14.

［56］李文贵，邵毅平. 高管的银行背景、所有权性质与企业现金持有决策. 财经论丛，2016（4）：72-80.

［57］李文贵，余明桂. 民营化企业的股权结构与企业创新. 管理世界，2015（4）：112-125.

［58］李扬，张涛. 中国地区金融生态环境评价（2008—2009）. 北京：中国金融出版社，2009.

［59］李扬，等. 中国城市金融生态环境评价. 北京：人民出版社，2005.

［60］梁建，陈爽英，盖庆恩. 民营企业的政治参与、治理结构与慈善捐赠. 管理世界，2010（7）：109-118.

［61］梁莱歆，冯延超. 民营企业政治关联、雇员规模与薪酬成本. 中国工业经济，2010（10）：127-137.

［62］梁泳梅，董敏杰，张其仔. 产能利用率测算方法：一个文献综述. 经济管理，2014（11）：190-199.

［63］林毅夫. 潮涌现象与发展中国家宏观经济理论的重新构建. 经济研究，2007（1）：126-131.

［64］林毅夫，巫和懋，邢亦青. "潮涌现象"与产能过剩的形成机制. 经济研究，2010（10）：4-19.

［65］刘斌，赖洁基. 破行政垄断之弊能否去产能过剩之势?：基于出台《公平竞争审查制度》的准自然实验. 财经研究，2021（9）：34-47.

［66］刘浩，唐松，楼俊. 独立董事：监督还是咨询?：银行背景独立董事对企业信贷融资影响研究. 管理世界，2012（1）：141-156，169.

[67] 刘慧龙，张敏，王亚平，等. 政治关联、薪酬激励与员工配置效率. 经济研究，2010（9）：109-121，136.

[68] 刘瑞明，毛宇，亢延锟. 制度松绑、市场活力激发与旅游经济发展：来自中国文化体制改革的证据. 经济研究，2020（1）：115-131.

[69] 刘帅，杨丹辉，金殿臣. 环境规制对产能利用率的影响：基于技术创新中介调节效应的分析. 改革，2021（5）：77-89.

[70] 刘西顺. 产能过剩、企业共生与信贷配给. 金融研究，2006（3）：166-173.

[71] 刘行，李小荣. 金字塔结构、税收负担与企业价值：基于地方国有企业的证据. 管理世界，2012（8）：91-105.

[72] 刘煜辉. 中国地区金融生态环境评价（2006—2007）. 北京：中国金融出版社，2007.

[73] 刘煜辉，陈晓升. 中国地区金融生态环境评价（2009—2010）. 北京：社会科学文献出版社，2011.

[74] 卢峰. 不恰当干预无助于治理产能过剩. 金融实务，2010（1）.

[75] 卢峰，姚洋. 金融压抑下的法治、金融发展和经济增长. 中国社会科学，2004（1）：42-55，206.

[76] 陆铭，李爽. 社会资本、非正式制度与经济发展. 管理世界，2008（9）：161-165，179.

[77] 陆远权，朱小会. 政府规制、产能过剩与环境污染：基于我国省际面板数据的实证分析. 软科学，2016（10）：26-30.

[78] 罗党论，刘晓龙. 政治关系、进入壁垒与企业绩效：来自中国民营上市公司的经验证据，管理世界，2009（5）：97-106.

[79] 罗党论，唐清泉. 政治关系、社会资本与政策资源获取：来自中国民营上市公司的经验证据，世界经济，2009（7）：84-96.

[80] 罗党论，魏翥. 政治关联与民营企业避税行为研究：来自中国上市公司的经验证据，南方经济，2012（11）：29-39.

[81] 罗韵轩. 金融生态环境、异质性债务治理效应与债务重

组：基于中国上市公司的实证研究. 会计研究，2016（3）：43-49.

[82] 吕政，曹建海. 竞争总是有效率的吗?：兼论过度竞争的理论基础. 中国社会科学，2000（6）：4-14.

[83] 毛其淋，许家云. 中国企业对外直接投资是否促进了企业创新. 世界经济，2014（8）：98-125.

[84] 毛新述，周小伟. 政治关联与公开债务融资. 会计研究，2015（6）：26-33，96.

[85] 潘爱民，刘友金，向国成. 产业转型升级与产能过剩治理研究："中国工业经济学会 2014 年年会"学术观点综述. 中国工业经济，2015（1）：89-94.

[86] 潘红波，陈世来. CEO 或董事长的亲缘关系与企业创新：来自家族上市公司的经验证据. 山西财经大学学报，2017（1）：70-82.

[87] 潘俊，王亮亮，吕雪晶. 金融生态环境、内部资本市场与公司现金策略. 管理评论，2015（5）：58-69.

[88] 潘克勤. 法制环境及金融发展、企业的金融机构背景与融资约束：中国民营上市公司的经验证据. 经济经纬，2011（1）：68-73.

[89] 潘越，戴亦一，李财喜. 政治关联与财务困境公司的政府补助：来自中国 ST 公司的经验证据. 南开管理评论，2009（5）：6-17.

[90] 潘越，潘健平，戴亦一. 公司诉讼风险、司法地方保护主义与企业创新. 经济研究，2015（3）：131-145.

[91] 潘越，潘健平，戴亦一. 专利侵权诉讼与企业创新. 金融研究，2016（8）：191-206.

[92] 钱爱民，付东. 供给侧改革、金融关联与企业产能过剩. 吉林大学社会科学学报，2017（3）：17-30.

[93] 钱爱民，付东. 信贷资源配置与企业产能过剩：基于供给侧视角的成因分析. 经济理论与经济管理，2017（4）：30-41.

[94] 钱爱民，付东. 政治关联与企业产能过剩：基于政府治环

境视角的实证检验. 北京工商大学学报（社会科学版），2017（1）：19-30.

[95] 沈坤荣，钦晓双，孙成浩. 中国产能过剩的成因与测度. 产业经济评论，2012（4）：1-26.

[96] 时磊. 资本市场扭曲与产能过剩：微观企业的证据. 财贸研究，2013（5）：1-8.

[97] 苏灵，王永海，余明桂. 董事的银行背景、企业特征与债务融资. 管理世界，2011（10）：176-177.

[98] 唐嘉尉，蔡利. 政府审计、非效率投资与产能利用率提升. 审计研究，2021（1）：19-30.

[99] 唐松，孙铮. 政治关联、高管薪酬与企业未来经营绩效. 管理世界，2014（5）：93-105，187-188.

[100] 唐叶. 中国制造业过剩产能国际转移研究. 武汉：中南财经政法大学，2020.

[101] 陶忠元. 开放经济条件下中国产能过剩的生成机理：多维视角的理论诠释. 经济经纬，2011（4）：20-24.

[102] 田利辉，张伟. 政治关联影响我国上市公司长期绩效的三大效应. 经济研究，2013（11）：71-86.

[103] 王博，朱沆. 制度改善速度与机会型创业的关系研究. 管理世界，2020（10）：111-126.

[104] 王国刚，冯光华. 中国地区金融生态环境评价（2013—2014）. 北京：社会科学文献出版社，2015.

[105] 王建. 关注增长与通胀格局的转变点. 宏观经济管理，2008（8）：11-13.

[106] 王立国，鞠蕾. 光伏产业产能过剩根源与对策找寻. 改革，2015（5）：129-138.

[107] 王立国，张日旭. 财政分权背景下的产能过剩问题研究：基于钢铁行业的实证分析. 财经问题研究，2010（12）：30-35.

[108] 王文甫，明娟，岳超云. 企业规模、地方政府干预与产能过剩. 管理世界，2014（10）：17-36＋46.

［109］王文忠，曹雅丽．政治冲击、制度效率与企业创新：来自主政官员更替的证据．山西财经大学学报，2017（1）：1-14.

［110］王晓亮，田昆儒，蒋勇．金融生态环境与政府投融资平台企业投资效率研究．会计研究，2019（6）：13-19.

［111］王亚妮，程新生．环境不确定性、沉淀性冗余资源与企业创新：基于中国制造业上市公司的经验证据．科学学研究，2014（8）：1242-1250.

［112］王永钦．市场互联性、关系型合约与经济转型．经济研究，2006（6）：79-91.

［113］王岳平．我国产能过剩行业的特征分析及对策．宏观经济管理，2006（6）：15-18.

［114］魏后凯．从重复建设走向有序竞争．北京：人民出版社，2001.

［115］魏志华，曾爱民，李博．金融生态环境与企业融资约束：基于中国上市公司的实证研究．会计研究，2014（5）：73-80，95.

［116］魏志华，王贞洁，吴育辉，等．金融生态环境、审计意见与债务融资成本．审计研究，2012（3）：98-105.

［117］吴军，白云霞．我国银行制度的变迁与国有企业预算约束的硬化：来自1999—2007年国有上市公司的证据．金融研究，2009（10）：179-192.

［118］吴文锋，吴冲锋，芮萌．中国上市公司高管的政府背景与税收优惠．管理世界，2009（3）：134-142.

［119］夏春玉，张志坤，张闯．私人关系对投机行为的抑制作用何时更有效？：传统文化与市场经济双重伦理格局视角的研究．管理世界，2020（1）：130-145.

［120］夏后学，谭清美，白俊红．营商环境、企业寻租与市场创新：来自中国企业营商环境调查的经验证据．经济研究，2019（4）：84-98.

［121］夏晓华，史宇鹏，尹志锋．产能过剩与企业多维创新能力．经济管理，2016（10）：25-39.

[122] 谢德仁，陈运森. 金融生态环境、产权性质与负债的治理效应. 经济研究，2009 (5)：118-129.

[123] 修宗峰，黄健柏. 市场化改革、过度投资与企业产能过剩：基于我国制造业上市公司的经验证据. 经济管理，2013 (7)：1-12.

[124] 徐朝阳，周念利. 市场结构内生变迁与产能过剩治理. 经济研究，2015 (2)：75-87.

[125] 徐浩，冯涛. 制度环境优化有助于推动技术创新吗？：基于中国省际动态空间面板的经验分析. 财经研究，2018 (4)：47-61.

[126] 徐业坤，李维安. 政绩推动、政治关联与民营企业投资扩张. 经济理论与经济管理，2016 (5)：5-22.

[127] 许和连，金友森，王海成. 银企距离与出口贸易转型升级. 经济研究，2020 (11)：174-190.

[128] 严成樑. 社会资本、创新与长期经济增长. 经济研究，2012 (11)：48-60.

[129] 杨继东，杨其静. 制度环境、投资结构与产业升级. 世界经济，2020 (11)：52-77.

[130] 杨培鸿. 重复建设的政治经济学分析：一个基于委托代理框架的模型. 经济学（季刊），2006 (1)：467-478.

[131] 杨其静. 企业成长：政治关联还是能力建设？. 经济研究，2011 (10)：54-66.

[132] 杨其静，杨继东. 政治联系、市场力量与工资差异：基于政府补贴的视角. 中国人民大学学报，2010 (2)：69-77.

[133] 杨瑞龙，章逸然，杨继东. 制度能缓解社会冲突对企业风险承担的冲击吗？. 经济研究，2017 (8)：140-154.

[134] 杨星，田高良，司毅，等. 所有权性质、企业政治关联与定向增发：基于我国上市公司的实证分析. 南开管理评论，2016 (1)：134-141.

[135] 杨战胜，俞峰. 政治关联对企业创新影响的机理研究.

南开经济研究，2014（6）：32-43.

[136] 杨振兵，张诚. 中国工业部门产能过剩的测度与影响因素分析. 南开经济研究，2015（6）：92-109.

[137] 易诚. 产能过剩与金融风险防范. 中国金融，2013（19）：36-38.

[138] 易靖韬，张修平，王化成. 企业异质性、高管过度自信与企业创新绩效. 南开管理评论，2015（6）：101-112.

[139] 雍旻，刘伟，邓睿. 跨越非正式与正式市场间的制度鸿沟：创业支持系统对农民创业正规化的作用机制研究. 管理世界，2021（4）：112-130.

[140] 于蔚，汪淼军，金祥荣. 政治关联和融资约束：信息效应与资源效应. 经济研究，2012（9）：125-139.

[141] 余明桂，回雅甫，潘红波. 政治联系、寻租与地方政府财政补贴有效性. 经济研究，2010（3）：65-77.

[142] 余明桂，潘红波. 政治关系、制度环境与民营企业银行贷款. 管理世界，2008（8）：9-21，39，187.

[143] 袁建国，后青松，程晨. 企业政治资源的诅咒效应：基于政治关联与企业技术创新的考察. 管理世界，2015（1）：139-155.

[144] 张韩，王雄元，张琳琅. 市场准入管制放松与供给侧去产能：基于负面清单制度试点的准自然实验. 财经研究，2021（7）：93-107.

[145] 张杰，陈志远，杨连星，等. 中国创新补贴政策的绩效评估：理论与证据. 经济研究，2015（10）：4-17，33.

[146] 张金梅，周慧慧. 银企关系、自由现金与企业投资效率研究. 河南工业大学学报（社会科学版），2016（2）：68-74，80.

[147] 张敏，黄继承. 政治关联、多元化与企业风险：来自我国证券市场的经验证据. 管理世界，2009（7）：156-164.

[148] 张敏，谢露，马黎珺. 金融生态环境与商业银行的盈余质量：基于我国商业银行的经验证据. 金融研究，2015（5）：117-131.

[149] 张敏，张胜，王成方，等. 政治关联与信贷资源配置效率：来自我国民营上市公司的经验证据. 管理世界，2010（11）：143-153.

[150] 张敏，张雯，马黎珺. 金融生态环境、外资持股与商业银行的关联贷款. 金融研究，2014（12）：102-116.

[151] 张三保，康璧成，张志学. 中国省份营商环境评价：指标体系与量化分析. 经济管理，2020（4）：5-19.

[152] 张维迎. 控制权损失的不可补偿性与国有企业兼并中的产权障碍. 经济研究，1998（7）：4-15..

[153] 张新民. 产能过剩与资本市场. 北京工商大学学报（社会科学版），2017（1）：1-7.

[154] 张新民. 资产负债表：从要素到战略. 会计研究，2014（5）：19-28.

[155] 张新民，钱爱民. 财务报表分析. 北京：中国人民大学出版社，2019.

[156] 赵晶，孟维烜. 官员视察对企业创新的影响：基于组织合法性的实证分析. 中国工业经济，2016（9）：109-126.

[157] 赵婉好，姜珊. 银行信贷资源错配与产能过剩. 东北财经大学学报，2014（5）：3-10.

[158] 曾萍，邓腾智，宋铁波. 社会资本、动态能力与企业创新关系的实证研究. 科研管理，2013（4）：50-59.

[159] 曾萍，邬绮虹. 政府支持与企业创新：研究述评与未来展望. 研究与发展管理，2014（2）：98-109.

[160] 郑绪涛，柳剑平. 促进 R&D 活动的税收和补贴政策工具的有效搭配. 产业经济研究，2008（1）：26-36.

[161] "中国城市营商环境评价研究"课题组，等. 中国城市营商环境评价的理论逻辑、比较分析及对策建议. 管理世界，2021（5）：98-112.

[162] 中国企业家调查系统，等. 企业经营者对宏观形势及企业经营状况的判断、问题和建议：2015·中国企业经营者问卷跟踪

调查报告. 管理世界, 2015 (12): 41-57.

[163] 钟春平, 潘黎. "产能过剩"的误区: 产能利用率及产能过剩的进展、争议及现实判断. 经济学动态, 2014 (3): 35-47.

[164] 钟昀珈, 张晨宇, 陈德球. 国企民营化与企业创新效率: 促进还是抑制?. 财经研究, 2016 (7): 4-15.

[165] 周劲, 付保宗. 产能过剩的内涵、评价体系及在我国工业领域的表现特征. 经济学动态, 2011 (10): 58-64.

[166] 周黎安. 晋升博弈中政府官员的激励与合作: 兼论我国地方保护主义和重复建设问题长期存在的原因. 经济研究, 2004 (6): 33-40.

[167] 周黎安. 中国地方官员的晋升锦标赛模式研究. 经济研究, 2007 (7): 36-50.

[168] 周瑞辉, 廖涵. 国有产权、体制扭曲与产能利用: 基于中国 1998—2007 年制造业行业的面板分析. 山西财经大学学报, 2015 (1): 58-69.

[169] 周瑞辉, 廖涵. 所有制异质、官员激励与中国的产能过剩: 基于一个 DSGE 框架的扩展分析. 产业经济研究, 2014 (3): 32-41.

[170] 周小川. 区域金融生态环境建设与地方融资的关系. 中国金融, 2009 (16): 8-9.

[171] 周雪. 不同所有制企业的银行关联、政治关联对债务期限结构的影响. 当代经济管理, 2016 (3): 20-26.

[172] 周业樑, 盛文军. 转轨时期我国产能过剩的成因解析及政策选择. 金融研究, 2007 (2): 183-190.

[173] 祝继高, 韩非池, 陆正飞. 产业政策、银行关联与企业债务融资: 基于 A 股上市公司的实证研究. 金融研究, 2015 (3): 176-191.

[174] 邹蕴涵. 我国产能过剩现状及去产能政策建议. 发展研究, 2016 (7): 17-21.

[175] Adhikari, A., Derashid, C., Zhang, H. Public Poli-

cy, Political Connections, and Effective Tax Rates: Longitudinal Evidence from Malaysia. Journal of Accounting and Public Policy, 2006, 25 (51): 574−595.

[176] Agnieszka, S. Bankers on Boards as Corporate Governance Mechanism: Evidence from Poland. Journal of Financial Economics, 2014, 18 (4): 1019−1040.

[177] Allen, B. , Deneckere, R. , Faith, T. , Kovenock. D. Capacity Precommitment as a Barrier to Entry: A Bertrand-Edgeworth Approach. Economic Theory, 2000, 15 (6): 501−530.

[178] Allen, F. , Qing, J. , Qian, M. Law, Finance, and Economic Growth in China. Journal of Financial Economics, 2005, 77 (4): 57−116.

[179] Arrow, K. J. "Economic Welfare and the Allocation on Resources for Invention. in Nelson, R. R. (ed.) The rate and Direction of inventive Activity. Princeton: Princeton University Press, 1962a.

[180] Arrow, K. J. The Economic Implications of Learning by Doing. Review of Economic Studies, 1962b, 62 (2): 323−351.

[181] Bai, C. , Lu, J. , Tao, Z. Property Rights Protection and Access to Bank Loans. Economics of Transition, 2006, 33 (14): 611−628.

[182] Baxter, N. Leverage, Risk of Ruin and Cost of Capital. Journal of Finance, 1967, 22: 395−403.

[183] Beck, T. , Levine, R. , Loayza, N. Finance and the Sources of Growth. Journal of Financial Economics, 2000, 58: 261−300.

[184] Benoit, J. P. , Krishna, V. Dynamic Duopoly: Prices and Quantities. Review of Economic Studies, 1987, 54 (1): 23−36.

[185] Bertrand, M. , Kramaraz, F. , Schoar, A. , Thesmar, D. Politicians, Firms and the Political Business Cycle: Evidence from France. University of Chicago, 2007.

[186] Boubakri, N., Cosset, J., Saffar, W. Political Connections of Newly Privatized Firms. Journal of Corporate Finance, 2008, 14 (5): 654−673.

[187] Boubakri, N., Guedhami, O., Mishra, D. R., Saffar, W. Political Connections and the Cost of Equity Capital. SSRN, 2010.

[188] Boycko, M., Shleife, A., Vishny, R. An Theory of Privatization. Economic Journal, 1996, 106: 309−319.

[189] Bruce, B., Wesley, W. Foreign Subsidization and Excess Capacity. Journal of International Economics, 2010, 80 (2): 200−211.

[190] Burak, A. G., Malmendier, U., Tate, G. Financial Expertise of Directors. Journal of Financial Economics, 2008, 88 (2): 323−354.

[191] Caroline, F. Relationship Banking, Liquidity and Investment in the German Industrialization. Journal of Finance, 1998, 53 (8): 1737−1758.

[192] Chamberlin, E. Review of the Theory of the Price. American Economic Review, 1947, 37 (3): 18−414.

[193] Chamberlin, E. H. The Theory of Monopolistic Competition. Cambridge: Harvard University Press, 1933.

[194] Che, J., Qian, Y. Institutional Environment, Community Government, and Corporate Governance: Understanding China's Township-Village Enterprises. Journal of Law, Economics, and Organization, 1998, 14 (1): 1−23.

[195] Cheung, Y-L., Rau, P. R., Stouraitis, A. Helping Hand or Grabbing Hand?: Central vs Local Government Shareholders in Chinese Listed Firms. Review of Finance, 2010, 14 (4): 669−694.

[196] Claessens, S., Feijen, E., Laeven., L. Political Connec-

tions and Preferential Access to Finance: The Role of Campaign Contributions. Journal of Financial Economics, 2008, (88): 554-580.

[197] Byrda, D. T. , Mizruchi, M. S. Bankers on the Board and the Debt Ratio of Firms. Journal of Corporate Finance, 2005, 11 (1): 129-173.

[198] Dasgupta, P. , Stiglitz, J. Industrial Structure and the Nature of Innovation Activity. Economic Journal, 1980, 90 (358): 266-293.

[199] Dixit, A. A Model of Duopoly Suggesting a Theory of Entry Barriers. The Bell Journal of Economics, 1979, 10 (1): 20-32.

[200] Dixit, A. The role of Investment in Enter-deterrence. The Economic Journal, 1980, 90 (357): 95-106.

[201] Epstein, E. The Corporation in American Politics. Englewood Cliffs: Prentice-Hall Inc. , 1969.

[202] Esposito, F. E. , Esposito, L. Excess Capacity and Market Structure. The Review of Economics and Statistics, 1974, 56 (2): 188-194.

[203] Faccio, M. , Masulis, R. W. , McConnell, J. J. Political Connections and Corporate Bail Outs. Journal of Finance, 2006, 61 (6): 2597-2635.

[204] Faccio, M. Politically Connected Firms. American Economic Review, 2006, 96 (1): 369-386.

[205] Faccio, M. The Characteristics of Politically Connected Firms. Purdue University, 2007.

[206] Fan, J. P. H. , Wong, T. J. , Zhang, T. Politically Connected CEOs, Corporate Governance and Post-IPO Performance of China's Newly Partially Privatized Firms. Journal of Financial Economics, 2007, 84 (2): 330-357.

[207] Fisman, R. , Svensson, J. Are Corruption and Taxa-

tion Really Harmful to Growth? Firm Level Evidence. Journal of Development Economics, 2007, 83 (1), pp. 63-75.

[208] Fisman, R. Estimating the Value of Political Connections. American Economic Review, 2001, 91 (4): 1095-1102.

[209] Francis, B. B. , Hasan, I. , Sun, X. Political Connections and the Process of Going Public: Evidence from China. Journal of International Money and Finance, 2009, 28 (4): 696-719.

[210] Hall, B. H. The Financing of Research and Development. Oxford Review of Economic Policy, 2002, 18: 35-51.

[211] Hambrick, D. C. , Mason, P. A. Upper Echelons: The Organization as a Reflection of Its Top Managers. The Academy of Management Review, 1984, 9 (2): 193-206.

[212] Hilke, J. C. Excess Capacity and Entry: Some Empirical Evidence. The Journal of Industrial Economics, 1984, 27 (33): 233-240.

[213] Hirshleifer, D. , Low, A. , Teoh, S. H. Are Overconfident CEOs Better Innovators. Journal of Finance, 2012, 67: 1457-1498.

[214] Houston, J. F. , Jiang, L. , Lin, C. , Ma, Y. Political Connections and the Cost of Borrowing. SSRN, 2011.

[215] Hsu, P. , Tian, X. , Xu, Y. Financial Development and Innovation: Cross-country Evidence. Journal of Financial Economics, 2014, 112: 116-135.

[216] Ingolf, D. , Ernst, M. , Christoph, S. Bankers on the Boards of German Firms: What They Do, What They Are Worth, and Why They Are (Still) There. Review of Finance, 2010, 14 (1): 35-71.

[217] Kim, J. In Efficiency of Subgame Optimal Entry Regulation. The RAND Journal of Economics, 1997, 28 (1): 25-36.

[218] Jaffee, D. M. , Russell, T. Imperfect Information,

Uncertainty and Credit Rationing. Quarterly Journal of Economics, 1976, 90: 651−66.

[219] Jensen, M., Meckling, W. Theory of Firm: Behavior, Agency Costs and Managerial Capital Structure. Journal of Financial Economics, 1976, 3 (4): 305−360.

[220] Jensen, M. C. Agency Costs of Free Cash Flow, Corporate Finance, and Takeover. American Economic Review, 1986, 76 (2): 323−329.

[221] Engelberg, J., Gao, P., Parsons, C. A. Friends with Money. Journal of Financial Economics, 2012, 103 (05): 169−188.

[222] Khwaja, A. I., Mian, A. Do Lenders Favor Politically Connected Firms? : Rent Provision in an Emerging Financial Market. Quarterly Journal of Economics, 2005, 120 (4): 1371−1411.

[223] Kim, J. Inefficiency of Subgame Optimal Entry Regulation. The RAND Journal of Economics, 1997, 28 (1): 25−36.

[224] Kirkley, J., Morrison Paul, C. J., Squires, D. Capacity and Capacity Utilization in Common-pool Resource Industries: Definition, Measurement, and a Comparison of Approaches. Environmental and Resource Economics, 2002, 22 (1−2): 71−97.

[225] Kornai, J. Economics of Shortage. Amsterdam: North-Holland Publishing Company, 1980.

[226] Leuz, C., Oberholzer-Gee, F. Political Relationships, Global Financing, and Corporate Transparency: Evidence from Indonesia. Journal of Financial Economics, 2005, 81 (2): 411−439.

[227] Li, S. Relation-based versus Rule-based Governance: An Explanation of the East Asian Miracle and Asian Crisis. Review of International Economics, 2003, 11 (4): 651−673.

[228] Lin, C., Lin, P., Song, F., Li, C. Managerial Incentives, CEO Characteristics and Corporate Innovation in China's Private Sector. Journal of Comparative Economics, 2011, 39 (2):

176-190.

[229] Miller, H. Debt and Taxes. Journal of Finance, 1977, 32: 261-75.

[230] Mobarak, A. M. , Purbasari, D. P. Corrupt Protection for Sale to Firms: Evidence from Indonesia. University of Colorado at Boulder, 2006.

[231] Modigliani, F. , Miller, M. H. Corporate Income Taxes and Cost of Capital: A Correction. American Economic Review, 1963, 53: 55-84.

[232] Modigliani, F. , Miller, M. H. The Cost of Capital Corporation Finance, and the Theory of Investment. American Economic Review, 1958, 48 (3): 261-297.

[233] Munoz-Bullbn, F. , Sanchez-Bueno, M. J. The Impact of Family Involvement on the R&D Intensity of Publicly Traded Firms. Family Business Review, 2011, 24 (1): 62-70.

[234] Myer, J. R. , Kuh, E. The Investment Decision. Cambridge: Havard University Press, 1957: 352-358.

[235] Myers, S. C. The Capital Structure Puzzle. Journal of Finance, 1984, 39: 575-591.

[236] Nishimori, A. , Ogawa, H. Do Firms Always Choose Excess Capacity?. Economics Bulletin, 2004, 12 (2): 1-7.

[237] North, D. C. , Thomas, R. P. The Rise of Western World: A New Economic History. Cambridge: Cambridge University Press, 1973.

[238] North, D. C. Structure and Change in Economic History. New York: Norton Co. , 1981.

[239] Peng, M. W. , Sun, S. L. , Pinkham, B. , Chen, H. The Institution-based View as a Third Leg for a Strategy Tripod. Academy of Management Perspectives, 2009, 23 (3): 63-81.

[240] Peng, M. W. , Wang, D. Y. L. , Jiang, Y. An In-

stitution-based View of International Business Strategy: A Focus on Emerging Economies. Journal of International Business Studies, 2008, 39 (5): 920-936.

[241] Pindyck, R. S. Sunk Costs and Real Options in Antitrust Analysis. SSRN, 2008.

[242] Raider, H. J. Market Structure and Innovation. Social Science Research, 1998, 27 (1): 1-21.

[243] Rajshree, A., Julie, A. E. Bank-firm Relationships, Financing and Firm Performance in Germany. Economics Letters, 2001, 72 (07): 225-232.

[244] Ray, C. Fair, Excess Labor and the Business Cycle. American Economic Review, 1985, 75 (1): 239-245.

[245] Schmalensee, R. Economies of Scale and Barriers to Entry. Journal of Political Economy, 1981, 89 (6): 1228-1238,

[246] Sapienza, P. The Effects of Government Ownership on Bank Lending. Journal of Financial Economics, 2004, 72 (2): 357-384.

[247] Schumpeter, J. A. Capitalism, Socialism and Democracy. New York: Harper and Brothers, 1942.

[248] Scott, F. Evidence on the Importance of Financial Structure. Financial Management, 1972, 1 (2): 45-50.

[249] Shirley, M. M. Institutions and Development// Ménard, C., Shirley, M. M. Handbook of New Institutional Economics. Netherland: Springer, 2005.

[250] Shleifer, A., Vishny, R. W. Politicians and Firms. Quarterly Journal of Economics, 1994, 109 (4): 995-1025.

[251] Spence M. Cost Reduction, Competition and Industry Performance. Econometrica, 1984, 52 (1): 21-101.

[252] Spence, A. M. Entry Capacity Investment and Oligopolistic Pricing. The Bell Journal of Economic, 1977, 8 (2): 534-544.

[253] Stiglitz, J. E. Toward a General Theory of Wage and

Price Rigidities and Economic Fluctuations. American Economic Review, 1999, 89 (2): 75-80.

[254] Stiglitz, J. E. Some Aspect of the Pure Theory of Corporate Finance: Bankruptcies and Take-overs. The Bell Journal of Economics and Management Science, 1972, 23 (2): 458-82.

[255] Taeyoon, S., Danbee, P., Bankers on the Board, Market Competition, and Conflicts of Interest. Global Economic Review, 2014, 43 (02): 184-206.

[256] Tan, Y. X., Tian, X., Zhang, X. D., et al. The Real Effect of Privatization: Evidence from China's Split Share Structure Reform. SSRN, 2015.

[257] Thai, M. T. T., Turkina, E. Macro-level Determinants of Formal Entrepreneurship versus Informal Entrepreneurship. Journal of Business Venturing, 2014, 29 (4): 490-510.

[258] Urraca, A. Determinants of Innovative Activity in the Spanish Industry in the Context of Innovation Patterns. University of Costilla-La Mancha, 1997.

[259] Wenders, J., Excess Capacity as a Barrier to Entry. Journal of Industrial Economics, 1971, 20 (1): 14-19.

[260] Wu, W., Wu, C., Rui, O. M. Ownership and the Value of Political Connections: Evidence from China. European Financial Management, 2012, 18 (4): 695-729.

后　记

　　本书是在我的博士学位论文基础上经过补充和完善后形成的。与博士学位论文相比，本书最重要的补充内容，一是基于企业财务质量分析理论，探究了企业产能扩张的动力机制和实现路径，并从资产质量、资本结构质量、利润质量和现金流量质量四个方面梳理了企业产能过剩的财务后果特征，构建了企业产能过剩的财务质量评价体系；二是考察了金融生态环境这种正式制度对企业产能利用率的影响。在博士学位论文写作和本书的修改过程中，我的导师钱爱民教授、陈德球教授，以及我的老师、同学、家人、同事和中国人民大学出版社的编辑老师都给予我极大的帮助和支持。这些难忘的经历是我一生中宝贵的财富。在此，我由衷地感谢这些帮助过我的人。

　　感恩导师钱爱民教授。当我一无所成、焦头烂额的时候，她给予我充分的信任和理解；当我在面对选题最迷茫的时候，她指点迷津，让我"山重水复疑无路，柳暗花明又一村"；当我有一点点进步时，她鼓励我，并指引我向下一个目标前行。老师的宽容、理解和鼓励让我有勇气坚持到现在，老师在学术方向上的引领让我受益终生。

　　感恩导师陈德球教授。从我第一篇"不成形"的小论文开始，他就不厌其烦地帮我批改文章。小到参考文献的引用方式错误，大到文章的逻辑性错误，他都帮我一一纠正。从他那里，我知道了什么叫"顶天立地"，什么叫"意料之外、情理之中"，什么叫"机制检验"。老师的督促和指导，帮助我在学术道路上稳步前行。

感激教导过我的张新民老师。他和钱爱民老师提出的财务质量分析理论成为我取之不尽的理论源泉。感激教导过我的雷光勇老师、祝继高老师、汤谷良老师、刘慧龙老师、张敏老师、叶陈刚老师、郑建明老师、吴革老师、王丛老师、张田余老师、吴向东（Tucker）老师，他们渊博的学识和国际化的研究视野让我受益匪浅。感谢我的师弟张晨宇、郁智，师妹朱大鹏，他们在计量方法上倾囊相授，让我掌握了基本的计量方法，为论文写作打下了技术性基础。感谢会计学专业的八名同班同学，与他们一起听课、研讨、游玩，令我艰辛的求学生涯丰富多彩。

当然，最应该感谢我的至亲！父母给我生命，养育我成长，教导我成人；岳父母在我最艰难的时刻帮我照看女儿；妻子始终在关键时刻对我鼎力支持，我的四篇系列小论文的第一个读者和批改者都是她，虽然她不是会计专业出身，但她的数学天赋和良好的文字功底都给予我莫大帮助；女儿是我最深的牵挂和慰藉，每当艰难无助的时刻，想起她肉嘟嘟的小嘴巴和努力认真讲话的眼神，我的嘴角就会挂起微笑，并鼓起前行的勇气；儿子是上天给我的意外之喜，他的降生成倍地增加了我拼搏的动力。

感谢中国人民大学出版社的编辑老师，他们的理解和支持使我有充足的时间埋头书稿写作。感谢单位的领导和同事，修改书稿的过程也是单位最为繁忙的阶段，感谢他们的理解，使我能在繁忙的工作之余投入书稿写作。最后也感谢一下我自己。这些年来，我在工作、学业和家庭的不同角色间频繁切换，其中的艰辛只有自己能够体会，感谢自己的努力，感谢自己没有放弃。

衷心感谢帮助过我的朋友们！祝大家身体健康、生活愉快！

付东

于河南财政金融学院

图书在版编目（CIP）数据

制度质量与企业产能过剩/付东著. --北京：中
国人民大学出版社，2022.7
ISBN 978-7-300-30776-3

Ⅰ.①制… Ⅱ.①付… Ⅲ.①企业管理-财务管理-
研究-中国 Ⅳ.①F279.23

中国版本图书馆 CIP 数据核字（2022）第 112511 号

制度质量与企业产能过剩
付 东 著
Zhidu Zhiliang yu Qiye Channeng Guosheng

出版发行	中国人民大学出版社				
社　　址	北京中关村大街 31 号		邮政编码	100080	
电　　话	010－62511242（总编室）		010－62511770（质管部）		
	010－82501766（邮购部）		010－62514148（门市部）		
	010－62515195（发行公司）		010－62515275（盗版举报）		
网　　址	http://www.crup.com.cn				
经　　销	新华书店				
印　　刷	唐山玺诚印务有限公司				
开　　本	720 mm×1000 mm　1/16		版　　次	2022 年 7 月第 1 版	
印　　张	20.5 插页 1		印　　次	2024 年 7 月第 2 次印刷	
字　　数	283 000		定　　价	118.00 元	